유아문학교육의 이론과 실제

2판

심성경 · 이선경 · 김경의 · 허은주 공저

학지사

2판 머리말

문학교육은 참으로 의미 있는 과목이다. 세상에 첫걸음을 내딛기 시작한 유아들이 글과 그림으로 차곡차곡 내면을 채워 가면서 더 넓은 세상을 경험하고 마음껏 상상의 나래를 펼치도록 도울 수 있기 때문이다.

문학교육 수업을 시작할 때 학생들은 '과제가 너무 많다, 부담스럽다'는 이야기를 종종 하지만, 막상 수업을 마치고 나면 '다시 또 배우고 싶은, 동심의 세계로 이끌어 주는 즐거운 과목'이라고 평가한다. 어김없이 학기마다 학생들의 볼멘소리가 끊이지 않는 이 과목은 다른 과목에 비해 자료 제작이나 실습이 유독 많은 편이다. 문학수업을 위한 활동 자료로 그림책을 고안하는 작업은 학생 스스로 직접 생각하고 계획해 나가야 하는 창의적이고도 힘든 작업이기 때문이다. 그렇지만 한 학기를 마치고 나면 어느새 예비유아교사로서 훌쩍 커 버린 자신의 모습을 발견하곤 하기에 무한한 성취감을 느낄 수 있다는 점에서 의미가 있다.

유아문학교육에서 사용할 수 있는 학부수업용 교재가 많이 출간되고 있지만, 학생들이 도전감을 느끼고 예비유아교사로서의 성취감을 향상해 주면서도 이론과 실제가 적절히 조화된 교재를 찾기는 쉽지 않았다. 대개 이론적으로 다소 수준이 높거나, 실제 부분이 적절하지 못하거나, 또는 지나치게 실제 위주로만 집필된 책이 많아서 아쉬움이 컸다. 현장에서 오랫동안 유아를 지도하고 대학에서 유아문학 관련 과목을 강의하면서 유아문학교육에 관심을 가지게 되었던 우리 저자들은 그러한 아쉬움으로 인해 2003년 처음 유아문학 저서를 집필하게 되었다. 2013년 '유아문학교육의 이론과 실제'란 제목으로 이 책을 처음 집필하였고, 2019 개정 누리과정에 맞추어 개정하게 되었는데, 우리나라 아동문학계의 높아진 위상과 그에 대한 자긍심이 이번 개정 작업을 서두르게 한 또 하나의 중요한 원동력이 되었다.

이번 개정판의 구성은 이전의 책과 크게 다르지 않게 제1부 유아문학교육의 이론과 제2부 유아문학교육의 실제로 나뉘어 있다. 다만, 2019 개정 누리과정에 충실하면서 예비교사들이 문학활동에 보다 흥미를 갖고 재미있게 다가가도록 다양한 문학상 수상작품과 다채로운 소재의 작품을 간단한 내용과 함께 소개하였다. 수업을 진행할 때 지도하는 학생들의 수준과 특성에 따라 이론과 실제의 비중을 적절히 나누어 강의한다면 한 학기 수업용 교재로 적절히 활용할 수 있을 것이다.

첫 책을 집필한 지 18년이라는 오랜 시간이 흘렀지만, 저자 모두가 한결같은 열정으로 작업에 임했다는 사실은 변함이 없다. 늘 그랬듯이 부족함과 아쉬움이 앞서지만, 바쁜 일정 중에도 모두 성실하고 겸손하게 작업했다는 점에서 스스로 위안하고자 한다.

이 책의 출간을 맡아 주신 학지사 김진환 사장님과 많은 사진과 삽화 때문에 편집과정에 힘드셨을 편집부 여러분께 감사의 마음을 전한다. 무엇보다 변함없이 따뜻하게 격려해 주는 사랑하는 가족에게 감사와 사랑을 전하며, 자료 제작에 도움을 준 많은 이에게도 고마운 마음을 전한다. 끝으로, 코로나 사태로 힘든 상황에서도 서로를 격려하며 즐겁게 한 마음으로 작업해 온 우리 자신에게도 감사와 애정을 전하고 싶다.

2021년 3월

저자 일동

1판 머리말

유아문학교육은 참으로 의미 있는 과목이다. 과목을 처음 배워 나갈 적에 학생들은 '만들어야 할 과제가 너무 많다'는 이야기를 종종 하는데, 막상 수업을 마치고 나면 '다시 또 배우고 싶은 의미 있는 과목, 즐거운 과목'이었노라고 고백하곤 한다. 어김없이 매 학기마다 학생들의 볼멘소리가 끊이질 않는 이 과목은 다른 과목에 비해 자료 제작이나 실습이 유독 많은 편이다. 그림책을 문학수업을 위한 활동 자료로 고안하는 작업은 학생 자신이 직접 생각하고 계획해 나가야 하는 창의적인 작업이기 때문이다. 그렇지만 한 학기를 마치고 나면 어느새 예비유아교사로서 훌쩍 커 버린 자신의 모습을 발견하기에 무한한 성취감을 느낄 수 있는 작업이기도 하다.

최근 유아문학교육에서 사용할 수 있는 좋은 교재가 많이 출간되고 있다. 그러나 학생들이 도전감을 느끼며 그들의 예비유아교사로서의 성취감을 향상해 줄, 이론과 실제가 적절히 조화된 학부생용 교재로서 적절한 것은 찾기가 쉽지 않았다. 대개 이론적으로 다소 수준이 높거나 실제 부분이 적절하지 못하거나, 또는 지나치게 실제 위주로만 집필된 책이 많아서 아쉬움이 컸다. 문학을 사랑하고, 문학활동을 좋아하는 우리 저자들은 특별히 학문적으로 문학교육을 연구한 사람들은 아니지만, 현장에서 오랫동안 유아를 지도하고, 대학에서 문학교육 관련 과목을 강의하면서 유아문학에 좀 더 흥미와 관심을 가지게 되었으며, 이러한 관심과 흥미가 책 작업을 서두르게 한 원동력이 되었다.

이 책은 제1부의 유아문학교육의 이론 부분과 제2부의 유아문학교육의 실제 부분으로 나뉘어 있다. 수업을 진행할 때 지도하는 학생들의 수준과 특성에 따라 이론과 실제의 비중을 적절히 나누어 강의한다면 한 학기 수업용 교재로서 적절히 사용할 수 있을 것이다.

2003년 1월 유아문학교육이 의미 있는 과목이라는 생각으로 책을 집필한 지 어언 10년이 지났다. 지난 10년 동안 마냥 어린아이 같던 우리 저자들의 아이들이 훌쩍 자라는 등 많은 변화가 있었으나, 저자 모두가 한결같은 열정으로 책 작업에 임했다는 사실은 변함이 없다.

바쁜 일정으로 충분히 서로 확인하며 교정을 보지 못한 점은 매번 아쉬움으로 남지만 저자 모두 성실하고 겸손하게 작업했다는 점에서 위안을 갖고자 한다. 이 책의 첫 시작부터 그랬지만 출간을 앞두고 여전히 부족함을 느끼며 부끄러움이 앞선다. 앞으로 많은 독자 여러분의 기탄없는 격려와 질책을 기대한다.

이 책의 출간을 맡아 주신 학지사 김진환 사장님과 편집과정에 애쓰신 편집부 여러 선생님께 감사의 마음을 전한다. 그리고 우리 내면의 학문적 소양을 키워 주신 존경하는 스승님과 변함없이 따뜻하게 격려해 주는 사랑하는 가족에게 감사와 사랑을 전한다. 또한 자료 제작에 도움을 준 원광대학교 부속유치원, 전주 다솔 유치원, 그리고 사랑하는 제자 유정현과 임지선, 강효인과 김다미에게도 고마운 마음을 전한다. 끝으로, 한 학기 내내 애쓰면서도 서로를 격려하며 즐겁게 한마음으로 작업해 온 우리 자신에게 감사와 애정을 전하고 싶다.

2013년 11월

저자 일동

차례

제1부

유아문학교육의 이론

제1부에서는 유아문학교육의 이론에 대해 살펴보고자 한다. 유아문학의 개념 및 교육적 가치, 유아의 발달 특성과 유아문학, 유아문학의 종류 그리고 유아문학작품의 선택 기준으로 나누어 다룰 것이며, 대표적인 작품을 소개하고자 한다.

제1장

유아문학의 개념 및 교육적 가치

1. 유아문학의 개념

일반적으로 유아문학(young children's literature)은 유아를 위한 문학(literature for young children), 유년동화 등의 용어와 혼용되고 있다. 유아문학은 넓은 분야로는 문학의 개념에 포함되고, 다소 좁은 분야로는 아동문학에 포함된다. 즉, 유아문학은 문학인 동시에 아동문학의 범주에 포함되지만 문학이나 아동문학과는 구별되는 독자적인 특성을 지닌다. 이에 유아문학의 개념 정의를 위해서는 우선 문학에 대한 개념 정의를 선행하여야 하며, 아동문학의 개념 정의를 통해 그 보편적인 특성을 이해하여야 한다. 즉, 문학의 개념과 아동문학의 개념 그리고 아동문학의 특성에 대한 이해를 바탕으로 유아문학의 독자적 특성에 대해 살펴볼 때 유아문학의 개념 정의가 가능할 것이다.

1) 문학의 개념

문학(literature)은 넓은 의미로 본다면 사상과 감정을 언어로 표현한 것이라고 정의할 수 있다(석용원, 1989). 이 정의에 따르면 종교 경전이나 철학서적 등도 문학의 범주에 포함된다. 이에 비해 좁은 의미로 볼 때의 문학, 즉 순문학이란 인간의 감정이나 정서에 주로 호소하는(개별적 · 주관적 관심에 따라 다의적 해석이 가능한) 시, 희곡, 소설, 수필 등 예술적 가치가 높은 작품만을 뜻한다. 일반적으로 문학이라 할 때는 좁은 의미의 문학, 즉 순문학을 의미한다.

문학이란 삶을 이해하고 즐기며 풍요롭게 하려는 인간 노력의 발현이라 할 수 있다. 인간의 삶과 문학의 관계를 어떻게 보는가에 따라, 즉 문학이 인간의 삶을 어떠한 형식으로, 어떠한 내용을 중심으로 표현해야 한다고 보는가에 따라 문학을 정의하는 관점은 다양하게 존재한다. 이러한 관점을 살펴보면 다음과 같다.

첫째, 문학을 인간 삶의 언어적 표현으로 보는 관점이다. 이 관점은 문학을 인간이 살아가는 삶의 언어적 표현으로 정의한다(김대재, 1996). 문학은 인간의 삶을 언어로 세밀하게 구성하는 것으로, 언어를 통해서 실감 있는 세계, 즉 리얼리티가 있는 세계를 만들어서 전달하는 것으로 정의된다(松居直, 2012). 그러나 인간의 삶을 언어로 표현한 글 중에서는 실제 상황이나 논리, 과학적인 측면이 강조된 것도 있지만 정서적이고 상상적인 표현이 강조된 것도 있다. 이에 언어로 표현되었다 하더라도 정서적 과정이나 상상적인 요소가 포함되었을 때 보다 문학적이라고 인식되는 것이 보편적이다.

둘째, 문학을 작가의 상상력에서 비롯된 작품으로 보는 관점이다. 이 관점은 문학을 작가의 상상력이 만들어 낸 것으로 보아 허구성과 창조성을 강조한다. 하지만 하나의 문학작품 속에서 표현된 작가의 상상력과 창조성은 작가의 많은 현실적인 경험이나 사실에 대한 고찰을 기반으로 하기 때문에 허구적인 요소만을 강조하는 것은 편협한 관점이라고 할 수 있다.

셋째, 문학을 예술작품으로 보는 관점이다. 인간의 사상과 감정을 예술적으로 나타낸 말이나 글을 문학이라고 보는 관점이다. 즉, 언어를 통해 연결하고 구성하고 더 나아가 세련되게 다듬어서 만들어 낸 예술이 문학이라는 것이다(松居直, 2012). 예술작품으로서의 문학은 시, 소설, 희곡, 수필을 포함한다.

넷째, 문학을 사회 · 문화적 요소의 산물로 보는 관점이다. 이 관점은 문학을 한 개인의 탄생에서 죽음에 이르기까지 삶의 의미를 결정짓는 중요한 사회 · 문화적 유산의 하나로 본다. 문학적 경험을 통해 인간은 삶의 역사와 미래, 기쁨과 슬픔, 아름다움과 추함을 알게 된다는 것이다.

이상의 관점을 종합해 볼 때, 문학이란 인간 삶의 가치 있는 경험을 상상력을 토대로 짜임새 있게 언어로 표현한 예술로서 시, 소설, 희곡, 수필을 포함한다고 정의할 수 있다.

2) 아동문학의 개념

일반문학과는 달리, 아동문학(children's literature)의 논쟁점은 그 주체를 어떻게 볼 것인가에 있다. 즉, 아동문학은 독자와 저자를 어떻게 볼 것인가 하는 것이 문제라고 할 수 있다.

먼저 아동문학의 독자는 누구인가? 다시 말해, 아동문학은 누구를 대상으로 쓰여야 하는가? 일반적으로 아동문학의 독자는 아동이라고 본다. 아동문학은 아동을 대상으로 "아동을 위하여 창작한 문학"(이상금, 장영희, 2001)이며, "유아기, 소년 · 소녀기에 있는 아동을 대상으로 쓰인 문학"(석용원, 1989)이다. 이재철(2003)도 아동문학이란 "작가가 일차적으로 아동에게 읽힐 것을 목적으로 창작한 특수문학으로 동요, 동시, 동화, 아동소설, 아동극 등의 장르를 총칭한 명칭"이라고 정의하였다. 특히 현대적인 의미의 아동문학은 반드시 '아동을 위함'이라는 적극적인 의도를 포함한다(이재철, 1989). 따라서 독자를 중심으로 아동문학을 정의 내린다면, 아동문학은 유아기, 소년 · 소녀기의 아동을 대상으로 쓰인 문학이라고 할 수 있다.

그러나 동심을 지닌 성인이나 아동문학을 전달하는 부모, 교사도 아동문학을 즐기고 읽기를 원한다. 때때로 성인은 아동문학 작품을 통해 자신의 유년의 삶을 되돌아보기도 하고 또 다른 삶의 모습을 발견하기도 한다. 또한 부모나 교사는 아동을 이해하고 아동에게 적합한 문학작품을 선택하고 전달해 주기 위해서 아동문학 작품을 읽는다. 한편, 예부터 내려온 민담, 신화, 전설 등과 성인을 위한 시나 소설 중 일부는 아동을 위해서나 아동에게 읽힐 것을 예상하고 쓰인 것은 아니지만 아동이 그것을 읽고 즐김으로써 일반적으로 아동문학의 범주에 포함하게 되었다. 예를 들어, 세르반테스(Cervantes)의 「돈키호테」나 대니얼 디포(Daniel Defoe)의 「로빈슨 크루소」 등이 그 예다. 따라서 아동문학은 그 독자를 아동으로만 제한할 수는 없다. 이에 아동문학은 아동뿐만 아니라 아동 이외의 사람들에게 동심을 회귀하거나 동심의 충격을 주기 위해 쓰인 문학이라고 할 수 있다(이상현, 1987).

다음으로, 아동문학의 저자는 누구인가? 극소수의 아동참여 문학 이외에 아동문학작품은 성인에 의해서 쓰인 것이 대부분이다. 아동문학은 동심의 세계를 염두에 두고 작가가 아동이 이해할 수 있는 문장으로 세계를 조명하거나 묘사하는 문학이다. 아동문학은 성인 작가에 의해서 아동의 발달과 아동의 세계에 대한 깊이 있는 이해를 바탕으로 쓰이고 창작된다. 기존의 작가뿐만 아니라, 아동문학은 아동의 생활 속 경험을 중심으로 부모나 교사에 의해 창작되기도 한다. 따라서 전문적인 동화작가, 소설가, 시인뿐 아니라 아동을 위해 쓰는 모든 성인, 가령 부모나 교사도 아동문학의 저자가 될 수 있다.

따라서 아동문학은 광의의 의미로 아동을 위주로 한, 아동이 즐기는 모든 문학작품을 뜻한다. 즉, 원래 아동을 위해 아동의 세계를 묘사한 아동문학작품뿐만 아니라 아동의 사고 범위 내에서 이해하고 즐길 수 있게 쓰인 시, 소설, 민담, 희곡을 총칭한다고 볼 수 있다. 이에 비해 협의의 의미로 보자면 아동을 주된 독자로 하여 성인 작가가 아동을 깊이 의식하면서 동심을 바탕으로 창작한 문학으로 보는 것이 바람직하다(박춘식, 1986). 또한 석용원(1989)에 따르면 아동뿐만 아니라 동심의 고향으로 돌아가고 싶어 하는 어른에게 읽힐 것을 목적으로 창조한 시, 동화, 소설, 희곡 등의 총칭으로 정의할 수 있다.

이처럼 아동문학은 그 주체를 아동과 동심에 두어야 한다는 점에서 일반적인 문학과 다른 특수한 성격을 갖는다. 아동문학은 아동이 이해하고 공감할 수 있고, 아동의 감정, 아동의 생활, 아동의 성장 · 발달에 맞게 쓰여야 한다. 예를 들어, 언어적인 표현에서도 아동이 이해할 수 있는 용어를 써야 하고, 아동의 정서나 생활에 공감할 수 있는 용어로 표현하여야 한다.

한편, 아동문학도 본격 문학으로 문학성과 예술성을 갖추어야 한다. 즉, 아동문학도 주제와 구성, 주인공, 문체 등 문학적 요소의 적절한 질적 수준을 전제로 하여야 한다. 그리고 문학도 하나의 예술인 이상 예술적 전형화의 방법을 통해 예술적 인식을 독자에게 줄 수 있도록 예술성을 구비해야 한다(이재철, 2003). 예술적 인식이란 개별적 · 구체적 · 특수적인 사물의 모양, 움직임, 관계 등을 정확히 포착하여 거기서 일반적 · 보편적 · 전형적인 상태를 암시적으로 나타내는 방법으로, 예술 전형화에 의한 방법 또는 예술적 전형화의 방법이라고 일컫는다(석용원, 1989). 다시 말해, 간접적 경험을 하는 독자가 예술작품을 통해 감동을 받는 것을 의미한다. 이렇듯 문학성과 예술성의 구비는 일반문학과 아동문학이 공유하는 보편적 요소다.

또한 아동문학은 예술성이라는 보편적인 문학적 특성 이외에 그 주체인 아동에게 즐거움을 주어야 한다는 점에서 강한 흥미성을 갖추어야 한다. 이에 서덜랜드와 아부스넛(Sutherland & Arbuthnot, 1991)은 아동문학은 아동을 위하여 쓰인 책이며 아동이 읽고 즐기게 할 책임을 가짐과 동시에 고도의 문학적이고 예술적인 기준에 만족하는 책이라고 본다. 또한 아동문학은 성장기 아동의 정서와 심성의 순화에 영향을 미친다는 점에서 인성의 문학으로 보아 교육적 의미를 강조하기도 한다(이상현, 1987).

이상에서 살펴본 바와 같이 아동문학이 지니는 기본 특성을 정리하면 다음과 같다.

- 아동문학의 대상은 아동과 동심이다.
- 아동문학은 아동에게 즐거움을 주어야 한다.
- 아동문학은 문학의 보편성을 전제로 한다.
- 아동문학은 예술성을 겸비해야 한다.
- 아동문학은 교육적 효용 가치가 있어야 한다.

이처럼 아동문학은 문학성과 예술성을 기초로 한 문학작품이라는 점에서 일반문학의 보편적인 특성을 지니고, 그 주체를 아동과 동심에 두어야 한다는 점에서 일반문학과 다른 특수한 의미를 지닌다. 따라서 아동문학은 아동뿐만 아니라 동심의 세계를 그리워하는 어른을 위하여 쓴 특수문학으로서, 형식 면에서는 문학적이고 예술적인 기준에 만족해야 하고, 그 내용 면에서는 아동의 성장 · 발달에 유익한 것이어서 아동이 즐겨 읽을 수 있는 책이라고 정의할 수 있다(김현희, 박상희, 2016).

3) 유아문학의 개념

일반적으로 유아교육의 대상연령은 출생부터 초등학교 이전까지를 의미한다. 좀 더 넓은 의미로 본다면 유아교육은 0세에서 8세의 유아를 대상으로 하되, 초등학교 저학년까지로 보는 추세다. 그런데 우리나라 경우 「아동복지법」에 따르면 아동문학의 대상연령은 출생에서 만 18세다. 또한 외국의 경우에도 아동문학의 대상연령은 태어나서부터 중고등학교를 포함한 10대 청소년까지다(김현희, 박상희, 2016).

따라서 이러한 정의에 따르면 유아문학은 아동문학 중 연령이 낮은 유아를 위한 문학으로 아동문학 속에 유아문학이 포함된다고 볼 수 있다. 다만 아동문학이 유아기, 소년 · 소녀기에 있는 아동을 주 대상으로 하여 성인이 창작한 문학이라고 할 때, 유아문학은 유아기의 특수성을 고려하여 유아를 대상으로 한 문학이라고 정의할 수 있다. 즉, 유아문학이란 아동문학의 개념 속에 포함될 수 있으며, 그 대상은 출생부터 8세까지의 유아로 유아의 발달적 특성을 고려한 내용 · 형식을 갖춘 문학이라고 할 수 있다. 이에 아동문학과 구별하여 유아문학의 개념을 별도로 정의하고자 하는 것을 아동문학으로부터의 분리를 의미하는 것으로 이해해서는 안 된다. 오히려 유아기의 특수성을 고려해 작가와 독자 및 소재와 성격 등을 명확히 하고자 하는 작업으로 이해하여야 한다.

유아문학은 아동문학의 범주에 포함되어 있으며, 유아의 발달 특성을 고려한 내용과 형식을 갖춘 문학이어야 한다. 또한 유아의 성장과 발달에 도움이 되는 교육성을 전제하여야 하며, 유아가 관심을 갖고 즐기며 감동을 느낄 수 있어야 한다. 이에 강인언과 김영숙(2004)은 주제나 소재 면에서는 이상성과 환상성, 심미성을 고려한 교육성, 형식과 내용 면에서는 단순 명쾌성, 예술적 인식과 감동을 유아문학이 갖추어야 할 조건으로 보았다.

결론적으로, 유아문학은 출생부터 8세(초등학교 저학년)까지의 유아를 위한 문학으로, 형식과 내용에서 흥미성, 발달적 적절성, 문학성, 예술성, 교육성을 갖춘 문학이라 정의할 수 있다.

2. 유아문학의 중요성 및 교육적 가치

인간은 문학을 통해서 문학적 지식을 접하고 다양한 인간의 삶을 경험하게 된다. 즉, 인간은 문학작품을 읽음으로써 이야기의 줄거리, 사건의 전개 과정, 원인과 결과, 사건의 절정 등과 같은 이야기 구조를 이해하고, 문학작품 속 주인공의 삶을 통하여 주인공의 행동과 태도를 경험하고, 작가의 삶에 대한 태도와 사상을 경험한다. 유아도 어린 시기부터 노래, 자장가, 부모가 들려주는 이야기나 동화를 들으면서 자연스럽게 문학적 경험을 하게 된다. 이러한 문학적 경험은 나이가 들면서 유아 스스로 동화책을 선택하거나, 인형극, 만화, 비디오 등과 같은 다양한 환경 자극에 의해서 더욱 심화되고 발전된다. 문학적 경험을 통해 유아는 주인공이 살아가는 이야기를 접하게 되면서 다양하고 풍부한 삶을 경험하게 된다. 주인공의 삶에 함께 웃고 울고 하면서 자신의 삶과 동일시하기도 하고, 다른 사람의 삶을 경험하기도 하면서 더욱 전인적인 인간으로 성장 · 발달해 나가는 것이다.

이처럼 유아에게도 문학은 인간 삶의 역사와 미래, 기쁨과 슬픔, 아름다움과 추함을 알게 해 주는 중요한 요인이다. 문학작품을 통해서 유아는 즐거움을 함께 나누고, 삶의 의미를 깨닫고, 성장 과정에서 문학작품을 이해하고 감상하는 능력을 습득할 수 있다.

매터슨(Matterson, 1975)은 유아문학의 가치를 사고의 확장, 어휘의 확장, 언어적 기술의 확장, 지식의 확대, 즐거움 및 대화 기회와 육체적 휴식 제공 등에 두고 있다. 또한 문학은 유아의 언어 발달 및 인지 발달과 사회도덕성 발달, 미적 발달, 창의성 발달을 돕는다. 그 밖에도 많은 학자에 의해 문학이 유아에게 주는 의미와 중요성이 언급되어 온바, 유아문학의 교육적 가치를 구체적으로 살펴보면 다음과 같다.

첫째, 문학적 경험은 유아에게 즐거움을 주어 독서에 대한 동기의 발달을 돕는다. 유아는 그림책을 보거나 어른이 들려주는 이야기를 통하여 책을 보는 기쁨과 즐거움을 느낀다. 책을 통한 즐거움의 경험은 유아에게 문학교육의 태도와 성향을 길러 주는 가장 기본적인 요소가 될 수 있다. 이야기를 듣고 책을 읽는 행위 자체를 즐기게 됨으로써 유아는 문학을 친숙하게 느끼고 일상생활의 일부로 인식하게 되기 때문에 책읽기에 관련한 자연스러운 학습 동기를 키우게 된다.

둘째, 문학적 경험은 유아의 언어 발달, 특히 문식성 발달을 돕는다. 유아의 듣기, 말하기, 읽기, 쓰기 등의 전반적인 언어 능력의 발달을 촉진한다. 특히 좋은 책의 경험은 유아의 읽기와 쓰기 교육을 자연스럽고 성공적으로 이끌 수 있게 해 준다(Schickedanz, 1995). 또한 어린 시기부터 부모를 통해 재미있는 이야기나 책을 접하며 자란 아이는 자연스럽게 다른 사람의 이야기를 주의 깊게 집중하여 잘 듣는 습관을 가진다(김현희, 박상희, 2016). 이야기책을 많이 접한 유아는 이야기 내용을 정확하게 이해하고, 앞으로 전개될 이야기의 흐름이나 사건에 대한 예측을 잘할 수 있기 때문에 이야기의 구조를 더 잘 형성해 나간다.

셋째, 문학적 경험은 자기중심적 사고에서 벗어나도록 하여 인지 발달을 돕는다. 전조작기 유아의 특징은 자신의 관점에서만 사고하는 자기중심적 사고를 보이는 것으로 물활론(animism), 인공론(artificialism), 실재론(realism)의 특징적 사고로 대변된다. 먼저 물활론은 생명이 없는 대상에게 생명과 감정을 부여하면서 나무와 돌, 달도 자신과 같이 살아 있다고 믿는 것이다. 물활론은 모든 대상에게 생명을 주어 이야기를 전개해 나가는 동화의 기본 요소다. 인공론은 모든 사물이나 사건이 인간에 의해 만들어졌다고 보는 것이다. 즉, 인간이 돌, 꽃, 구름 등을 만들었다고 보며 초자연적인 힘으로 우주, 인류, 문화의 기원을 이야기하는 신화에서 많이 찾아볼 수 있다. 다음으로, 실재론은 자신의 소망이나 꿈 등도 물리적 실체와 마찬가지로 실제로 존재한다고 믿는 것이다. 이에 꿈이나 동화 속에서 일어난 일이 실제 생활 속에서도 그대로 재현된다고 믿는다. 유아문학은 전조작기 유아의 특징인 물활론, 인공론, 실재론적 사고를 충족하는 요인을 많이 갖추고서 유아기의 사고 특징에 맞는 충분한 경험을 제공함으로써 인지 발달을 돕는다. 또한 유아는 문학작품 속의 상황이나 인물의 삶에 공감하게 되면서 자기중심성에서 벗어나게 된다. 즉, 유아는 자신의 직접적이고 개별적인 경험에 머물지 않고 문학작품 속의 경험을 통해 일반화되고 사회화된 개념을 도출하여 인지적인 성장을 이루는 것이다.

넷째, 문학적 경험은 유아의 상상력 발달을 돕는다. 상상의 세계는 유아에게 현실의 세계를 풍요롭게 느끼게 해 준다. 유아문학은 현실 세계에서의 일상적 경험에서 벗어난 환상과 공상의 세계를 제공한다. 문학 속의 마술적이고 환상적인 요소는 유아가 상상의 세계를 즐기게끔 함으로써 상상력을 키우도록 돕는다. 유아는 물활론적인 사고의 특징 때문에 쉽게 상상의 세계에 동화할 수 있다. 예를 들어, 동물이나 나무인 주인공이 사람처럼 이야기하고, 유아와 친구가 되어 함께 생활하는 모습 등은 동화 속의 상상의 세계에서 가능한 경험이다. 이러한 경험은 유아에게 현실 세계에서 동물이나 나무를 친숙하게 느끼게 하고, 일상생활에서 동물과 나무에 더 많은 애정과 관심을 가지게 한다. 그러므로 유아는 환상적인 문학적 경험을 통해 상상력을 키우며, 동시에 현실 세계에 대해 더 깊고 넓은 의미를 발견해 나갈 수 있다.

다섯째, 문학적 경험은 유아의 도덕적 판단력과 가치의 발달을 돕는다. 유아가 즐겨 읽는 동화의 내용은 대부분 선과 악이 뚜렷하게 구분되고, 선이 악을 이기는 과정을 보여 줌으로써 도덕적 판단력이나 가치를 키우게 해 준다. 옳고 그름에 대한 판단은 한 사회의 구성원이 질서 속에서 함께 살아갈 수 있게 하는 중요한 척도가 된다. 유아는 규칙이나 규율을 고정적이고 절대적으로 인식하는 타율적인 도덕성에서 벗어나 행동의 동기나 의도를 고려하여 판단할 수 있는 자율적인 도덕성으로 발달해 나간다(전윤식, 이영석, 1986). 콜버그(Kohlberg, 1971)에 따르면, 유아의 도덕성 발달은 3단계로 구분된다. 1단계에서는 도덕적인 문제를 하나의 관점에서 인식하기 때문에 외적인 권위를 중시하며, 2단계에서는 같은 상황에서도 각기 다른 생각을 할 수 있다고 인식하면서 점차 자기중심성에서 탈피하기 시작한다. 그리고 3단계에서는 행동의 이면에 있는 동기나 의도를 파악하여 도덕적 판단을 하게 되면서 보다 높은 인지적 수준을 보인다. 콜버그에 따르면, 유아의 도덕성 발달은 가르침에 의해서라기보다는 사회적 상호작용을 통한 유아의 자발적인 사고 및 행동의 결과다(McCandless & Trotter, 1977, 재인용). 사회적 상호작용을 통해 유아는 자신의 생각 이외에 다른 사람의 생각과 견해를 이해하고 수용하면서 사회구조를 보다 포괄적으로 수용할 수 있게 된다. 문학적 경험은 유아에게 주인공의 사고방식이나 감정을 이해하고, 주인공이 처한 상황에 대한 도덕적인 가치 기준이나 판단을 공유하고 고민하는 과정을 경험하게 한다. 이러한 과정을 통해 유아는 한 가지 상황이나 문제에 대해 여러 각도에서 사고해 볼 수 있고, 다른 사람의 입장에 대한 이해의 폭을 넓혀 감으로써 도덕적인 판단력과 가치를 습득하게 된다.

여섯째, 문학적 경험은 유아의 삶에 대한 긍정적 태도의 발달을 돕는다. 문학작품은 작가의 사상이나 삶에 대한 태도를 포함하는 것으로, 유아가 접하는 이야기나 그림책 속에도 들려주는 사람이나 작가의 사상과 삶에 대한 태도가 표현되어 있다. 즉, 문학 속에 인간 삶의 역사와 미래, 기쁨과 슬픔, 아름다움과 추함이 표현되어 있듯이, 유아문학 속에는 유아의 세계 또는 유아가 바라본 성인 세계의 사회·문화적인 배경이 포함되어 있다. 유아문학의 경우 아무리 힘들고 어려워도 잘 이겨 내는 주인공의 이야기, 슬프더라도 순리에 맞는 아름다운 이야기, 그리고 행복한 결말의 이야기가 유아에게 삶에 대한 긍정적 태도를 키우게 한다.

일곱째, 문학적 경험은 일상생활에 필요한 태도와 감정의 발달을 돕는다. 유아는 문학작품을 통해 다양한 인간관계와 상황에 대한 경험을 하게 된다. 주인공과 동일시하고 주인공의 느낌이나 판단에 공감하면서, 유아는 자신이 처한 상황이 비슷할 때 유사한 태도와 감정으로 말하고 행동한다. 예를 들어, 동화책의 주인공이 엄마의 자장가 노래를 들으면서 잔다면, 유아도 잠을 잘 때 동화책 속의 자장가를 엄마에게 불러 달라고 한다. 이처럼 유아는 문학작품 속의 주인공이나 상황에 비추어 자신의 상황에 대처해 가면서 일상생활에 필요한 태도와 감정을 자연스럽게 발달시킬 수 있다.

이상에서 살펴보았듯이, 유아의 문학적 경험은 유아의 언어, 인지, 사회, 도덕 및 정서 발달을 돕는다. 그 외에도 좋은 삽화나 아름다운 언어적 표현, 끝없는 상상과 허구로 가득 찬 이야기 등 문학이 제공하는 미적이고 창의적인 경험은 유아의 심미적 능력이나 창의성의 발달을 돕는다. 또한 문학작품을 통해 유아는 분리된 단편적인 지식을 습득하기보다 실생활에 연관 지어 지식을 통합적으로 습득할 수 있다. 이에 문학적 경험은 유아의 전인적이고 통합적인 발달을 돕는다고 결론지을 수 있다.

유아기의 문학적 경험 중에서 가장 많은 비중을 차지하는 것은 그림책이다. 그림책은 유아기 최초의 문학적 경험이고 유아기 발달에 적합한 문학적 경험을 제공하는 것으로 특히 그 교육적 의미가 매우 크다. 유아는 상징적인 글보다는 글과 그림이 조화롭게 이루어져 있는 그림책을 통해 이야기의 이해와 글읽기를 터득해 나간다. 또한 그림책은 유아 자신의 경험과 직접적으로 관련되어 있고, 아름다운 상상 속의 나래를 경험하게 해 준다. 버크(Burke, 1990)에 따르면, 유아기 그림책의 교육적 가치는 다음과 같이 정리된다.

- 그림책은 유아가 그림을 보면서 이야기를 더 잘 이해할 수 있게 돕는다.
- 그림책은 유아에게 문식성에 관련한 기술과 사고의 기술을 습득하도록 돕는다.
- 그림책은 글을 읽지 못하는 유아도 그림을 보면서 자연스럽게 읽기 기술을 익히게 한다. 그림을 통한 읽기는 유아에게 자연스럽게 글 읽는 법을 습득하게 돕는다.
- 그림책은 유아가 이야기의 문법(story grammer), 이야기의 구조(story schema), 이야기의 감각(a sense of story)을 키우도록 돕는다.
- 그림책은 유아가 작가의 표현 의도를 어떻게 미술적 요소를 사용하여 삽화로 나타내는지 이해하게 해 주고, 그림에 의한 미술적 · 예술적 요소를 감상하는 방법을 습득하게 돕는다.
- 그림책은 그림을 통해 유아가 구체적이고 세부적인 것을 관찰할 수 있도록 돕는다.
- 그림책은 유아로 하여금 등장인물의 표정과 몸짓을 보면서 이야기 속 상황에 쉽게 감정이입을 하도록 돕는다. 또한 그림책을 보고 들음으로써 이야기에 대한 풍부한 정서적 반응을 가지도록 이끈다.

3. 유아문학교육의 개념 및 내용

유아문학교육은 문학작품에 대한 감상과 이해, 그와 연관한 표현 및 창작 활동을 통해 언어 발달 및 문학에 대한 관심과 긍정적 태도를 중심으로 하여 유아의 전인적이고 통합적인 발달을 도모하는 노력으로 정의할 수 있다.

유아문학교육의 내용으로 강문희와 이혜상(2008)은 문학 감상, 문학의 구성 이해, 등장인물 이해, 문학 양식 이해, 문학에 대한 평가 및 반응의 5개 영역을 제안하고 있다. 그 구체적인 내용은 〈표 1-1〉과 같다.

표 1-1 유아문학교육의 내용

영역	내용
문학 감상	• 다양한 장르(동화, 동시, 동요, 동극 등)의 문학작품 듣기와 읽기 • 다양한 내용 및 주제의 문학작품 듣기와 읽기 • 세계 여러 나라 또는 여러 문화권의 문학작품 듣기와 읽기 • 다양한 시대의 문학작품 듣기와 읽기(전래동화, 전래동요, 현대동화, 현대동시, 동요 등) • 문학작품 속 지식 이해
문학의 구성 이해	• 문학작품의 줄거리 이해 • 사건의 전개 과정 이해 • 사건의 원인과 결과 이해 • 사건의 절정의 의미 이해 • 작가(그림책일 경우 삽화가 포함)에 대한 이해
등장인물 이해	• 등장인물 또는 주인공의 특성, 태도, 가치, 행동, 동기 이해 • 등장인물 묘사, 등장인물의 변화에 대한 묘사
문학 양식 이해	• 동화, 동시, 동극의 차이 이해 • 사실과 허구 이해 • 문학작품 속의 특징 있는 단어나 어휘, 문장 이해
문학에 대한 평가 및 반응	• 문학작품에 대한 자신의 생각이나 느낌을 말하기나 쓰기로 표현 • 문학작품에 대한 자신의 생각이나 느낌을 창의적인 방법으로 표현(음악, 미술, 동극 등) • 문학작품에 대한 자신의 생각이나 느낌을 말하기나 쓰기로 표현하며 다른 사람과 소통

한편, 우리나라 표준보육과정(0~2세)과 누리과정(3~5세)에서는 유아문학교육을 독립적 영역으로 다루지 않고 의사소통 영역에 포함하여 통합적으로 다룬다. 〈표 1-2〉와 같이 의사소통 영역의 내용 범주는 듣기, 말하기, 읽기, 쓰기로 구성되어 있었는데, 개정 내용에서는 듣고 말하는 경험이 분리되지 않음을 고려하여 기존 누리과정의 '듣기'와 '말하기'를 '듣기와 말하기'로 통합하여 제시하였고, 읽고 쓰는 경험이 분리되지 않음을 고려하여 기존 누리과정의 '읽기'와 '쓰기'를 '읽기와 쓰기에 관심 가지기'로 제시하였다. 또한 동화와 동시, 말놀이와 이야기 짓기 등 일상에서 자연스럽게 문학을 즐기는 경험에 중점을 두어 '책과 이야기 즐기기' 내용 범주를 새롭게 제시하였다(교육부, 보건복지부, 2019). 구체적인 내용은 〈표 1-3〉과 같다.

표 1-2 의사소통 영역 내용범주의 신구 비교

구분	2015 누리과정(표준보육과정)	개정 누리과정(표준보육과정)
내용 범주	• 듣기	• 듣기와 말하기
	• 말하기	
	• 읽기	• 읽기와 쓰기에 관심 가지기
	• 쓰기	
		• 책과 이야기 즐기기

표 1-3 의사소통 영역의 연령별 세부 내용

내용 범주	내용		
	표준보육과정		누리과정
	0~1세	2세	3~5세
목표	• 의사소통 능력과 상상력의 기초를 마련한다. 1) 일상생활에서 듣고 말하기를 즐긴다. 2) 읽기와 쓰기에 관련된 관심을 가진다. 3) 책과 이야기에 관심을 가진다.	• 의사소통 능력과 상상력의 기초를 형성한다. 1) 일상생활에서 듣기와 말하기를 즐긴다. 2) 읽기와 쓰기에 관심을 가진다. 3) 책과 이야기에 재미를 느낀다.	• 일상생활에 필요한 의사소통 능력과 상상력을 기른다. 1) 일상생활에서 듣고 말하기를 즐긴다. 2) 읽기와 쓰기에 관심을 가진다. 3) 책이나 이야기를 통해 상상하기를 즐긴다.

듣기와 말하기	• 표정, 몸짓, 말과 주변의 소리에 관심을 갖고 듣는다. • 상대방의 이야기를 들으면서 말소리를 낸다. • 표정, 몸짓, 말소리로 의사를 표현한다.	• 표정, 몸짓, 말에 관심을 갖고 듣는다. • 상대방의 이야기를 듣고 말한다. • 표정, 몸짓, 단어로 의사를 표현한다. • 자신의 요구와 느낌을 말한다.	• 말이나 이야기를 관심 있게 듣는다. • 자신의 경험, 느낌, 생각을 말한다. • 상황에 적절한 단어를 사용하여 말한다. • 상대방이 하는 이야기를 듣고 관련해서 말한다. • 바른 태도로 듣고 말한다. • 고운 말을 사용한다.
읽기와 쓰기에 관심 가지기	• 주변의 그림과 상징에 관심을 가진다. • 끼적이기에 관심을 가진다.	• 주변의 그림과 상징, 글자에 관심을 가진다. • 끼적이며 표현하기를 즐긴다.	• 말과 글의 관계에 관심을 가진다. • 주변의 상징, 글자 등의 읽기에 관심을 가진다. • 자신의 생각을 글자와 비슷한 형태로 표현한다.
책과 이야기 즐기기	• 책에 관심을 가진다. • 이야기에 관심을 가진다.	• 책에 관심을 가지고 상상한다. • 말놀이와 이야기에 재미를 느낀다.	• 책에 관심을 가지고 상상하기를 즐긴다. • 동화, 동시에서 말의 재미를 느낀다. • 말놀이와 이야기 짓기를 즐긴다.

즉, 유아문학교육은 의사소통 영역의 중심 부분으로 이해할 수 있다. 또한 의사소통 영역은 언어의 기본 형태인 구어와 문어를 활용하여 나와 다른 사람의 느낌이나 생각, 경험을 상황과 상대방에 알맞게 소통할 수 있는 능력을 기르고, 말과 글의 관계를 알고 읽기와 쓰기에 흥미를 가져 언어 사용을 즐기도록 하는 영역인데, 문학적 활동이야말로 그 목적을 가장 효과적으로 달성할 수 있는 방법이다.

또한 의사소통 영역 이외에 예술경험 영역의 내용에서도 문학교육에 직접적으로 관련한 내용을 찾아볼 수 있는데, 「창의적으로 표현하기」에서의 '극놀이로 경험이나 이야기를 표현한다.' 그리고 「예술 감상하기」에서의 '다양한 예술을 감상하며 상상하기를 즐긴다.'가 그것이다. 표준보육과정과 누리과정에서는 문학작품에 대한 이해와 감상에 비중을 두고 있으며 문학적 표현과 창작도 포함되어 있음을 알 수 있다. 즉, 예술경험 영역의 「창의적으로 표현하기」에서 '극놀이로 경험이나 이야기를 표현한다.'나 의사소통 영역의 내용 중 「듣기와 말하기」에서 말이나 이야기를 관심 있게 듣는다.' '자신의 경험, 느낌, 생각을 말한다.' '상대방이 하는 이야기를 듣고 관련해서 말한다.', 「읽기와 쓰기에 관심가지기」에서 말과 글의 관계에 관심을 가진다.' '주변의 상징, 글자 등의 읽기에 관심을 가진다.' '자신의 생각을 글자와 비슷한 형태로 표현한다.'는 문학교육의 내용으로서 표현과 창작을 포함하고 있음을 보여 준다.

문학교육은 감상과 이해, 표현과 창작의 경험을 통합적으로 제공하고, 전체 교육과정과 통합적 맥락 속에서 이루어질 수 있도록 해야 한다. 즉, 전체 교육과정과 연관 지어 유아의 욕구와 흥미를 충분히 반영하여 문학 활동을 하도록 하며, 말하기, 듣기, 읽기, 쓰기, 그리기, 동극하기 등의 다양한 활동을 통해 통합적으로 전개하여야 한다.

참고문헌

강문희, 이혜상(2008). 아동 문학 교육(제2판). 서울: 학지사.

강인언, 김영숙(2004). 유아문학교육. 서울: 양서원.

교육부, 보건복지부(2019). 2019 개정 누리과정 해설서.

김대재(1996). 문학교육의 방향 모색: 문학의 개념과 문학 교육론. 문학과문학교육연구소 (편). 문학교육의 탐구(pp. 11-46). 서울: 국학자료원.

김현희, 박상희(2016). 유아문학: 이론과 적용(2판). 서울: 학지사.

박춘식(1986). 아동언어교육. 서울: 학문사.

보건복지부(2020). 제4차 어린이집 표준보육과정.

석용원(1989). 아동문학 원론(증보판). 서울: 학연사.

이상금, 장영희(2001). 유아문학론(개정판). 서울: 교문사.

이상현(1987). 아동문학 강의. 서울: 일지사.

이재철(1989). 세계아동문학사전. 서울: 계몽사.

이재철(2003). 아동문학개론(개정판). 서울: 서문당.

장혜순(1997). 아동문학론. 서울: 창지사.

전윤식, 이영석(1986). 삐아제와 유아교육. 서울: 형설출판사.

松居直(2012). 어린이와 그림책(2판, 이상금 엮음). 서울: 샘터사.

Burke, E. M. (1990). *Literature for the young child* (2nd ed.). Needham Heights, MA: Allyn & Bacon.

Matterson, E. M. (1975). *Play with purpose for under-sevens.* Great Britain, NJ: Penguin

McCandless, B. R., & Trotter, R. J. (1977). *Children behavior and development* (3rd ed.). New York: Holt, Rinehart and Winston.

Schickedanz, J. A. (1995). **읽기와 쓰기를 즐기는 어린이로 기르는 방법: 유아의 읽기와 쓰기 초기단계 이해**(이영자 역). 서울: 이화여대 출판부. (원저는 1986년 출간)

Sutherland, Z., & Arbuthnot, M. H. (1991). *Children and Books* (8th ed.). New York: Harper Collins.

제2장

유아문학의 역사

유아문학의 역사를 아동문학의 역사와 구별 지어 별도로 살펴보는 것은 불가능한 일이다. 이에 아동문학의 발달사에 비추어 그 맥락 안에서 유아문학의 역사를 살펴보고자 한다.

1. 우리나라 아동문학의 역사

우리나라 아동문학의 역사는 학자에 따라서 고대의 설화문학 시대부터 근대 아동문학까지 분류하기도 하고(이상현, 1987), 갑오경장을 기점으로 분류하기도 한다(석용원, 1982). 이 책에서는 아동문학의 태동 시기를 순수한 아동잡지가 출현한 근대 이후로 보는 이재철(1989)의 분류에 근거하여, 아동문화 운동시대(1908~1945)와 아동문학 운동시대(1945~1988)로 구분하여 정리하고자 한다. 해방 전의 아동문학이 우리말과 우리글을 통한 민족주의적 아동문화 운동이었다면, 해방 후의 아동문학은 본격적인 문학적 성장을 위한 아동문학 운동이라고 할 수 있다. 또한 그 이후 1988년부터 현재까지의 현대 아동문학의 특징적인 추세를 살펴보고자 한다.

1) 아동문화 운동시대(1908~1945년)

(1) 태동 초창기(1908~1923년)

이 시기에는 최초의 아동잡지인 최남선의 〈소년〉(1908)을 기점으로 〈붉은 저고리〉(1913), 〈아이들 보이〉(1913), 〈새별〉(1913) 등 다양한 아동잡지가 활발하게 출간되었다. 최남선의 〈소년〉은 우리나라 최초의 종합잡지로서 「거인국 표류기」「이솝이야기」「로빈슨 무인절도 표류기」「어른과 아이」와 같은 번안물과 교양적인 내용을 주로 다루었다. 특히 「해에게서 소년에게」는 주제와 소재 면에서 과도기적인 소년시다. 이는 바이런의 「차일드 해럴드의 순례(Childe Harold's Pilgrimage)」라는 장시의 마지막 대본을 번안한 것이다. 우리나라 현대시의 선구인 신체시로서의 기점을 이루었다는 점에서 역사적인 의의가 깊다.

최남선은 〈붉은 저고리〉를 '우리 아동문학의 선구자'로 자처했으며, 〈아이들 보이〉는 제목은 물론 차례에서부터 내용에 이르기까지 순수한 한글로 표기한 아동잡지로서 그 역사적 가치가 매우 크다.

따라서 이 시기는 〈소년〉에서 출발하여 〈붉은 저고리〉 〈아이들 보이〉 〈새별〉과 같은 순수한 아동잡지의 활발한 출간을 통해 아동문학을 싹트게 했다는 중요한 의미를 지닌다.

(2) 발흥 성장기(1923~1940년)

최남선의 아동잡지 출간에 이은 아동문학의 태동은 소파 방정환에 이르러 본격적인 아동문학의 성장 시기로 이어진다.

1920년대는 우리나라에 근대 서적 생산과 계몽적 교육열의 확산을 통한 보통학교 입학률의 증가 및 독서 인구의 확산이 일어난 시기다.

소파 방정환은 1922년 5월 5일을 어린이날로 제정하고 아동잡지인 〈어린이〉(1923)를 출간하면서 동요의 황금시대를 열었으며, 아동문학 장르에 대한 분명한 인식을 정립하였다. 〈어린이〉가 출간되면서 아동인권의 역사적 회복을 의미

[그림 2-1] 어린이(1923년 특별호)

[그림 2-2] 어린이(1925년 신년호)

하는 어린이라는 호칭이 보편화되었다. 〈어린이〉에 실린 아동문학작품은 동화, 동요, 동화극본이라는 아동문학의 장르로 구분되어 실렸는데, 특히 동요가 많은 비중을 차지하였다. 이 동요 중 대다수가 현대까지도 유아 애창곡으로 불리고 있다.

[그림 2-3] 신소년(1925년 7월호)

이 시기는 〈어린이〉를 필두로 하여 아동잡지의 전성기를 이루는데, 〈신소년〉(1923~1934), 〈새벗〉(1925~1933), 〈아이생활〉(1926~1944), 〈별나라〉(1926~1935) 등이 활발하게 출간되었다. 이 시기의 주요 작품으로는 방정환의 첫 동화집인 「사랑의 선물」(1922), 마해송의 「바위나리와 아기별」(1923), 윤석중의 동시집 「잃어버린 댕기」(1933)를 들 수 있다.

이 시기는 근대적 인쇄술의 도입과 함께 근대 어린이 독자의 형성이라는, 아동문학이 발전할 수 있는 사회경제적 토대를 마련한 때라고 할 수 있다. 「사랑의 선물」이 1만 부 이상의 베스트셀러가 된 것도 이러한 독자층의 형성과 맞물린다.

1930년대 이후부터는 일제의 극심한 우리말 말살 정책 속에서 우리말로 된 책을 출간하거나 보는 일이 거의 불가능하였다.

바위나리와 아기별

남쪽 나라, 따뜻한 나라, 사람 사는 동네도 없고, 사람이나 짐승이 지나간 자취도 없는 바닷가에 다만 끝없이 넓고 넓은 모래 벌판만이 펼쳐져 있었습니다.

바닷가에 산이라고는 없는 벌판이라 나무도 없고, 나무가 없으니 노래를 부르는 새조차 한 마리도 없고, 풀 한 잎도 없었습니다.

희고 흰 모래 벌판과 푸르고 푸른 바닷물만이 한 끝에서 한 끝까지 펼쳐지고 있었습니다.

가끔가다 바람이 쇄아 하고 불어 와서 지나가는 소리와 바닷물이 찰싹찰싹하고 깃을 치는 소리밖에는 아무 소리도 들려오지 않았습니다.

그런데 이렇게 쓸쓸하고 고요한 바닷가에 이상하고 놀라운 일이 일어났습니다.

밀물에 밀려서 바닷가에 놓여진 주먹만 한 감장돌 하나를 의지하고 조그만, 그렇지만 어여쁘고 깨끗한 풀 한 잎이 뾰족이 솟아 나왔습니다.

그 풀이 점점 자라 두 잎이 되고 세 잎이 되더니 가지가 뻗고 가지에는 곱고 고운 빨강꽃이 한 송이 피어났습니다.

또 파랑꽃도 한 송이 피어났습니다.

그다음은 노랑꽃, 또 그다음에는 흰꽃 해서 나중에는 아주 함빡 오색이 영롱하게 여러 가지 꽃이 피어났습니다.

파란 바다와 흰 모래 벌판 사이에 오똑하게 피어 선 이 오색꽃은 참으로 무엇하고도 비길 수 없는 아름다운 "바위나리"라는 꽃이었습니다.

세상에 제일가는
어여쁜 꽃은
그 어느 나라의
무슨 꽃일까.

먼 남쪽 바닷가
감장돌 앞에
오색 꽃 피어 있는
바위나리지요.

바위나리는 날마다 날마다 이런 노래를 어여쁘게 부르면서 동무를 불렀습니다.

그렇지만 바다와 벌판과 바람결밖에는 아무것도 없는 이 바닷가에는 동무 될 사람이라고는 하나도 없었습니다.

며칠을 기다리고 기다려도 아무도 보이지 않았습니다.

바위나리는,

"아아, 이렇게 어여쁘고 아름다운 나를 귀여워해 줄 사람이 없구나!"

하고 훌쩍훌쩍 울기도 했습니다.

그러다가도 아침이 되어서 해가 동해 바다에 불끈 솟아오르면,

"옳다, 오늘은 누가 꼭 와 주겠지!"

하고 더 어여쁘게 단장을 하고 고운 목소리를 뽑아서 노래를 부릅니다.

그렇지만 해가 서해 바다에 슬그머니 져 들어갈 때까지 아무도 와 주는 사람이 없었습니다.

그러면 바위나리는 눈물이 글썽글썽해지면서,

"아아, 오늘도 아무도 오지 않고 해가 졌구나!"

하고 또 다음 날을 기다리는 것이었습니다.

또 다음 날 아침에 해가 동해바다에 불끈 솟아오르면,

"옳다, 오늘은 누가 꼭 와 주겠지!"

하고 이렇게 몇 날 동안을 날마다 날마다 노래를 부르면서 동무가 오기를 기다렸지만 아무도 바위나리를 찾아와 주는 동무는 없었습니다.

바위나리는 소리를 질러 울었습니다.

그런데 이상하게도 이 울음소리가 밤이면 남쪽 하늘에 맨 먼저 뜨는 아기별의 귀에까지 들려 올라왔습니다.

아기별은 이 울음소리를 듣고 깜짝 놀랐습니다.

"어디서 누가 이렇게 슬프게 울까? 내가 가서 달래 주어야겠다."

하고 별나라의 임금님께 다녀오겠다는 말을 하지도 않고 울음소리가 나는 곳을 찾아 쭈욱 내려왔습니다.

울음 소리를 따라 바닷가로 내려온 아기별은 바위나리가 혼자서 이렇게 울고 있을 줄은 몰랐기 때문에 한참이나 정신없이 보고만 있었습니다.

그러다가 겨우 바위나리의 뒤로 가까이 가서,

"아니 왜 울어요?"

하고 어깨를 툭 쳤습니다.

바위나리도 깜짝 놀랐습니다.

돌아다 보니까 난데없이 아름다운 별님이 아닙니까.

바위나리는 어떻게 좋은지 어쩔 줄을 모르고 가로 뛰고 세로 뛰며,

"별님! 별님!"

하고 불러 댔습니다.

잠깐 동안만 달래 주고 돌아가려고 했었지만 바위나리가 아름답고 귀여운 것을 보니까 아기별도 이제는 바위나리와 같이 더 오래오래 놀고만 싶어졌습니다.

다른 생각은 다 잊어버렸습니다.

아기별과 바위나리는 이야기도 하고 다름질도 하고 노래도 부르고 숨바꼭질도 하면서 밤 가는 줄도 모르고 놀았습니다.

그러다가 어느 결에 새벽이 되었습니다.

그제서야 아기별은 깜짝 놀라 소리를 쳤습니다.

"큰일 났다. 바위나리! 나는 얼른 가야 돼! 오늘 밤에 또 올께, 울지 말고 기다려 응."

하고 돌아가려 했습니다.

바위나리는 아기별의 옷깃을 꼭 붙들고 울면서 놓지를 않았습니다.

"그렇지만 나는 얼른 가야만 돼! 좀 더 늦으면 하늘 문이 닫혀져서 들어갈 수가 없어. 내 오늘 밤에 꼭 내려올께."

하고는 스르르 하늘 위로 올라가 버렸습니다.

바위나리는 하는 수 없이 밤이 되기만을 기다렸습니다.

아기별도 어서어서 밤이 되기를 기다렸습니다.

밤이 되자 아기별은 '옳다구나!' 하고 또 임금님께도 누구에게도 아무 말도 하지 않

고 오고 싶던 바닷가로 또 내려왔습니다.

바위나리와 아기별은 이렇게 해서 밤마다 밤마다 만나서 즐겁게 놀곤 했습니다.

그런데 하루는 어디선지 찬바람이 불어와서 흰 모래가 날리고 바닷물이 드설레고 하는 통에 바위나리는 그만 병이 들었습니다.

아름다운 꽃은 시들어서 머리를 숙이면서 괴로워했습니다.

이것을 본 아기별은 걱정걱정하면서 간호를 했습니다.

추워하는 바위나리를 품안에 꼭 안아 따뜻하게도 해 주고 머리에 손을 얹어 짚어 주기도 하다가 인제는 훌쩍훌쩍 울기 시작했습니다.

그러다가 바위나리는,

"별님! 어서 가세요. 늦으면 어떡해요. 어서 돌아가세요. 그리고 오늘 밤에도 꼭 와 주세요. 네!"

하고 눈물을 흘렸습니다.

아기별이 언뜻 정신을 차리고 보니까 정말 시간이 벌써 늦었습니다.

그렇지만 병든 바위나리를 혼자만 있게 두고서는 차마 그대로 일어나 갈 수가 없었습니다.

그래도 바위나리가 또,

"나는 괜찮으니 어서 가세요."

하고 재촉하는 바람에,

"자아, 그럼 내 오늘 밤에 또 올께, 응!"

하고 하늘문이 닫혔을까 봐 걱정하여 하늘로 하늘로 아기별은 올라갔습니다. 그러나 이미 시간이 늦어 버렸습니다. 하늘 문이 꼭꼭 닫혀 버린 것입니다.

"아차 큰일 났다!"

아기별은 어쩔 줄을 모르고 허둥지둥하면서 몇 번이나 문지기를 불러 보았으나 아무도 대답하는 이가 없었습니다.

하는 수 없이 뒤로 가서 있는 힘을 다 내서 까아맣게 높은 성을 넘어 들어갔습니다.

그러나 임금님은 벌써 요새 밤마다 아기별이 어디로 갔다 오는 줄을 다 알고 있었습니다.

큰일 났습니다.

아기별은 임금님 앞에 불려 갔습니다.

"나가거라!"

임금님은 큰 눈을 부릅뜨고 이렇게 소리쳤습니다.

아기별은 무서워서 몸을 벌벌 떨며,

"용서해 주십시요. 다시는 밖에 나가지 않겠습니다."

하고 겨우 임금님 앞에 물러나왔으나 병들어서 혼자 괴로워하고 있을 바위나리의 일을 생각하면 가슴이 미어지는 것 같았습니다.

바위나리는 그날 밤 늦도록 늦도록 아기별만을 기다렸습니다.

그러나 끝내 아기별은 내려오지 않았습니다.

그 이튿날도 그 이튿날도 기다리는 아기별은 보이지 않았습니다.

바위나리의 병은 점점 더해 갈 뿐이었습니다.

꽃은 시들고 몸은 말라 들었습니다. 간신간신히 감장돌에 몸을 의지하고 있던 바위나리는 어디선지 별안간에 불어오는 모진 바람에 그만 휘익 바다로 날려 들어가고 말았습니다.

바위나리는 썰물과 함께 바다로 끌려 가고 말았습니다.

아기별은 날마다 밤마다 바위나리 생각만 하고 울었습니다.

어떻게든지 한 번 바닷가에 가 보고 싶은 마음이 간절했습니다.

소리를 질러 울고 싶었으나 그도 임금님과 여러 별들이 들을까 봐 울 수도 없고 다만 솟아 나오는 눈물만은 어찌할 수 없어 눈에는 눈물이 그칠 사이가 없었습니다.

그렇지만 이렇게 혼자서 눈물을 흘리는 것까지 임금님의 눈에 거슬리고 말았습니다.

하루는 임금님이 아기별 앞으로 오시더니,

"너는 요새 밤마다 울고 있기 때문에 별의 빛이 없다. 빛 없는 별은 쓸데가 없으니 당장에 나가거라!"

하고 소리를 벽력같이 지르면서 아기별을 붙들어 하늘 문밖으로 내어 쫓았습니다.

하늘에서 쫓겨난 아기별은 정신을 잃고 한정없이 떨어져 내려갔습니다.

그런데 그것은 참 이상한 일이었습니다.

아기별이 풍덩실 빠져 들어간 곳은 오색 꽃 바위나리가 바람에 날려 들어간 바로 그 위의 바다였습니다.

그 후로도 해마다 아름다운 바위나리는 바닷가에 피어 나옵니다.

여러분은 바다를 들여다본 일이 있습니까?

바다는 물이 깊으면 깊을수록 환하게 맑게 보입니다.

웬일일까요?

그것도 지금도 바다 그 밑에서 한때 빛을 잃었던 아기별이 다시 빛나고 있는 까닭이랍니다.

(3) 암흑 수난기(1940~1945년)

이 시기의 우리나라는 태평양전쟁 전후로 창씨개명, 한글 사용 금지, 언론과 잡지의 폐간 등 일본의 탄압에 시달리는 상황이었다. 일본은 〈조선일보〉와 〈동아일보〉, 문학지인 〈인문평론〉을 폐간하였고, 뒤이어 1940년 〈소년 조선일보〉도 폐간하였다. 이로 인해 이 시기의 아동문학은 암흑 상태를 맞이하였으며, 발전 가능성도 극도로 제한되었다. 다만 등사판 잡지인 〈초원〉 〈초가집〉 〈파랑새〉만이 비공식적으로 비밀리에 출간되면서 아동문학의 명맥을 최소한 유지하였다.

2) 아동문학 운동시대(1945~1988년)

(1) 광복 혼미기(1945~1950년)

광복 후 우리나라는 사회 · 정치 · 경제적으로 혼란 상태의 민족적 격동기를 겪으면서 우파와 좌파의 이데올로기적 갈등 상황에 처해 있었다. 이러한 사회적 상황은 아동문학에도 영향을 미쳐, 아동문학도 우파와 좌파의 갈등 속에서 혼란을 겪게 되었다.

이 시기의 가장 큰 특징은 우리말을 되찾은 기쁨으로 우리말로 된 출판물이 양적으로 급증한 것인데, 이는 다음 세 가지로 정리할 수 있다.

[그림 2-4] 별나라(1945년 해방 특별호)

첫째, 아동잡지로 제일 먼저 〈소학생〉(1946~1950)이 창간되었고, 성인문학처럼 우파와 좌파의 뚜렷한 대립 양상은 아니지만 성격상 우파와 좌파의 잡지로 구분되어 출간되었다. 대표적인 우익 잡지는 〈소년〉(1948~1950), 〈어린이〉(1948~1949), 〈어린이 나라〉(1949~1950), 〈아동〉(1946)이고, 대표적인 좌익 잡지는 〈별나라〉(1945), 〈새동무〉(1945), 〈신소년〉(1946)이다.

둘째, 동시 및 동화와 아동소설집이 활발하게 출간되었다. 대표적인 동시집은 윤석중의 「초승달」(1946), 박영종의 「동시집」(1946), 이원수의 「종달새」(1948), 윤복진의 「별초롱 꽃초롱」(1949), 김영일의 「다람쥐」(1950)이고, 대표적인 동화집은 마해송의 「토끼와 원숭이」(1946), 이주홍의 「못난 돼지」(1946), 임인수의 「봄이 오는 날」(1949), 노양근의 「열세 동무」(1946)다. 또한 주요섭의 「웅철이의 모험」(1945)은 소년 탐정 소설의 대중화를 선도하였고, 동시작가인 권태웅, 박은종, 어효선과 동화작가인 김요섭의 등단은 동화문학을 활성화하는 데 큰 영향을 미쳤다.

셋째, 장편동화의 탄생, 생활동화의 유행으로 인한 장르의 다양화, 구성상의 합리성과 환상성의 중시로 동화의 수준이 향상되었다(김현희, 박상희, 1999).

마해송은 1948년 1월부터 「떡배 단배」를 자유신문에 연재하기 시작하였다.

(2) 통속 팽창기(1950~1960년)

6 · 25전쟁으로 말미암아 통속적이고 상업적인 소년소설이나 만화가 범람하였고, 이로 인해 아동문학계가 오염되었다. 즉, 6 · 25전쟁에 대한 반공 사상적 작품이나 리얼리티(reality)와 휴머니티(humanity)가 부족한 조작된 미담이 많이 발표되었다. 이 시기의 대표적인 잡지는 〈소년세계〉 〈새벗〉 〈학원〉으로, 주로 탐정 모험물과 만화로 편집되어 통속적인 대중문화의 중추 역할을 하였다.

이러한 통속, 대중화 경향에도 불구하고 최계락, 이종택, 이종기 등 동시작가의 등단으로 순수 동시 운동의 기초가 마련되었다. 또한 동화로는 강소천의 「꽃신」(1952), 「꿈을 찍는 사진관」(1954), 이원수의 「숲속나라」(1953), 김요섭의 「깊은 밤 별들이 울리는 종」(1957) 등이 순수 아동문학의 맥을 이어 나갔다(김세희, 2001).

(3) 정리 형성기(1960~1976년)

1960년대 이후 우리나라의 아동문학은 본격적으로 문단이 형성되어 문학으로서의 자리매김을 하기 시작하였다. 이 시기 아동문학의 문단 형성은 몇 가지 특징을 지니는데, 이를 정리하면 다음과 같다.

첫째, 신진작가들이 등단하고 문단 풍토가 개선되었다. 먼저 동시 분야에서 본격적인 아동문학으로서의 괄목할 만한 변화를 보인다. 즉, 언어 감각의 새로운 혁신, 이미지 중심의 시어 결합, 시의 형식미 탐색과 같은 면에서 새로운 시도를 모색하였다. 1970년대에 이르러서는 동시에 대한 난해함을 극복하고 모든 어린이가 쉽게 즐겨 읽고 감상할 수 있는 '아동을 위한 동시'를 모색하기 시작한다. 엄기원, 최일한, 이진호는 동시의 대중성을 중시하면서 아동의 공통적인 정서와 천진한 동심의 세계를 동시 속에 표현하고자 노력하였다.

둘째, 동인 중심의 문학단체가 성립되었다. '동시인 동인회'(1966)와 '한국 동화문학회'(1968)가 결성되었다. '동시인 동인회'는 동시작가의 문학단체로, 동시의 평면성을 극복하고 폐쇄적인 시어의 개방, 동심 세계의 확장, 지식적 전달 기능의 탈피, 도식적인 교육성에서의 해방을 시도하였다. '한국 동화문학회'는 신진·중견 작가들이 함께 결성한 단체로, 환상의 필요성에 대한 자각, 주체의식의 강화, 상징적 수법의 다양화, 전승문학 정리의 의욕 증대, 동화문체의 확립, 재미에 대한 새로운 인식, 생활동화에 대한 반성 등 다채로운 문학적 성과를 거두게 된다(김현희, 박상희, 1999).

셋째, 전집류의 출판으로 정리 작업이 이루어졌다. 1969년부터 중학교 무시험 진학제가 점진적으로 실시되어 중학교 진학률이 급격하게 향상되었고, 어린이가 책을 읽을 수 있는 시간이 대폭 늘어났으며(정복화, 2000), 이로 인해 연령에 적합한 책의 출판, 학년별 전집류 출판이 늘어났다. 대표적인 것으로 「아동문학독본」(전 10권, 1962, 을유문화사), 「강소천 아동문학집」(전 6권, 1864, 백영사), 「한국아동문학전집」(전 12권, 1964, 민중서관), 「소파 아동문학전집」(전 6권, 1969, 삼도사)을 들 수 있다.

넷째, 아동문학상의 제정과 평론 전문지의 발간으로 아동문학에 대한 평가 기틀이 마련되었다. 1960년대 중반 소천 아동문학상(1965), 해송 동화상(1967), 세종 아동문학상(1969), 한정동 아동문학상(1969) 등 대표적인 아동문학상이 제정되었다. 아동문학상의 제정은 성인 문단과 대등한 지위를 얻게 해 줌과 동시에 아동문학의 확고한 자리매김을 가능하게 해 주었다. 또한 본격 평론으로 자리잡지는 못하였지만 아동문학의 평론이 성립되면서 새로운 전기를 마련하였다. 대표적인 평론 전문지로 김요섭의 〈아동문학사상〉(1970~1974)과 〈아동문학평론〉(1976) 등을 들 수 있다.

(4) 전환 발전기(1976~1988년)

이 시기에는 아동문학 활동의 고무적인 풍토가 조성되면서 아동문학의 정착이 이루어지게 되었다. 적극적으로 신인을 발굴하고 다양한 문학 사조를 수용하고 반영하기 시작한 것이다.

전 세계적인 유아교육 사상의 변화, 색채를 구현할 수 있는 인쇄 기술의 축적, 저작권법에 따른 창작물의 요구 등으로 변화된 출판 환경과 1970~1980년대의 경제성장을 배경으로 한 그림책 독자계층의 형성이라는 사회경제적 성숙과 맞물리며 그림책의 비약적 발전이 이루어졌다. 또한 서구의 발전된 그림책이 조금씩 소개되면서 우리 그림책에 대한 자각이 일어난 시기였으며 어린이책 일러스트레이션이 양적 · 질적으로 비약적 성장을 이루었다(현은자 외, 2008).

이 시기의 가장 큰 특징은 국내 전문 아동문학가의 창작집을 발간하고 창작동화와 아동소설전집을 제작한 것이다. 대표적인 작품으로는 「창비아동문고」 「한국 아동문학총서」 「웅진아동문고」 「소년소녀 창작동화」 「이원수의 아동문학전집」 「한국 아동문학 대표작 선집」 「윤석중 전집」 등이 있다. 즉, 1980년대 후반까지 전집류의 한국 창작 그림책이 그림책 시장의 대부분을 차지하였으며, 저작권 없이 무단으로 외국 그림책을 번역한 그림책이 난무하는 상황이었다.

또한 동시 분야에서 서사시, 동화시, 연작시와 같은 다양한 형태의 시도가 이루어졌다. 대표적인 서사시로는 박성만의 「지금 싸움이 한창 급하니」(1985), 동화시로는 권정생의 「무명저고리와 엄마」(1977), 연작시로는 하청호의 「잠」(1976~1979), 문삼석의 「엄마눈 아기눈」(1978) 등이 있다.

1970년대 후반부터는 저항적 리얼리즘의 문학 운동이 아동문학에서도 일어났다. 이러한 영향은 농촌 어린이, 근로자나 서민의 가정생활을 소재로 한 생활동화, 생활작문을 활성화하는 계기가 되었다. 대표적인 작품으로는 이오덕의 「어린이를 지키는 문학」(1984)을 들 수 있다.

3) 현대의 아동문학(1988년~현재)

1988년 이후 현재까지의 역사적 흐름을 알아보기 위해 현대 아동문학의 특징적인 추세를 살펴보고자 한다.

현대 아동문학의 특징적인 추세는 그림책의 양적 · 질적인 성장, 외국 동화의 활발한 번역, 다양한 주제를 다룬 작품의 창작, 동화비평 모임과 독서문화 활동의 보급으로 정리할 수 있다. 이를 구체적으로 살펴보면 다음과 같다.

첫째, 그림책의 양적 · 질적인 성장이 이루어졌다. 한국의 창작 그림책뿐 아니라 외국의 우수 그림책의 번역 출판이 다수 이루어지면서 양적으로 급성장한 시기다. 1990년대 들어 경제 부흥과 신흥 중산층 세력이 등장하여 양질의 그림책 출판을 유도하는 비판적 독자층이 되었다. 또한 저작권법이 뿌리를 내리면서 무단 복제 관행이 단절되는 결과를 가져왔고, 창작물 활성화의 토대가 되었다. 이에 따라 어린이 책 시장 환경은 전집류 출판에서 단행본 도서 출판으로 중심이 이동한다. 1990년대 초 웅진출판사에서 나온 「올챙이 그림책」 시리즈는 단행본 창작 그림책의 대중화에 기여했다. 일러스트레이션 역시 세계시장에 어깨를 나란히 할 만큼 성장하였다(현은자 외, 2008).

한국의 창작 그림책은 2000년대 들어 볼로냐 국제 어린이 도서전에서 볼로냐 라가치상 수상, 뉴욕타임스 최우수 어린이 그림책 선정, 브라티슬라바 일러스트레이션 비엔날레 참가 및 수상, 국제어린이도서협의회(IBBY)의 추천도서 선정 등 국제적 참여와 활동이 활발히 진행되고 있으며 눈부신 발전을 이루고 있다.[1)]

1) 볼로냐 라가치상 수상작의 예는 「마법에 걸린 병」(고경숙 글/그림, 2006), 「미술관에서 만난 수학」(마중물 글, 김윤주 그림, 2009), 「석굴암」(김미혜 글, 최미란 그림, 2012), 뉴욕타임스 최우수 어린이 그림책 수상작의 예는 「노란우산」(류재수 그림, 신동일 작곡, 2002), 「도대체 그동안 무슨 일이 일어났을까?」

둘째, 외국 작품의 번역 출판물이 성행하게 되었다. 외국의 유명 문학상을 받은 아동문학작품이 왕성하게 번역되어 출간되고 있다. 외국의 작품은 다른 세계에 대한 호기심의 충족이라는 면에서 우리나라 작품 못지않게 많은 사랑을 받고 있다. 하지만 외국의 작품은 우리의 정서에 맞지 않게 번역되거나 번역상의 오류가 있을 수 있기 때문에 더욱 신중하게 선정되어야 한다.

셋째, 다양한 소재와 주제를 다룬 작품이 창작되었다. 우리나라의 역사와 문화를 소재로 한 그림책, 신화를 재해석한 그림책, 다양한 삶을 소재로 한 그림책, 분단의 현실을 다룬 그림책, 북한의 그림책이 발표되고 있다. 대표적인 작품으로는 류재수의「백두산 이야기」(1989), 정승각의「까막나라에서 온 삽사리」(1994), 전통문화 그림책인「솔거나라 시리즈」(1995), 북한 동화인「잿빛 토끼와 파란 장화」(1992), 남북 유아가 함께 볼 수 있는「돌아오지 않는 까삐」(1991) 등이 있다. 또한 2000년대 들어서는 보다 창의적인 문학적 · 예술적 시도가 반영되어 다양한 소재의 개성 있는 그림책이 계속 등장하였다. 대표적인 작품으로 구름을 반죽해 빵을 만드는「구름빵」(2004), 자신을 괴롭히는 가족을 '괴물'로 그려 낸「우리집에는 괴물이 우글우글」(2005), 조손 가정의 아동이 주인공인「뒷집 준범이」(2011), 추리물을 연상시키는「도둑을 잡아라!」(2010), 상대방의 속마음을 듣게 해 주는 마법사탕「알사탕」(2017), 쓰레기통에서 나와 사람의 소원을 들어주는 요정의 이야기인「쓰레기통 요정」(2019) 등이 있다.

넷째, 동화비평 모임과 독서문화 활동이 전개되었다. 다양한 소재를 다룬 동화 및 동시의 창작 활동이 활발하게 이루어지면서 아동문학작품에 대한 바른 인식과 건전한 독서문화에 대한 사회적인 반향이 이루어지고 있다. 1990년대 초부터 '어린이 도서연구회'가 좋은 도서의 선정과 바람직한 도서문화의 보급에 힘쓰고 있고, 1996년에는 '국제어린이도서협의회' 한국 지부(KBBY)가 설립됨으로써 아동문학의 세계화를 모색하고 국제적인 아동문학의 조류에 합세할 수 있게 되었다. 또한 민간단체인 '좋은 아버지 모임'에서는 자녀를 둔 부모를 중심으로 바

(이호백 글/그림, 2003), 브라티슬라바 국제일러스트레이션 수상작의 예는「세상에서 제일 힘센 수탉」(이호백 글, 이억배 그림, 1997),「새가 되고 싶어」(한병호 글/그림, 2004), 그리고 국제어린이도서협의회(IBBY)의 추천도서 선정작의 예는「세상에서 제일 힘센 수탉」(이호백 글, 이억배 그림, 2000) 등이다.

람직한 그림책에 대한 비평 모임과 창작 활동을 통해서 좋은 책에 대한 인식을 보편화하고자 노력하고 있다.

2000년대 들어서 〈열린 어린이〉 〈창비어린이〉 〈어린이와 문학〉은 어린이책 종합 서평지로서 그림책에 대한 깊이 있는 서평은 물론 그림책의 현주소를 진단하는 여러 기획을 선보이고 있다(현은자, 김세희, 2005).

2. 외국 아동문학의 역사

1) 19세기 이전의 아동문학

19세기 이전에는 아동을 위한 문학이 별도로 존재하지 않았다. 아동을 위해 쓰인 작품이 나오기 전으로, 구전되는 신화, 전설, 민담, 성인 대상 작품 중 아동이 원하는 것을 즐기던 시기였다. 아동의 독립된 인격이나 권리가 인정되지 않던 시기로, 특히 인간의 자유와 권리를 신앙에 종속시켰던 중세의 기독교적인 색채가 지배적이었다. 이처럼 19세기 이전에는 독립된 인격체로서의 근대적 아동관이 성립되지 못한 상황이었으므로 아동을 위한 문학이 별도로 필요하다는 인식 자체가 불가능했다. 이에 최초의 아동문학의 역사는 민족적인 신화, 전설, 민담, 성인 대상 소설에서 시작되었다.

19세기 이전의 아동문학은 다음과 같은 특징을 갖는다.

- 구전되어 오는 민담, 전설, 신화를 수집한 작품으로 이루어진다.
- 교습용, 교훈용 책이 대부분이다.
- 종교적인 색채에서 벗어나지 못한 작품이 대부분이다.
- 성인 대상 작품을 아동의 것으로 소화한 작품으로 이루어진다.

이러한 특징을 중심으로 대표적인 19세기 이전의 아동문학작품을 살펴보면 다음과 같다.

(1) 구전되어 오는 민담, 전설, 신화를 수집한 작품

대표적인 작품으로는 프랑스의 페로(Charles Perrault, 1628-1703)의 「페로 동화집」(1697)이 있다. 이 책은 구전되어 온 민담인 「신데렐라」 「잠자는 공주」 「빨간 모자」 「장화 신은 고양이」를 포함하고 있고, 이러한 민담이 아동문학의 영역으로 자리 잡는 데 중요한 역할을 하였다. 페로의 동화에는 명쾌하고 꾸밈 없는 사건의 진행 속에 프랑스인의 국민성, 기민한 태도, 기지 등이 잘 나타나 있다. 페로의 동화는 민간설화에서 발췌한 것이지만 아동에게 읽히기 위해 처음으로 재화(再話)하였기에 그 의미가 크다.

(2) 교습용 · 교훈용 책

아동을 위해 최초로 쓰인 교습용 책은 교습용 글자판(hornbook)으로 책이라기보다는 가르칠 내용을 양피지에 붙인 것이다. 최초의 그림책인 코메니우스(John Amos Comenius)의 「세계도회(Orbis Sensualium Pictus)」(1658)는 유아가 알아야 할 지식을 시각적으로 묘사한 지식정보책이라고 할 수 있다. 「세계도회」는 이 시기의 글로만 쓰인 학습용 책과는 현저한 차이를 보여 주는 것으로, 정보책의 기틀을 마련했다는 점에서 유아문학의 역사상 중요한 가치를 지닌다.

[그림 2-5] 세계도회(존 아모스 코메니우스, 1658)

또한 영국 뉴베리(John Newbery, 1713-1767)의 챕북(chapbook, little pretty pocket book)은 행상인에 의해 보급된 싸고 작은 책으로 일반인에게 널리 알려졌다. 챕북은 짧은 이야기, 단순한 내용, 많은 그림으로 구성되어 있어서 오늘날의 유아용 그림책과 유사한 점이 많다. 하지만 그 내용에서 종교적이고 교훈적인 요소가 많기 때문에 유아에게 호응을 얻지는 못했다.

(3) 종교적인 색채에서 벗어나지 못한 작품

성직자인 앨드헬름(Aldhelm, 640-709)과 안젤름(Anselm, 1033-1109)이 대표적인 작가로 아동의 행동과 신념을 훈계하기 위한 책을 썼다. 앨드헬름은 질의응답의 형식을 갖춘 운율이 있는 교과서를 쓰고 안젤름은 백과사전을 썼는데, 그 내용에는 예의, 관습, 자연과학, 아동의 의무, 종교 개념이 포함되어 있다.

(4) 성인 대상 작품을 아동의 것으로 소화한 작품

대표적인 작품으로는 번얀(John Bunyan)의 「천로역정(The Pilgrim's Progress)」(1678), 디포(Danial Defoe)의 「로빈슨 크루소(Robinson Crusoe)」(1719) 그리고 스위프트(Jonathan Swift)의 「걸리버 여행기(Gulliver's Travels)」(1726)가 있다.

번얀의 「천로역정」은 종교적인 색채를 다소 띠고는 있으나, '아뽀리용'이라는 공상 속 주인공의 모험을 다루었다는 점에서 재미있고 환상적인 경험을 유아에게 제공해 준 작품이다. 이러한 재미와 환상의 요소가 성인 대상 작품을 아동의 것으로 자리 잡게 해 주었다.

현재는 당연히 아동문학으로 인식하고 있지만, 이 시기에 「로빈슨 크루소」나 「걸리버 여행기」는 성인을 위해서 쓰인 작품이었다. 디포의 「로빈슨 크루소」는 그 당시 주류를 이룬 도덕적이고 교훈적인 책과는 달리 모험과 상상의 나래를 즐기게 해 주는 혁신적인 작품이었다. 무인도라는 고립된 현실 속에서 생존을 위해 투쟁하며, 인간답게 살아가기 위해 자신과 싸우는 주인공의 이야기는 유아에게 모험심과 의지를 키워 준다.

[그림 2-6] 천로역정(존 번얀, 1678)

또한 스위프트의 「걸리버 여행기」는 인간사회를 거인국과 소인국에 비유한 풍자소설이다. 인간에게 중요한 것은 권력이 부여한 힘이 아니라 진실을 찾아가는 것이라는 것을 걸리버의 여행을 통해서 보여 준다. 아동은 걸리버와 함께 소인국과 거인국에서 벌어지는 흥미롭고 환상적인 모험의 세계를

[그림 2-7] 로빈슨 크루소(대니얼 디포, 1719)

즐긴다.

이처럼 「로빈슨 크루소」와 「걸리버 여행기」는 18세기에 형성된 시민계급을 배경으로 하는 근대소설로서, 동화 속 세계에 공상력과 상상력의 가치를 인식시키는 데 일익을 담당하였다. 그리고 「천로역정」과 함께 아동문학의 체계화에 큰 영향을 미쳤다.

근대소설이 영국 문학의 흐름을 바꾼 것과 같이 뉴베리는 영국 아동도서의 제작 관점을 새롭게 바꾸어 놓았다. 뉴베리는 아동도서를 부흥하고 아동에게 책 읽는 즐거움을 주고자 노력하였다. 그의 노력은 현재 미국의 뉴베리상으로 그 명맥이 유지되고 있는데, 이 상은 아동도서를 최초로 출간한 뉴베리를 기념하기 위해서 매년 가장 우수한 아동도서에 주는 권위 있는 상이다.

[그림 2-8] 걸리버 여행기(조너선 스위프트, 1726)

2) 19세기 아동문학

19세기 이전은 아동을 성인의 축소물로 인식하면서 아동의 인격이나 독자성이 인정되지 못했던 시기였다. 그러나 19세기의 낭만주의 사조 출현으로 아동의 권리와 독자성이 인정되면서 아동문학의 탄생이 가능하게 되었다. 특히 루소(Jean Jacque Rousseau)의 '자연주의 사상'은 아동의 고유한 권리에 대한 인식과 아동 고유의 성장과 발달에 대한 이해와 존중의 필요성을 제기하였다. 즉, 루소가 제시한 근대적 아동관은 아동중심 사상의 중심을 이룬 것으로 근대적 아동문학의 성립을 가능하게 하는 중요한 원동력이 되었다.

19세기 아동문학이 출현하게 된 또 하나의 배경은 전래동화와 전래동요에 대한 인식의 변화로 동화라는 문학적 형식에 대한 관심과 가치 인식이 고조된 것이다. 특히 독일의 그림 형제는 전래동화에 대한 학문적인 연구 및 재화를 통하여 전래동화를 아동문학의 수준으로 한 단계 높이는 데 많은 공헌을 하였다(이상금, 장영희, 1986).

독일의 국어학자였던 그림 형제(Jacob Grimm, 1785-1863; Wihelm Grimm, 1786-1859)는 전승되어 오던 민담을 수집하여「어린이와 가정을 위한 동화집」(1982)을 출간하였다. 이 동화집에는「백설공주」「헨젤과 그레텔」「브레멘 음악대」「늑대와 일곱 마리 아기 양」등이 수록되어 있다.

[그림 2-9] 그림 형제 동화집
(그림 형제 글, 라크함 그림, 1812)

그림 형제는 학자적인 자세로 전승문학의 발생 배경, 동화의 본질과 구성에 대해 연구하였다. 그림 형제의 동화집은 특히 자료 수집의 정확성으로 인해 아동문학의 고전이라고 불리며 전승문학의 원형을 찾는 데 기본이 된다. 또한 그림 형제의 동화는 언어의 아름다움과 구성의 완전성, 소재의 독창성, 이야기 전개의 자연스러움으로 인해 문학적으로 높이 평가되며, 게르만족의 강인한 민족성의 표출로 그 교육적 가치 또한 높이 인정된다.

또한 이 시기의 낭만주의 사상에 영향을 받은 낭만주의 문학은 인간의 자연스러운 본능을 인정하고, 인간의 감정과 감각의 해방을 추구하고, 인간 내부의 발현을 통한 자유로운 창작의 기회를 가능하게 해 주었다. 즉, 낭만주의 문학의 대두로 작가들은 자신의 작품 속에서 자유로운 공상과 상상의 나래를 펼칠 수 있게 된 것이다. 이러한 문학 사조의 변화는 아동문학에서도 상상과 공상을 바탕으로 한 많은 작품을 낳은 중요한 요소이기도 하다.

한편, 이 시기에는 전문작가뿐만 아니라 어머니가 쓴 동화도 나타나는데, 배너먼(Helen Bannerman)의 「꼬마 삼보(The Story of Little Black Sambo)」가 대표적인 것으로 오늘날 생활동화의 모태로 평가받고 있다.

19세기 아동문학은 다음과 같은 특징을 갖는다.

- 근대적 아동문학이 성립되었다.
- 상상과 공상을 주제로 한 아동문학이 성행하였다.
- 생활동화의 근거가 마련되었다.

이상의 특징을 중심으로 대표적인 작가와 작품을 살펴봄으로써 19세기 아동문학의 발달사를 정리해 보면 다음과 같다.

(1) 근대적 아동문학의 성립

덴마크의 안데르센(Hans Christian Andersen, 1805-1875)은 아동문학의 창작 기틀을 마련한 아동문학의 창시자다. 안데르센은 1835년부터 「어린이를 위한 동화집」을 출간하기 시작해 매년 크리스마스 때 동화집을 출간하여 약 150여 편의 창작동화를 발표하였다. 그의 대표적인 작품으로는 「미운 오리 새끼」 「인어공주」 「벌거벗은 임금님」 「눈의 여왕」 「날으는 가방」 「성냥팔이 소녀」 「백조」 등이 있다. 안데르센의 동화는 다음과 같은 몇 가지의 특징을 지닌다.

첫째, 자유로운 공상에 입각하여 쓰였다. 안데르센의 동화는 동물이나 상상 속의 인물이 주인공이 되고, 상상 속의 일이 작품 속에 묘사되고 있다.

둘째, 긍정적인 인간관을 바탕으로 하고 있다. 안데르센의 동화에서 등장하는 인물은 긍정적인 인간의 모습으로 묘사되어 있다. 단순한 선과 악의 구별이 아닌 인간에 대한 깊은 애정이 표현되어 있고, 웃음과 슬픔이 공존하면서 슬픔을 이겨 낼 수 있는 진한 인간애가 표현되어 있다. 또한 불의에 대한 항변, 어리석음에 대한 풍자를 통한 깨달음, 가난하고 불쌍한 사람에 대한 동정과 연민을 통한 진한 감동은 아동에게 삶에 대한 가치와 인류에 대한 이상을 지켜 나가려는 믿음을 심어 준다.

[그림 2-10] 어린이를 위한 동화집 (안데르센, 1835)

셋째, 간결한 언어와 함축성 있는 용어를 사용하고 있다. 간결한 언어는 문학작품에 친숙하게 다가갈 수 있도록 해 주며, 함축성 있는 용어는 언어에 대한 이해를 돕고 사건에 대한 실마리를 풀어 가고 이해 과정에서 중요한 단서를 제공해 줌으로써 이야기를 더 잘 이해하도록 해 준다.

넷째, 아동의 물활론적인 사고에 호소한다. 안데르센의 동화에서는 생명이 없는 것의 영혼 속에 생명을 부여해 줌으로써 모든 사물과 동물이 말을 하고 대화를 하는 흥미로운 상황이 전개된다. 이러한 점은 물활론적인 사고의 특징을 지닌 유아에게 더 쉽게 감정이입을 하도록 해 주며, 이야기에 더욱 몰입하게 해 준다.

다섯째, 우수한 독창성을 지닌다. 안데르센의 동화는 사람들이 살아가는 일상적인 공간 이외에 바닷속이나 하늘 등과 같은 환상의 세계를 그 배경으로 한다. 또한 사람 이외에도 인어 등과 같은 상상 속의 인물이 주인공으로 등장하면서 유아에게 무한한 상상력을 이끌어 준다. 이러한 점이 안데르센 동화가 기존의 동화와 구분되는 가장 독창적인 면이라고 할 수 있다.

안데르센 동화 이외에도 영국의 디킨스(Charles Dickens, 1812-1870)의 「올리버 트위스트」, 킹슬리(Charles Kingsley, 1819-1895)의 「영웅 이야기」, 프랑스의 도데(Alphonse Daudet, 1840-1897)의 「월요이야기」, 독일의 호프만(Ernst Theodor Amadeus Hoffman, 1776-1822)의 「호두까기 인형」, 스피리(Joanna Spyri, 1827-

1901)의「알프스 소녀 하이디」등이 19세기 근대적 아동문학의 성립을 보여 주는 예다.

(2) 상상과 공상을 주제로 한 아동문학작품

안데르센 동화의 상상적이고 공상적인 요소는 상상과 공상을 주제로 한 아동문학을 꽃피우게 하는 중요한 도화선이 되었다. 이 시기의 아동문학작품은 대부분 상상과 공상 속의 이야기가 주를 이룬다. 최초의 환상동화는 영국의 킹슬리가 자신의 아들을 위해 쓴「물의 아이들(The Water Babies)」(1865)이다. 환상동화라고는 하나, 종교적이고 도덕적인 요소가 많이 담긴 작품이다.

환상동화로서 아동문학사의 획기적인 정점을 이루는 대표적인 작품은 영국의 캐럴(Lewis Carroll, 1832-1893)이 쓴「이상한 나라의 앨리스(Alice's Adventure in Wonderland)」(1865)라고 할 수 있다.「이상한 나라의 앨리스」에서 주인공 앨리스는 다양하고 무한한 공상의 세계로 독자를 이끌어 주고, 환상 속에서 신기하면서도 유쾌한 모험을 즐길 수 있게 해 준다. 이로써 독자인 유아는 자유롭게 상상과 공상의 세계를 넘나들면서 경이로운 세계를 경험하게 된다.「이상한 나라의 앨리스」는 당시 유행하던 도덕적이고 교훈적인 이야기에서 벗어나 순수하게 기쁨과 즐거움을 주는 환상의 세계만을 묘사하고 있다는 점에서 아동문학의 역사상 매우 중요한 의미를 지닌다. 따라서 킹슬리의「물의 아이들」이 시기적으로 먼저 쓰이기는 했으나, 캐럴의「이상한 나라의 앨리스」가 후대 아동문학의 기본 성격과 창작 방향에 결정적인 역할을 했다는 점에서 더 높이 평가되고 있다.

[그림 2-11] 이상한 나라의 앨리스
(루이스 캐럴 글, 존 테니얼 그림, 1865)

다른 작품으로는 이탈리아의 콜로디(Carlo Collodi, 1826-1890)가 쓴「피노키오(Pinocchio)」(1882)를 들 수 있다.「피노키오」는 동화적인 상상력을 무한하게 보여 주는 모험과 우스꽝스럽고 기상천외한 상황의 끊임없는 전개를 통해서 기존의 작가와는 차별되는 교육성의 개념을 보여 준다. 즉, 이 책은 기존의 책과는 달리 무한한 환상의 세계에 대한 경험, 신선하고 생동감 있는 이야기의 전개, 예술적인 요소, 그리고 교훈적인 이야기의 구성을 겸비하고 있다. 이에 「피노키오」는 교훈적이면서도 순수한 즐거움을 포함하면서 현대까지도 아동의 마음을 사로잡는 획기적인 아동작품으로 인정받고 있다.

또한 프랑스 작가인 베른(Jules Verne, 1828-1905)의 「풍선 속의 5주일(Five Weeks in a Balloon)」(1863)은 과학소설의 선구적인 장을 연 작품이다. 이 작품은 순수한 공상적인 소재가 아니라 사실적이고 과학적인 소재에 기초해 공상과 모험의 세계를 전개했다는 점에서 기존의 작품과 구별된다. 당시 베른의 작품 속에 나타난 소재 중 많은 것이 현실화되었다. 예를 들어, 비행기, 잠수함, 텔레비전, 우주 여행 등은 이제 이야기 속의 과학적인 소재가 아니라 생활 속에 실재로 존재하게 되었다. 베른의 다른 작품으로는 「달나라의 여행」 「해저 2만 리」 「80일간의 세계일주」 「15소년 표류기」가 있다.

이러한 베른의 작품은 유아가 즐겨 읽는 우주모험이나 공상과학 동화가 문학적 탁월성과 생명력을 유지하기 위해서는 작가의 치밀한 구성과 과학적인 논리 및 안목 그리고 과학적인 공상이 합쳐질 때 가능하다는 것을 보여 준다(김현희, 박상희, 1999).

(3) 생활동화의 근거 마련

이 시기에는 호프만(Heinrich Hoffmann, 1809-1894)의 「게으른 피터(Der Struwwel Peter)」(1845; 영역본 Shock-headed Peter, 1847)와 배너먼(Helen Bannerman) 부인의 「꼬마 삼보(The Story of Little Black Sambo)」(1899)가 집필되었다.

이 두 작품 모두 기성작가가 아닌 자녀를 둔 부모에 의해 쓰였다는 점에서 큰 의미를 지닌다. 「게으른 피터」는 독일인 의사인 호프만이 다섯 살 난 아들을 위해 쓴 작품으로, 손톱과 머리를 깎기 싫어하며 마음대로 자란 손톱과 지저분한 머리로 다니는 게으른 피터의 모습을 담고 있다.

「꼬마 삼보」는 배너먼이 가족과 인도에서 보낸 경험을 바탕으로 딸을 위해 쓴 작품으로, 소박한 그림, 단순한 언어, 운율적인 문장, 그리고 점진적인 반복을 통한 긴장감이 포함된 이야기로 구성되어 있다. 이에 「꼬마 삼보」는 전문 작가에 의해 쓰인 작품 못지않게 현재까지 많은 유아에게 사랑받고 있는 손꼽히는 아동문학작품으로 평가된다.

「게으른 피터」와 「꼬마 삼보」는 모두 유아의 일상생활을 소재로 한 것으로, 생활동화의 근거를 마련했다고 평가된다.

「꼬마 삼보」는 1900년 미국에서 출판되어 유아에게 열광적 인기를 얻었으나, 1950년대 들어서 미국과 유럽에서 인종 문제가 대두되면서 비판을 받게 되었다. 「꼬마 삼보」는 그 삽화가 흑인 아이를 우스꽝스럽게 묘사하고, 특히 팬케이크를 지나치게 많이 먹는 마지막 부분에서 흑인의 모습을 무식한 이미지로 그렸다는 점이 비판의 소지가 되었으며, 결국 1980년대에 들어 절판되기에 이르렀다. 현재는 여러 삽화가에 의해 현대의 유아에게 좀 더 친숙한 모습으로 새롭게 그려진 「꼬마 삼보」가 많은 사랑을 받고 있으나, 배너먼 부인이 처음에 그린 소박한 그림에 대해 더 높은 평가를 내리기도 한다.

[그림 2-12] 꼬마 삼보(헬렌 배너먼 글 · 그림, 1899)

3) 20세기 이후 아동문학

아동의 세기인 20세기는 아동문학에 있어서도 여러 나라에서 수많은 명작이 쏟아져 나온 눈부신 발전의 시기다. 20세기에는 19세기의 환상동화의 영향으로 환상을 소재로 한 아동문학작품이 성행하였고, 글로만 이루어진 동화가 아니라 그림을 곁들인 동화가 활발하게 출판되었다. 또한 이 시기에는 아동문학의 창작 및 활동 보급이 활성화되었다. 즉, 이동도서관의 설치 등으로 아동문학의 보급이 활성화되었으며, 여러 아동문학상 수상으로 좋은 책에 대한 인식과 안목이 향상되어 질 높은 작품의 창작이 촉진되었다.

20세기 이후의 또 다른 변화는 사회변화와 대중매체의 영향에 따라 작품 소재와 도서 유형이 다양화되었다는 것이다. 즉, 현대의 작가는 기성세대와 다른 자신의 관점에서 작품을 쓰고, 편견과 선입견에서 탈피된 작품을 창작하기 시작하였다. 특히 1970년대 이후의 작품은 조심스럽게 이혼, 세대차, 성차, 입양아, 재혼, 한부모, 장애아, 환경 문제, 다른 나라의 문화 수용과 같은 소재를 다루고 있다. 또한 대중매체와 다양한 놀잇감을 쉽게 접하게 되면서 다양한 형태의 도서가 출간되기 시작하였다. 입체북(pop-up), 손잡이를 작동하거나 다른 장치를 함께 사용하면서 책을 즐길 수 있는 장난감책(toy book) 등도 출간되기에 이르렀다. 다시 말해, 글만 읽는 동화에서 벗어나 다양한 보조 매체를 활용하여 재미있고 즐거운 경험을 할 수 있는 도서의 유형이 나타나기 시작한 것이다.

20세기 아동문학은 다음과 같은 특징을 지닌다.

- 환상과 모험을 소재로 한 작품이 성행하였다.
- 그림책의 출간이 성행하였다.
- 사회 변화에 따른 다양한 소재가 다루어졌다.
- 다양한 도서 유형이 출현하였다.

20세기 이후에 출판된 아동문학작품은 매우 다양하고 많지만 대표적인 작품을 살펴보면 다음과 같다.

(1) 환상과 모험을 소재로 한 작품

대표적인 작품으로는 바움(L. F. Baum, 1856-1919)의 「오즈의 마법사(The Wonderful Wizard of OZ)」(1900), 배리(James Barrie, 1860-1937)의 「피터팬(Peterpan)」(1904), 트래버스(Pamela Travers, 1906-1996)의 「메리 포핀스(Mary Poppins)」(1934)를 들 수 있다.

바움의 「오즈의 마법사」는 회오리 바람에 날아간 소녀 도로시가 자신을 집으로 돌려보내 줄 마법사를 찾는 과정에서 벌어지는 모험을 그렸다. 여행 도중 오즈는 양철인간, 허수아비, 사자를 만나게 되고, 각자의 꿈을 이루기 위한 신나는 모험의 세계를 경험하게 된다.

배리의 「피터팬」은 처음에 「작은 흰 새」(1902)의 이야기를 바탕으로 만들어진 작품이다. 영원한 동심 속에 사는 피터팬은 어린이의 영원한 친구이며, 유아가 좋아하는 무궁무진한 상상과 모험의 세계를 경험하게 해 준다. 피터팬은 태어나자마자 어머니를 떠나 공상의 나라에서 살게 된 아이다. 소녀 웬디는 피터에게 이끌려 공상의 나라에 가서 요정이나 동물과 놀기도 하고, 해적 후크 일당과 싸우기도 하고, 여러 가지 신나는 경험을 한 뒤에 집으로 돌아온다. 어른이 되기를 거부하고 인디언, 해적, 요정과 함께 그 자신만의 세계 속에서 살고 있는 피터팬의 모험은 아동뿐 아니라 어른에게도 많은 사랑을 받았다.

트래버스의 「메리 포핀스」(1934)는 우산을 타고 날아온 신기하고 재미난 보모 메리 포핀스의 이야기다. 뱅크스 씨네 보모인 메리 포핀스는 아이에게 동물과 대화하는 등의 놀랍고 신기한 일을 보여 준다. 귀엽고 아주 마른 체구이지만 사람의 마음을 꿰뚫어 보는 듯한 작고 파란 눈에서 아이들을 진정으로 사랑하는 따뜻한 마음을 느낄 수 있다. 1935년에는 「돌아온 메리 포핀스」, 1943년에는 「사립문을 여는 메리 포핀스」, 1953년에는 「공원 속의 메리 포핀스」로 이어지는 이 작품은 현실과 공상이 교묘하게 융합된 근대적 환상의 걸작으로 평가된다.

1964년 칼데콧상을 수상한 샌닥(Maurice Sendak)의 「괴물들이 사는 나라(Where the Wild Things Are)」(1963)가 나오면서 1960년대 이후의 아동문학은 많은 변화를 보였다. 즉, 유아의 내면 심리 표출에 환상의 초점을 두고 좀 더 적극적인 상상의 세계를 표출하게 되었으며, 그 형식이나 소재, 내용도 다양해졌다. 리오니(Leo Lionni)는 쥐, 물고기, 카멜레온, 토끼 등 많은 동물을 등장시켜 우화적인 환상을 그렸다. 또한 웅거러(Tomi Ungerer)는 다양한 종류의 사람이나 동물을 등장시켰는데, 예를 들어 「크릭터(Crictor)」(1958)에서는 뱀, 「제랄다와 거인(Zeralda's Orge)」(1967)에서는 사람을 잡아먹는 거인, 「달 사람(The Moon Man)」(1966)에서는 달사람이라는 주인공을 등장시켜 독특한 환상의 세계를 보여 주었다.

(2) 그림책의 출간 성행

대표적인 작품으로는 포터(Beatrix Potter, 1866-1943)의 「피터래빗 이야기(Peter Rabbit)」(1901), 밀른(A. A. Milne, 1882-1956)의 「아기곰 푸(Winnie-the-Pooh)」(1926), 생텍쥐페리(Antoine de Saint-Exupery, 1900-1944)의 「어린 왕자(The Little Prince)」(1943)를 들 수 있다.

포터의 「피터래빗 이야기」는 1893년 포터의 친구 아들인 노엘이 병으로 누워 있게 되자, 포터가 노엘을 위로하기 위해 피터래빗 이야기와 그림을 그려 편지로 보낸 것으로 탄생되었다. 7년 후 흑백 그림책으로 출판되었고(1901), 1년 후 컬러판으로 제작되어(1902), 2년 동안 8만 부가 팔리는 베스트셀러가 되었다.

밀른의 「아기곰 푸」(1926)는 로빈과 아기곰 푸, 그리고 동물 친구들이 엮어 내는 재미있는 상황과 우정에 관한 이야기다. 착하고 꿀을 좋아하는 말썽꾸러기 아기곰 푸가 여러 가지 에피소드를 벌이면서 숲속 친구들을 이해하고 존경하며 삶의 이치와 우정을 터득해 나가는 이야기다. 또한 로빈과 푸의 각별한 우정은 유아에게 친구에 대한 애정과 사랑을 감명 깊게 경험하게 해 준다. 「아기곰 푸」는 유아의 세계를 잘 묘사하고, 유아의 욕구를 충분히 충족해 주며, 유머와 풍자가 가득한 재미있는 작품으로 각광받고 있다.

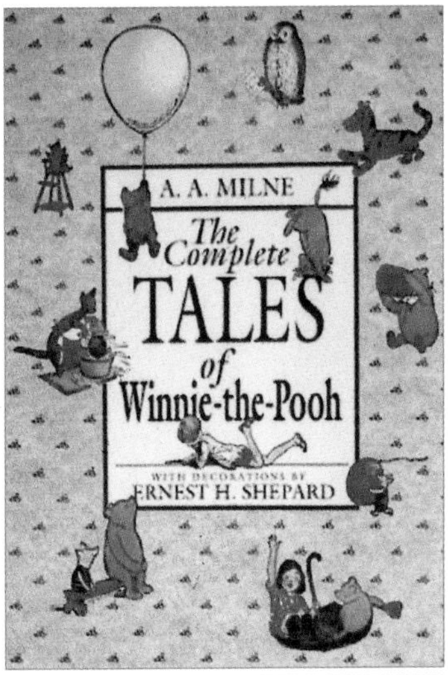

[그림 2-13] 아기곰 푸
(밀른 글, 셰퍼드 그림, 1926)

생텍쥐페리의 「어린 왕자」(1943)는 순수한 영혼을 지닌 어린 왕자의 이야기를 생텍쥐페리의 삽화와 함께 구성한 세계 고전 명작이다. 코끼리를 삼킨 보아 구렁이,

사랑과 소유에 대한 여우의 상징적 표현 등을 통해 인간과 사랑의 참모습을 유려하고 아름다운 문체로 묘사한 작품이다. 시적이며 고귀한 분위기 속에 지혜를 짜낸 휴머니스틱한 작품으로 평가된다. 그 시기의 프랑스에서는 판타지 문학작품이 거의 발표되지 않았으며, 일반문학 작가가 오히려 공상동화를 발표하는 기현상을 연출한 것이다.

(3) 사회 변화에 따른 다양한 소재를 다룬 작품

대표적인 작품으로는 린드그렌(Astrid Lindgren)의 「삐삐 롱스타킹(Pipi Long Stocking)」(1945)을 들 수 있는데, 주인공 삐삐는 발랄하고 강한 여자아이로 모험심이 강하고 독립적인 인물로 묘사되고 있다. 이 작품은 독립심이 강한 여자아이를 주인공으로 묘사함으로써 기존의 작품 속에 등장하는 여자 인물과는 다른 차별성을 갖는다. 이에 성차별적인 요소에서 벗어난 작품으로 평가된다.

또한 브릭스(Raymond Briggs)의 「바람이 불 때(When the Wind Blows)」(1982)는 핵전쟁의 공포를 소재로 한 작품으로, 어두운 현실 속에서도 끝까지 최선을 다하는 노부부의 삶의 모습을 묘사하고 있다. 이 작품을 통하여 유아는 미래에 대한 경계와 좌절의 상황에서도 끝까지 최선을 다하고 인간다운 모습을 지켜 나가는 노부부의 삶을 진지하고 경건하게 받아들이게 된다.

그 외에 여러 나라의 민담, 문화유산의 가치를 담은 다양한 작품이 출판되어 편견과 선입견에 대한 새로운 시각을 제시해 주고 있다. 예를 들어, 맥더멋(McDermott)의 「태양으로 날아간 화살」(Arrow to the Sun, 2001)은 태양신 아버지와 땅의 어머니 사이에서 태어난 소년이 혹독한 시련을 극복하고 당당한 영웅으로 성장하여 태양신의 전령인 추장이 된다는 전통적인 푸에블로 인디언 이야기로서, 다양한 문화를 소개하는 작품의 한 예다.

(4) 다양한 도서 유형의 출현

이 시기에는 다양한 유형의 책이 많이 출간되었는데, 나이 어린 유아를 위한 장난감책으로 「몬테소리 책」을 들 수 있다. 이 책은 다양한 질감의 헝겊을 이용하여 단추 달기, 지퍼 올리기 등을 직접 체험할 수 있도록 만들어진 책이다. 힐

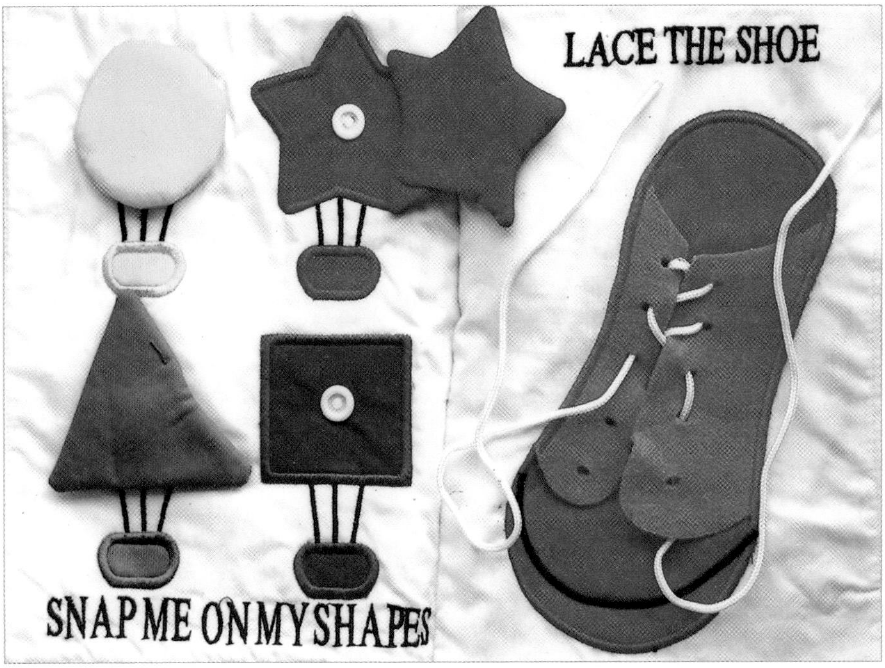

[그림 2-14] 몬테소리 책

[그림 2-15] 스팟이 어디에 숨었나요?
(에릭 힐 글 · 그림, 2006)

(Eric Hill)의 「스팟이 어디에 숨었나요?(Where's Spot?)」(2006)는 아기강아지 스팟을 찾기 위해서 집 안 곳곳을 찾아다니는 동안 문, 시계, 계단 밑, 옷장, 상자 등을 직접 열어 볼 수 있도록 한 장난감책이다. 유아가 책을 읽음과 동시에 책 속에 있는 문, 옷장 등을 열어 보면서 놀이 활동을 할 수 있도록 되어 있다.

포크너(Keith Faulkner)의 「입이 큰 개구리(The Wide-Mouthed Frog)」(2001)는 유아를 위한 입체북으로, 책장을 넘길 때마다 동물의 입 모양이 입체로 솟아오른다. 입이 큰 개구리가 다른 동물이 무얼 먹고 사는지 궁금해서 만나는 동물마다 어떤 먹이를 가장 좋아하는지 묻고 다니는 이야기다. 이러한 책은 나이가 어린 유아에게 시각적 경험을 제공할 뿐 아니라 좋은 장난감인 동시에 동화책의 역할을 해 준다.

이 외에도 직접 감촉을 느낄 수 있는 펠트북(felt book), 앞 장의 터진 틈으로 뒷장의 그림이 엿보이거나 조그만 조각을 들추면 다른 그림을 엿볼 수 있는 플랩북(flap book), 단추를 누르면 소리가 나오는 사운드북(sound book), 떼어다 붙이는 스티커북(sticker book), 당겨 보고 밀어 보는 인터랙션북(interaction book), 물에 뜨는 플로팅북(floating book), 전자책(e-book) 등 다양한 시도가 이루어지고 있다(현은자 외, 2008).

또한 인터넷이 활발해지면서 작가와 독자 사이의 교류도 활발해지고 있다. 작가를 좋아하는 독자끼리 또는 작가와 독자가 온오프라인(on-off line)을 통해 책에 대한 의견을 공유하는 등 다양한 형태로 교류하기도 한다.

더욱이 인기 있는 고전 작품이 TV 프로그램과 영화로 제작되기도 하고 오디오테이프와 전자책의 형태로 재생산된다. 반대로 인기 있는 TV 만화영화나 작품, 애니메이션 작품, 비디오 게임이 다시 그림책으로 발간되고 있는 것도 또 다른 특징이라고 할 수 있다. 대표적인 예로는 도서로 출판된 이후 뮤지컬, TV, 멀티동화, 앱북 등의 다양한 형태로 소개된 「구름빵」(2004)이 있으며, 그림책 비디오로는 「강아지똥」(1996), 「배고픈 애벌레」(2007), 「프레드릭」(1999), 「물고기는 물고기야」(2001) 등이 있다.

작품목록

에릭 힐 글 · 그림(2006). 스팟이 어디에 숨었나요? 서울: 한국프뢰벨.

참고문헌

강재희, 길효정, 장민정(2019). 유아문학교육. 경기: 공동체.

김세희(2001). 유아교사를 위한 유아문학교육. 서울: 양서원.

김현희, 박상희(1999). 유아문학교육. 서울: 학지사.

김홍래(1995). 이탈리아 아동문학의 흐름. 동화읽는 어른. 어린이도서연구회 7월 월례강좌 자료집.

방정환(1923). 어린이. 제1권, 제8호, 특별호.

방정환(1925). 어린이. 신년호.

별나라(1945). 해방 특별호.

서정숙, 남규(2020). 유아문학교육. 서울: 창지사.

석용원(1982). 아동문학 원론. 서울: 학연사.

신소년(1925). 제3권, 7월호.

이상금, 장영희(1986). 유아문학론. 서울: 교문사.

이상현(1987). 아동문학 강의. 서울: 일지사.

이송은(2018). 유아 문학교육의 이론과 실제. 서울: 창지사.

이재철(1983). 아동문학의 이론. 서울: 형설출판사.

이재철(1989). 세계아동문학사전. 서울: 계몽사.

정복화(2000). 해방이후 한국 아동전집출판에 대한 역사적 고찰. 동국대학교 언론정보대학원 석사학위청구논문.

현은자, 김세희(2005). 그림책의 이해 1. 서울: 사계절.

현은자, 김세희, 고선주, 오연주, 이성엽, 조은숙, 마사키, 김민건(2008). 세계 그림책의 역사. 서울: 학지사.

Andersen, H. C. (1835/1998). *The complete fairy tales.* Tualatin, OR: River City Books.

Bannerman, H. (1899/1923). *The story of little black sambo.* New York: Harper & Collins.

Bunyan, J. (1678/1998). *The pilgrim's progress* (Oxford World's Classics). In J. H. Keeble (Ed.). London: Oxford University Press.

Carroll, L. (1865). *Alice's adventures in wonderland and throught the looking-glass.* Illustrated by John Tenniel. Harmondsworth, Middlesex, England: Penguin Books.

Comenius, J. A. (1999). **세계최초의 그림 교과서**(남혜승 역). 서울: 씨앗을 뿌리는 사람들. (원저는 1658년 출간)

Defoe, D. (1719/2001). *Robinson Cruose-signature classics.* In J. J. Grandville (Ed.). Naples, FL: Trident Press International.

Grimm, J., & Grimm, W. (1812/1900). *The fairy tales of the Brothers Grimm. Illustrated by Rackham A Outlet.* London: Freemantle.

Milne, A. A. (1926). *Winnie-the-Pooh.* Illustrated by Easnest H. Shepard. New York: E. P. Dutton.

Swift, J., & Damrosch, L. (1726/1999). *Gulliver's travels.* New York: Signet Classic.

Townsend, R. J. (1996). **어린이의 책의 역사**(강무홍 역). 서울: 시공사. (원저는 1995년 출간)

제3장

유아의 발달 특성과 유아문학

유아문학을 일반문학 또는 아동문학과 구별 짓게 하는 가장 중요한 요소는 유아의 발달 특성을 고려한 문학이다. 즉, 유아문학은 유아의 인지적 · 사회적 발달과 언어 발달, 도덕성 발달 등 제 영역의 발달 수준과 유아의 기본적 요구에 부합한 것이어야 한다. 이에 유아의 기본적 요구와 발달적 특징을 고려하고, 그에 연관 지어 작품을 선택하고 지도할 수 있는 교사의 능력이 필수적이다. 따라서 이 장에서는 유아의 기본적 요구와 그에 맞는 작품의 예를 살펴볼 것이다. 또한 연령 단계별로 발달적 특징 및 적합한 책의 특성을 정리하고 그에 맞는 작품의 예를 제시하고자 한다.

1. 유아의 기본적 요구와 유아문학

유아문학은 유아의 기본적 요구에 부합하는 것이어야 한다. 유아문학작품 속의 주인공이나 배경, 이야기 등을 통해 기본적 요구를 충족할 때 유아의 발달을 촉진할 수 있다.

매슬로(Maslow, 1970)는 인간의 성장 · 발달을 기본적인 요구의 충족 과정으로 설명하면서, [그림 3-1]처럼 기본적 요구를 그 강도와 중요성에 따라 위계적으로 배열해 설명하였다. 즉, 자아실현의 요구가 가장 높은 수준의 요구이며, 생리적 요구와 안전의 요구는 기본적 요구이다. 또한 애정과 소속의 요구와 자기존중의 요구는 사회적 요구에 속하며, 심미적 요구와 지식과 이해의 요구는 자아실현의 수단적 요구에 속한다(심성경 외, 2020). 하위 단계의 요구를 충족하여야만 다음 수준의 상위 요구가 생겨나며, 모든 인간은 이러한 요구에 의해 동기가 유발되고, 이러한 요구를 충족하면서 건전한 성장을 하게 된다는 것이다.

대부분의 유아를 위한 문학작품에는 그들의 연령 수준에 맞는 가정과 이웃, 친구, 사회생활이 담겨 있다. 이에 문학작품은 현실 세계와 유사한, 또는 현실 세계와는 달리 훨씬 더 이상적인 가족 간의 사랑과 우애, 친구 간의 우정, 모험과 탐구, 심미적 영상 등을 유아에게 경험하도록 함으로써 유아의 기본적 요구를 충족하여 줄 수 있다.

이는 유아의 건전한 성장 · 발달에 매우 중요한 것으로, 유아의 기본적인 요구를 각각 살펴보고 그에 적절한 문학작품의 예를 제시해 보면 다음과 같다.

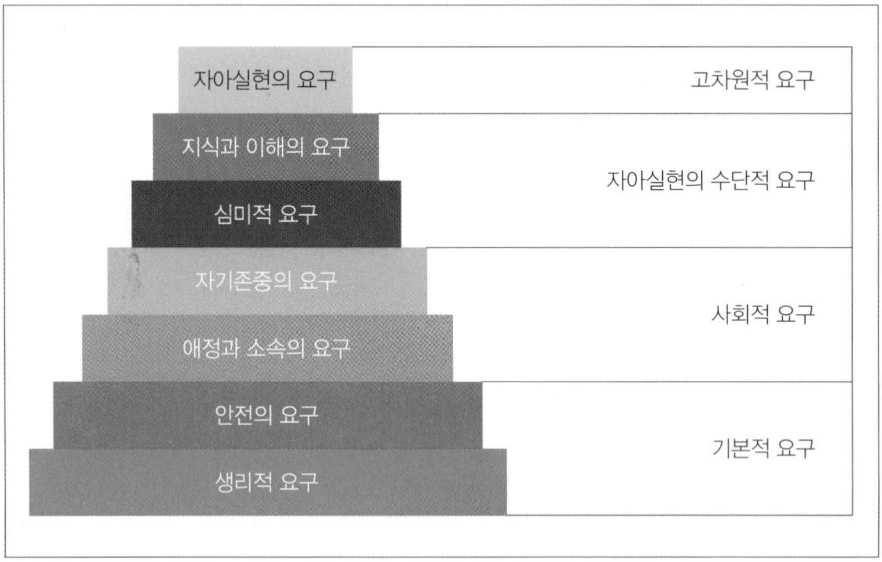

[그림 3-1] 매슬로의 요구위계 이론

1) 생리적 요구

생리적 요구는 인간의 가장 기본적 요구로서 음식물, 물, 산소, 수면, 배설, 성에 대한 요구를 포함한다.

[그림 3-2] 똥이 풍덩!(알로나 프랑켈 글 · 그림, 김세희 옮김, 2001)

알로나 프랑켈이 자신의 두 아들에게 보여 주기 위해 만든 책으로, 남자아이가 주인공인 책과 여자아이가 주인공인 책 2권이 1세트로 구성되어 있다. 유아가 기저귀를 벗고 변기를 사용하게 되는 과정을 보여 줌으로써 특히 배변훈련에 대한 긴장이 있을 수 있는 유아에게 자연스럽게 배설에 대한 기본적 요구를 충족해 주는 작품이다.

2) 안전의 요구

인간의 기본적인 요구 중의 하나는 그 자신을 안전하게 하고자 하는 것이다. 안전의 요구는 어머니와 아버지의 품 안으로부터 점차 일상적인 생활환경, 가족 등으로 확대되며, 또 평온과 안락을 주는 모든 것으로 확대된다. 옛날이야기에 등장하는 호화스러운 축제, 화려하고 아름다운 옷, 반짝이는 보석 등으로 묘사되는 물질적 안락은 안전의 요구를 상징하는 외적 대상이 된다. 이러한 물질적 수준의 요구를 넘어서 정서적 안정의 요구가 있다. 정서적인 안정감은 유아가 그들 자신에 대한 긍정적인 감정을 갖게 하고 나아가 타인과의 올바른 관계를 맺도록 하는 데 필수적이다(이상금, 장영희, 2001).

[그림 3-3] 늑대와 일곱 마리 아기염소(그림 형제 글, 펠렉스 호프만 그림, 김재혁 옮김, 2000)

잘 알려진 독일의 옛이야기로, 숲속에 엄마 염소와 일곱 마리 아기염소가 살고 있었는데, 엄마 염소는 항상 늑대를 조심할 것을 주의시킨다. 엄마 염소가 없는 날 늑대가 나타나 막내 염소 한 마리를 제외한 여섯 염소를 잡아먹는다. 엄마 염소가 돌아와 잠들어 있는 늑대의 배를 가위로 자르고 어린 염소들을 구해 낸다는 이야기로, 유아의 안전의 요구를 적절히 충족해 주는 작품이다.

3) 애정과 소속의 요구

모든 사람은 사랑하고 또 사랑받기를 원하며 어떤 집단에 소속되기를 희망한다. 유아의 '우리 아빠' '우리 엄마' 등의 표현은 가족 속에서 자기 자신을 인식하는 것으로서 집단에 대한 소속감이 성장되고 있음을 보여 준다. 가족 내에서의 소속감은 점차 '나의 친구' '우리 선생님' 등으로 범위가 확대되며 구성원으로서의 자신을 느끼게 된다.

[그림 3-4] 우리 아빠가 최고야(앤서니 브라운 글 · 그림, 최윤정 옮김, 2007)

"우리 아빠가 최고야!"로 시작되는 이야기다. 아빠는 늑대도 무서워하지 않고, 달도 훌쩍 뛰어넘으며, 부엉이처럼 똑똑하고, 때로는 빗자루처럼 바보 같기도 하다. 운동을 잘하고 나를 웃겨 주는 아빠, 그런 아빠가 나를 사랑하고 나도 아빠를 사랑한다는 이야기가 담긴 작품이다.

유아는 많은 어려움을 이기고 소속의 기쁨을 누리는 이야기를 즐긴다. 처음에는 받아들여지지 않았던 곳, 늘 선망하던 곳에 마침내 소속되는 이야기는 유아들을 사로잡는 주제다(이상금, 장영희, 2001).

4) 자기존중의 요구

자기존중의 요구는 자기 자신을 존중하고자 하는 요구이며 다른 사람에게서 존중을 받고자 하는 요구다. 이 요구를 충족하면 자신감을 가지며, 충족하지 못하면 좌절감과 열등감을 가지게 된다.

[그림 3-5] 으뜸 헤엄이(레오 리오니 글 · 그림, 이명희 옮김, 2000)

작은 물고기 으뜸 헤엄이가 다른 작은 물고기와 힘을 합하여 큰 물고기의 위협을 물리친다는 이야기다. 타인과의 의미 있는 상호작용 속에서 자신과 타인의 관계를 형성하고, 그 속에서 자아를 완성해 가는 모습을 보여 주는 이야기다.

5) 심미적 요구

인간은 끊임없이 어떤 형태로든 심미적인 만족을 추구하는데, 이는 유아기에서부터 성인에 이르기까지 지속된다. 이러한 심미적 만족도와 능력은 그의 내적인 능력을 어떠한 것으로, 어떠한 방법으로 추구했느냐에 따라 달라진다. 이상금과 장영희(2001)는 유아문학과 관련한 교사와 부모의 두 가지 책임을 언급하였다. 첫째는 유아에게 적절한 문학작품을 제시해 주는 것이고, 둘째는 예술적인 아름다움을 지닌 작품을 제시해 주는 것이다.

[그림 3-6] 무지개 물고기(마르쿠스 피스터 글 · 그림, 공경희 옮김, 1994)

예쁜 비늘을 나누어 달라는 친구들의 부탁을 거절하고 따돌림을 당하던 무지개 물고기가 문어 할머니의 도움을 받아 친구들에게 비늘을 하나씩 나누어 주고 행복해진다는 이야기다. 삽화가 매우 아름다워 보는 것만으로도 즐거움을 얻을 수 있어 심미적 요구를 충족해 주는 작품이다.

6) 지식과 이해의 요구

유아는 본능적으로 새롭고 신기한 것과 의문 나는 것을 탐구하려는 호기심이 많다. 호기심을 자극하는 것과 그에 대한 반응 방법은 연령에 따라 흥미의 발달 경향과 함께 변화한다. 성장과 학습 과정은 실패와 좌절의 과정이기도 하다. 좋은 문학작품은 유아가 탐구 과정에서 겪을 수 있는 실패의 경험을 나눌 수 있도록 한다. 유아가 가지고 있는 의문점을 풀어 줄 수 있는 재료와 방법을 제공하여 알고자 하는 의욕을 충족해 주어야 하며, 그러한 탐구 과정을 통해 긴장감을 해소하고 성취감을 맛볼 수 있도록 격려해야 한다. 알고자 하는 이러한 요구를 충족해 주는 책으로는 지식을 전달하는 지식 정보책이 권장할 만하다(김현희, 박상희, 2016).

[그림 3-7] 여러나라 이야기(정지용 글 · 그림, 1999)

화가인 엄마가 자신의 아이들에게 책을 만들어 선물한다는 내용의 작품이다. 세계 각 나라에 대한 이야기가 실려 있어서 새로운 지식와 이해에 대한 요구를 충족해 준다.

7) 자아실현의 요구

자아실현의 요구는 신생아 때의 시각적 탐험과 기어 다니고 움켜쥐는 가장 기초적인 활동에서 발전하여 더 복잡한 신체적 · 지적 능력에 대한 요구를 포함한다. 즉, 육상선수, 과학자, 음악가 등이 되고자 하는 요구다(김현희, 박상희, 2016).

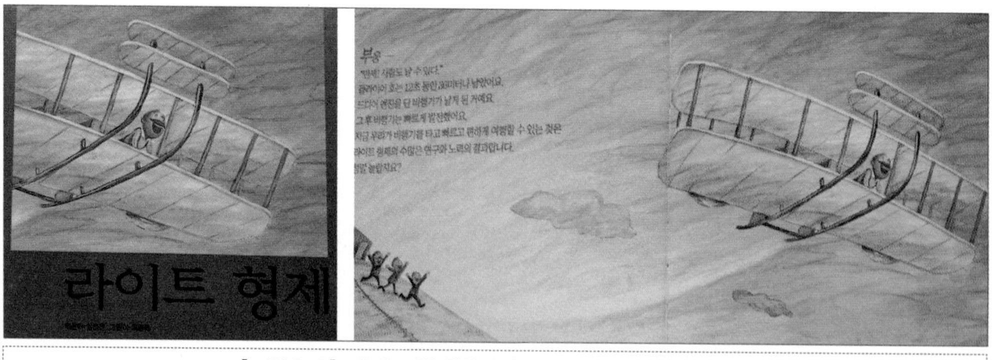

[그림 3-8] 라이트 형제(최영화 그림, 임정진 엮음, 2000)

하늘을 날고자 한 소망을 이루기 위해 비행기를 만든 라이트 형제의 이야기다. 여러 번의 실패와 좌절에도 불구하고 끝까지 노력하여 성공하는 내용으로 자아실현의 요구를 충족해 주는 작품이다.

이러한 요구를 적절히 충족할 때, 유아는 자신에 대한 올바른 자아개념을 가지게 되며 자신을 긍정적으로 인식하게 된다. 자기존중 및 성취감, 확신감 등 건전한 자아개념을 가질 때 그들의 호기심은 보다 새로운 것에 도전하고자 하며, 따라서 더 많은 것을 성취할 수 있게 된다.

2. 유아의 발달적 특징과 유아문학

최근 출판되는 유아문학작품 중에는 적합한 독자의 연령을 기재해 놓는 경우도 많다. 물론 그것은 일반적인 기준일 뿐, 그를 지나치게 의식하는 것은 문학에 대한 유아나 교사의 흥미 또는 욕구를 손상하는 것과 같은 역효과를 초래할 수도 있다. 오히려 각 유아의 개인차를 이해하려는 노력이 더 중요할 것이다. 그러나 연령별로 유아의 일반적인 발달적 특징과 그에 맞는 책의 특성, 그리고 구체적인 작품의 예를 살펴보는 것은 유아문학의 이론적 기초를 갖추기 위해 필수적인 작업이다.

1) 영아기(출생~1세)

이 시기의 영아도 책을 볼 수 있을까? 이 질문에 자신 있게 대답하기란 쉽지 않지만 대답은 '그렇다'다. 책을 보는 방법은 연령에 따라 다르며 저마다 독특한 방법으로 책과 상호작용을 한다. 책을 만져 보고 눌러 보고 입에 대 보는 등의 물리적 탐색 활동은 책의 내용을 즐기는 것은 아니지만 책을 읽기 전의 준비 단계라 할 수 있다. 이 시기에는 부모와의 접촉과 따뜻한 관계를 통해서 기본적인 신뢰감을 형성하게 되므로 영아와 함께 그림을 보면서 상호작용을 하는 것이 바람직하다.

영아기(0~1세)의 발달적 특징과 책의 특성에 맞는 적합한 작품의 예를 제시하면 〈표 3-1〉과 같다.

표 3-1 영아의 발달적 특징과 책의 특성

발달적 특징	책의 특성
• 출생 당시 영아는 형태를 지각하는 시각적 능력을 가지고 있으나 성인에 비해 미흡하고 1년 정도가 되었을 때 성인의 수준이 된다. • 출생 당시 영아는 세 가지 색(빨간색, 초록색, 흰색)을 구별할 수 있고, 4개월이 되면 성인 수준의 색 변별력을 가진다. • 대조되는 색 패턴을 좋아한다. • 2~3개월이 되면 고개를 가눌 수 있다. • 4~6개월이 되면 원하는 물건을 잡을 수 있고, 손에 쥔 것은 모두 입으로 가져가 빤다. 혼자 앉을 수 있다. • 7~9개월이 되면 물건을 떨어뜨리거나 던지기 시작하며 기어 다니기 시작한다. • 9~12개월이 되면 걷기 시작하고 손을 다루는 기술이 발달한다. 한 단어 말을 할 수 있게 되고 운율, 리듬, 노래를 즐긴다.	• 배경과 대조되는 단순하고 밝은색의 그림책 • 누워서 볼 수 있는 모빌 형태의 책이나 옆에 세워 놓을 수 있는 병풍 형태의 책 • 세탁할 수 있는 헝겊책, 입에 넣어도 해가 없는 비닐책 • 크기가 작고 빳빳하고 두꺼운 종이로 된 책 • 운율, 리듬, 노래가 들어간 책

(1) 모양, 그림

세워 놓을 수 있는 병풍 형태이고 대조되는 흑백의 색상으로 되어 있다.

[그림 3-9] 모양(김현주 그림, 삼성출판사 엮음, 1995)

[그림 3-10] 그림(김현주 그림, 삼성출판사 엮음, 1995)

(2) 탈것

물속에서 가지고 놀아도 좋은 비닐책(플로팅북)이다.

[그림 3-11] 탈것(삼성출판사 엮음, 2002)

(3) 영아용 사물 그림책

까꿍놀이 그림책, 계단식 그림책, 퍼즐식 그림책, 비닐 그림책으로 구성되어 있다.

[그림 3-12] 영아용 그림책[세트]
(한국어린이육영회, 1997)

[그림 3-13] 영아용 사물 그림책[세트]
(한국어린이육영회, 2002)

(4) 전래동요

운율, 리듬, 노래가 들어간 책이다.

[그림 3-14] 전래동요[세트](한국어린이육영회, 1994, 1995)

(5) 수세기(헝겊책)

무엇이나 입으로 가져가 빠는 영아의 특성상 세탁할 수 있는 헝겊책도 좋다.

[그림 3-15] 수세기(헝겊책, 자체 제작)

2) 걸음마기(1~3세)

걸음마기는 감각기관과 운동기관을 통해서 정신적 표상 능력의 발달을 이루어 가는 시기다. 감각-운동적 협응을 통해 사고가 이루어지므로 시각, 청각, 촉각 등의 감각기관을 자극할 수 있는 환경을 만들어 주어야 한다. 이 시기의 유아에게 그림책은 다른 사람이 읽어 주는 것을 듣고 그 언어를 받아들이는 책이다. 이야기를 들으면서 머릿속으로 장면을 또렷이 그려 나갈 수 있어야 한다. 글보다 그림이 주가 되어 그림만 보고도 이야기나 내용을 추측할 수 있는 책이 적절하다.

걸음마기(1~3세)의 발달적 특징과 책의 특성에 맞는 적합한 작품의 예를 제시하면 〈표 3-2〉와 같다.

표 3-2 걸음마기의 발달적 특징과 책의 특성

발달적 특징	책의 특성
• 보고, 듣고, 만지는 다감각적 경험을 즐긴다. • 12~18개월이 되면 사물의 이름을 말할 수 있고 의성어를 흉내 낼 수 있으며 운율 있는 노래를 들려주면 일부분을 따라 한다. • 18개월 이후가 되면 두세 단어 시기가 되고 2세가 되면 언어 발달이 급격히 이루어진다.	• 다감각적 경험을 할 수 있는 책(누르면 소리가 나거나, 다양한 촉감을 느낄 수 있거나, 문지르면 냄새가 나는 책) • 친숙한 사물의 그림과 이름이 있는 책 • 의성어, 의태어가 많이 사용되고 단어나 문장이 반복되는 책

• 단순한 질문을 이해하고 질문을 통해 개념, 정보를 획득한다. • 기본적인 자조(self-help) 기술을 익힘으로써 자율성을 배운다. • 신체적 활동이 활발해지고 긴 이야기를 지루해한다. • 자아개념이 생기기 시작한다. • 운율, 리듬, 노래를 즐긴다.	• 책장마다 그림이 있고 책의 내용을 정확히 반영한 것 • 일상이 담긴 친근한 내용의 사실적 이야기(가족, 수면이나 대소변 등의 생활 습관 이야기) • 스스로 먹고 입는 것 같은 자조 기술의 습득에 관한 이야기 • 이야기가 짧고 단순한 책 • 운율, 리듬, 노래가 들어간 책

[그림 3-16] 나무와 다람쥐(어깨동무 편집부, 1994)

나무의 질감을 직접 느껴 볼 수 있도록 제작된 책이다.

[그림 3-17] 꼬르륵 배가 고파요
(신정민 글, 주미혜 그림, 1997)

[그림 3-18] 긁적긁적 못 참겠어요
(신정민 글, 주미혜 그림, 1997)

가장자리 부분이 울퉁불퉁하게 제작되어 만져 보는 즐거움을 주는 책이다.

[그림 3-19] 아기 개구리의 계절 여행(세종문고 편집부, 1995)

누르면 소리가 나는 책으로 보는 즐거움과 듣는 즐거움을 함께 느끼게 한다.

[그림 3-20] 잘 자요, 달님(마거릿 와이즈 브라운 글, 클레멘트 허드 그림, 이연선 옮김, 1996)

방 안에 있는 모든 것과 별, 먼지, 소리 등 세상의 모든 것에 '잘 자'라는 아기 토끼의 밤 인사가 운율과 시적 리듬감을 느끼게 한다.

[그림 3-21] 사랑해 자장자장 사랑해(캐롤라인 제인 처치 글 · 그림, 신형건 옮김, 2012)

아기가 잠자리에 들기까지의 과정을 차근차근 소개하고 있다. 주인공 두 아이가 토끼와 곰인형과 함께 목욕을 하고, 양치를 하며 잠옷을 입고 이불을 덮고, 사랑해 자장자장이라는 이야기를 들으며 잠자리에 드는 과정에 대한 이야기다.

[그림 3-22] 가족 123(정상경 글 · 그림, 2002)

가족 구성원을 한 사람씩 보여 주는 책이다.

[그림 3-23] 누가 내 머리에 똥 쌌어?(베르너 홀츠바르트 글, 볼프 에를브루흐 그림, 1993)

같은 문장 '네가 내 머리에 똥 쌌지?'를 반복하는 구성으로 되어 있다. 두더지가 자기 머리 위에 똥 싼 동물을 찾아다니다가 한스라는 개의 똥인 걸 알고 한스 머리에 똥을 싼다는 이야기다.

[그림 3-24] 우리 할아버지가 꼭 나만했을 때(주경호 글 · 그림, 1999)

운율, 리듬, 노래가 들어간 전래동요를 소개하는 책이다.

[그림 3-25] 악어도 깜짝, 치과 의사도 깜짝(고미 타로 글 · 그림, 이종화 옮김, 2000)

'깜짝' '무서워' '어떡하지?' 등 유아에게 익숙한 단어가 사용되고, 반복되는 내용의 책이다.

[그림 3-26] 냠냠 짭짭(이태수 세밀화, 서은영 그림, 1994)

여름에 먹는 과일의 그림과 단어를 소개하고 있는 책이다.

3) 유아기(3~5세)

이 시기의 유아는 '책을 읽는 것은 그림을 보는 것이다.'라는 사고가 바뀌어서 그림을 참조하지 않고도 인쇄된 글자를 알게 된다. 인쇄된 글자를 알고 흥미를 느끼게 되면 문자와 말의 관련성에 대해 더 정확하게 이해할 수 있다(Schickedanz, 1995). 5세경이 되면 독립적 읽기가 시작되어 다양한 주제의 책과 다양한 장르의 책을 볼 수 있다.

유아기(3~5세)의 발달적 특징과 책의 특성에 맞는 적합한 작품의 예를 들면 〈표 3-3〉과 같다.

표 3-3 유아기의 발달적 특징과 책의 특성

발달적 특징	책의 특성
• 주변 세계에 대한 호기심이 증가하고 주변 세계를 열심히 탐색한다. • 특정 자극에 대한 선택적 주의집중 능력이 늘어난다. • 언어 발달이 급증하여 사용 어휘 수도 늘어나고 주변의 글자에 관심을 갖는다. • 상상놀이와 사회극놀이를 즐긴다. • 자아개념이 발달한다. • 매우 활동적이며 모험놀이를 즐긴다. • 행동의 동기를 고려하지 않고 결과에 초점을 두어 도덕 판단을 한다. • 또래와 어울려 놀기를 즐긴다.	• 정보 전달과 개념 습득을 도울 수 있는 책 • 단순하고 구조화된 줄거리로 된 책 • 단어, 구, 문장이 반복되며 예측할 수 있는 책 • 초보적 수 세기와 글자 이해에 관한 책 • 환상적인 요소가 들어간 책 • 자아개념을 다룬 책 • 모험적인 내용의 책 • 선과 악이 분명하며 권선징악의 주제를 다룬 책 • 친구관계를 다룬 책

[그림 3-27] 장바구니(존 버닝햄 글 · 그림, 김원석 옮김, 1996)

초보적 수 세기를 도와주는 책이다. 엄마 심부름으로 달걀 여섯 개, 바나나 다섯 개, 사과 네 개, 오렌지 세 개, 도넛 두 개, 과자 한 봉지를 사고 이웃에 쪽지를 전하는 스티븐의 이야기다.

[그림 3-28] 요셉의 작고 낡은 오버코트가…?(심스 태백 글 · 그림, 김정희 옮김, 2000)

단순하고 예측할 수 있는 줄거리로 되어 있다. 요셉의 작고 낡은 오버코트가 재킷이 되고 조끼가 되고, 목도리, 넥타이, 손수건, 멜빵바지의 단추로 바뀌어 가는 이야기다.

[그림 3-29] 난 토마토 절대 안 먹어(로렌 차일드 글 · 그림, 엄기원 옮김, 2001)

안 먹는 음식이 많고 그중에서도 토마토는 절대 안 먹는 동생 롤라에게 오빠 찰리가 좋은 꾀를 생각해 낸다. 당근을 '오렌지 뽕가지 뽕'으로, 토마토를 '달 치익 쏴아'로, 으깬 감자는 '구름 보푸라기'로 소개해서 롤라가 잘 먹게 되었다는 이야기다.

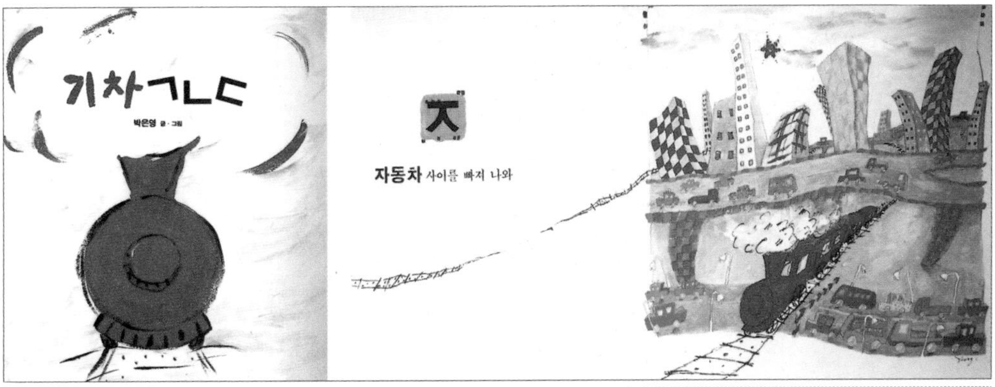

[그림 3-30] 기차 ㄱㄴㄷ(박은영 글 · 그림, 2000)

ㄱ부터 ㅎ까지 우리나라 한글 자음 14자를 자연스럽게 익히도록 해 주는 책이다. 유아가 기차를 따라 자연스럽게 ㄱ, ㄴ, ㄷ 여행을 하게 된다.

[그림 3-31] 고릴라(엔터니 브라운 글 · 그림, 장은수 옮김, 1998)

부모가 모두 바빠서 외로워하는 유아의 모습이 잘 그려져 있다. 고릴라를 좋아하는 한나는 아빠와 동물원에 가기를 희망하지만 아빠가 바빠서 가지 못한다. 생일 전날 꿈속에서 고릴라와 함께 즐거운 시간을 보내고 다음 날 아빠와 같이 동물원에 간다는 줄거리다. 한나와 고릴라의 환상 여행을 보여 준다.

[그림 3-32] 카이는 사라를 사라는 팀을 좋아해(에디트 슈라이버-빅케 글, 카롤라 홀란드 그림, 유혜자 옮김, 2001)

친구관계를 다룬 책이다. 유치원생인 카이는 친구 사라를 좋아한다. 좋아하는 친구가 생기자 유치원 가는 것도 즐겁고 행복하다. 어느 날 사라가 팀과 친하게 되자 슬퍼하면서도 새 친구를 사귀게 된다는 내용이다.

[그림 3-33] 뽀루뚜아 아저씨(이덕화 글 · 그림, 2011)

2010년 볼로냐 국제 어린이 도서전에서 '올해의 일러스트레이터'상을 수상한 작품으로서, 산 아저씨 '뽀루뚜아'와 다섯 살 꼬마 다혜의 하루 동안의 환상 이야기를 담고 있다. 호기심이 가득한 아이들의 엉뚱한 질문에 기발한 상상력이 더해진 아름답고 환상적인 그림책이다.

[그림 3-34] 쏘피가 화나면－정말, 정말 화나면…(몰리 뱅 글 · 그림, 이은화 옮김, 2000)

누구나 화를 내 본 적이 있다. 쏘피는 화가 났을 때 밖으로 뛰쳐나가 가장 좋아하는 나무 위로 달려간다는 내용이다. 사람들의 감정을 표현하고 다스리는 방법에 뭐가 있을지를 생각하게 한다.

[그림 3-35] 손 큰 할머니의 만두 만들기(채인선 글, 이억배 그림, 2001)

무엇이든 많이 만드는 손 큰 할머니가 설 명절을 맞이하여 숲속 동물을 모두 모아 만두를 빚어 같이 먹었다는 이야기다.

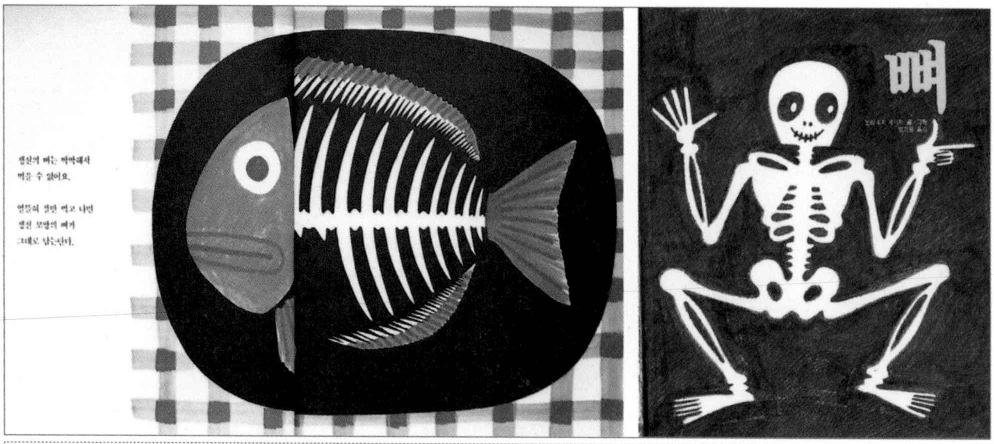

[그림 3-36] 뼈(호리우치 세이치 글 · 그림, 엄기원 옮김, 2001)

정보 전달과 개념 습득을 돕는 책의 한 형태다. 우리 몸의 뼈에 대한 개념과 뼈의 기능에 대한 정보를 재미있는 그림과 함께 제공해 준다.

[그림 3-37] 혹부리 영감(임정진 글, 임향한 그림, 2007)

마음씨 착한 혹부리 할아버지가 도깨비에게 혹을 떼어 주고 보물을 받아 부자가 되자 이웃의 욕심쟁이 혹부리 할아버지가 도깨비를 찾아갔다가 벌을 받는다는 권선징악적인 이야기다.

[그림 3-38] 괴물들이 사는 나라(모리스 샌닥 글 · 그림, 강무홍 옮김, 1994)

모험을 주제로 하는 이야기다. 괴물 흉내를 심하게 내다가 벌로 저녁밥을 못 먹은 맥스는 자기 방에서 괴물나라로 상상의 여행을 떠나게 된다. 배를 타고 항해를 하면서 괴물들이 사는 나라에 도착해서 신나게 놀다가 집에 돌아오니 엄마의 저녁 식사가 기다리고 있었다는 이야기다.

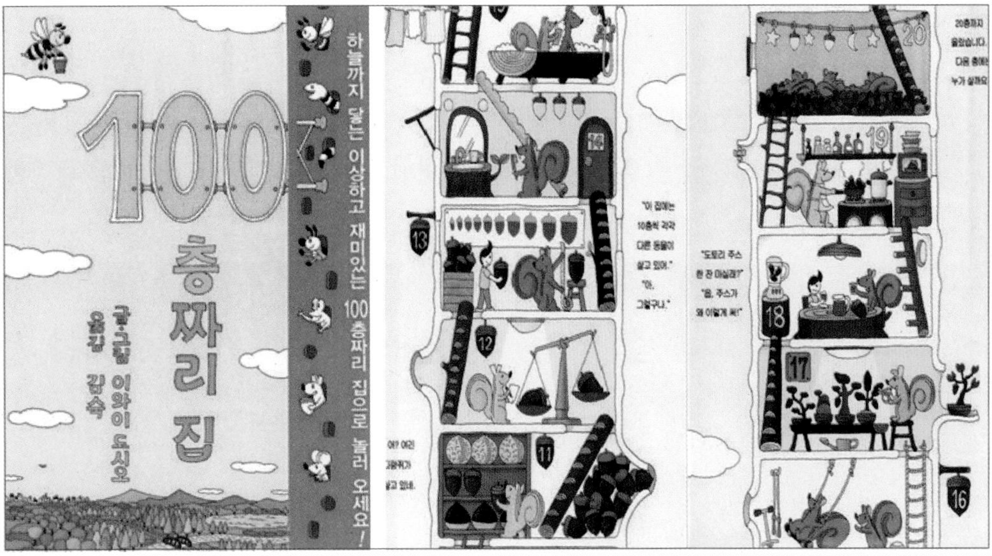

[그림 3-39] 100층짜리 집(이와이 도시오 글 · 그림, 김숙 옮김, 2009)

각기 다른 동물들이 살고 있는 10층, 20층, 30층, 이렇게 10층씩 오르는 사이 유아가 저절로 1에서 100까지 쉽게 익힐 수 있는 이야기다. 유아가 쉽게 접할 수 있는 생쥐, 다람쥐, 개구리, 무당벌레, 뱀, 꿀벌, 딱따구리, 박쥐, 달팽이, 거미의 특징을 재미있게 그린 책으로, 책을 읽으면서 손쉽게 수의 규칙을 습득할 수 있다.

[그림 3-40] 휘리리후 휘리리후(한태희 글 · 그림, 2006)

우리 주변의 사물들을 자세히 관찰하는 경험을 제공하는 그림책이다. 사물을 거꾸로 바라보면서 아이들의 상상력, 창의력과 융통성은 무궁무진해지기도 한다.

4) 초기 아동기(5~8세)

초기 아동기는 독립적 읽기가 가능하며 자신의 의사를 글로 써서 표현할 수 있게 되는 시기다. 시간과 역사에 대한 이해의 폭이 넓어지는 시기로서 간단한

[그림 3-41] 까마귀 소년(야시마 타로 글 · 그림, 윤귀병 옮김, 1996)

다른 친구들과 잘 어울리지 못하는 '땅꼬마'가 6학년 졸업반이 되었을 때 발표회 무대에서 알에서 갓 깨어난 새끼 까마귀 소리, 엄마 까마귀 소리, 까마귀들이 즐거울 때 내는 소리 등을 내어 친구들을 감동시킨다. 그 이후 소년은 '땅꼬마' 대신 '까마귀 소년'으로 불리게 된다는 친구 간의 우애에 관한 이야기다.

전기, 역사에 대한 이야기도 읽을 수 있다. 호기심이 더욱 다양해져 지적 욕구 충족을 위한 지식 정보책도 다양하게 읽을 수 있다. 주변에 대한 관심의 폭이 넓어지므로 친구, 학교, 사회에 대한 내용을 다룬 책도 권할 만하다.

[그림 3-42] 미스 럼피우스(바버러 쿠니 글 · 그림, 우미경 옮김, 1996)

세상을 좀 더 아름답게 만드는 일이 무엇인지 늘 고민하던 미스 럼피우스가 마침내 온 동네에 꽃씨를 뿌려 세상을 아름답게 만드는 일을 했다는 이야기다.

[그림 3-43] 선인장 호텔(브렌다 기버슨 글, 미간 로이드 그림, 1995)

사막에서 살며 수명이 200년 정도 되는 사구아로 선인장의 일생에 관한 이야기다. 선인장을 동물 호텔로 표현하여 더욱 재미가 있다.

[그림 3-44] 세상에서 제일 힘센 수탉(이호백 글, 이억배 그림, 1997)

아버지의 마음에 대한 가족 간의 이해와 격려를 볼 수 있는 이야기다. 세상에서 가장 힘이 세다고 생각했던 수탉은 더 힘센 수탉이 나타나자 실의에 빠진다. 이때 암탉은 씩씩한 손자, 손녀, 힘센 아들, 알 잘 낳는 딸을 보여 주며 수탉이 여전히 힘세고 행복하다는 것을 알게 해 준다.

[그림 3-45] 1초마다 세계는(브뤼노 지베르 글 · 그림, 권지현 옮김, 2019)

1초 동안 세계에서 일어나는 일들을 정확한 숫자로 그림과 글로 말한다. 1초마다 세계에서는 2번 결혼식이 열리고, 아기 4명이 태어나고, 청바지 70벌과 신발 100켤레가 팔리기도 한다. 숫자가 알려 주는 우리의 세계는 우리가 미처 몰랐던 일들과 우리의 행동이 야기한 결과들로 가득하다. 독창적인 관찰력과 깊이 있는 정보, 강렬한 이미지로 2019 볼로냐 라가치상 논픽션 부문 우수상을 수상한 작품이다.

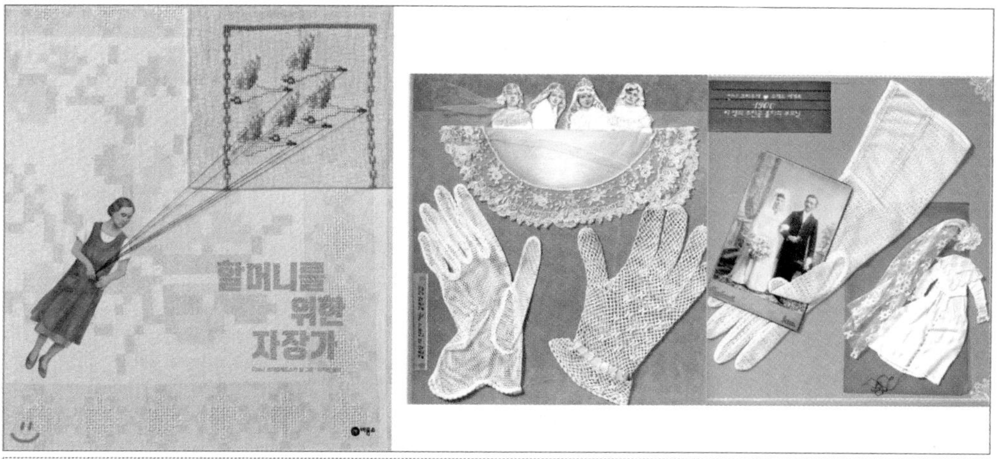

[그림 3-46] 할머니를 위한 자장가(이보나 흐미엘레프스카 글 · 그림, 이지원 옮김, 2019)

작가가 할머니 훌다를 기억하며 만든 책이다. 할머니의 고되고 애처로운 삶을 위해 자장가를 불러 준다. 그 누구도 피할 수 없는 인생의 무게를 짊어지고 살아갔던 여인들을 생각나게 하는 책이다. 옛 앨범처럼 커다란 판형, 천의 질감 하나하나가 섬세하게 표현된 콜라주와 시적이고도 철학적인 글이 환상적인 조화를 이룬다.

3. 유아기 인성교육과 유아문학

인성교육은 어느 시대에서나 강조되어 왔다. 유아기 인성교육의 목적은 오늘날 사회에서 요구하는 바람직한 인간상을 함양하는 것으로, 유아기의 인성교육을 통해 유아는 자신에 대한 긍정적 이해와 타인에 대한 배려, 존중을 통해 더불어 살아가는 능력을 기를 수 있다(교육과학기술부, 2012). 교육과학기술부(2012)에서 개발한 유치원 기본과정 내실화를 위한 인성교육 프로그램에 의하면 유아 인성교육의 목적과 주요 덕목은 [그림 3-47] [그림 3-48]과 같다.

인성교육을 위한 구체적인 방법으로 토의, 협동학습, 현장학습, 역할놀이, 스토리텔링, 도서 활용 등을 들 수 있다(이기숙, 장영희, 정미라, 엄정애, 2014). 유아교육기관에서 유아기 인성교육을 위해 다양한 활동을 전개할 수 있지만, 연령 수준에 맞는 유아 자신의 모습이나 가정, 이웃, 친구들의 이야기가 담겨 있는 적절한 문학작품을 경험함으로써 자연스럽게 바른 인성을 형성하도록 할 수 있다.

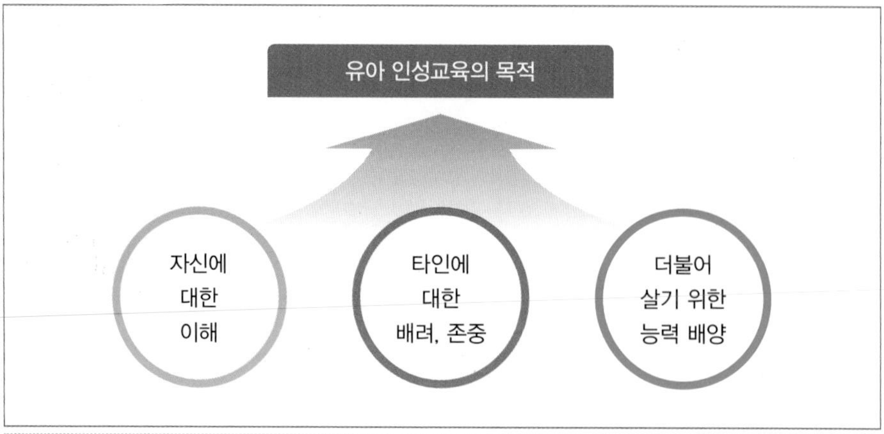

[그림 3-47] 유아 인성교육의 목적

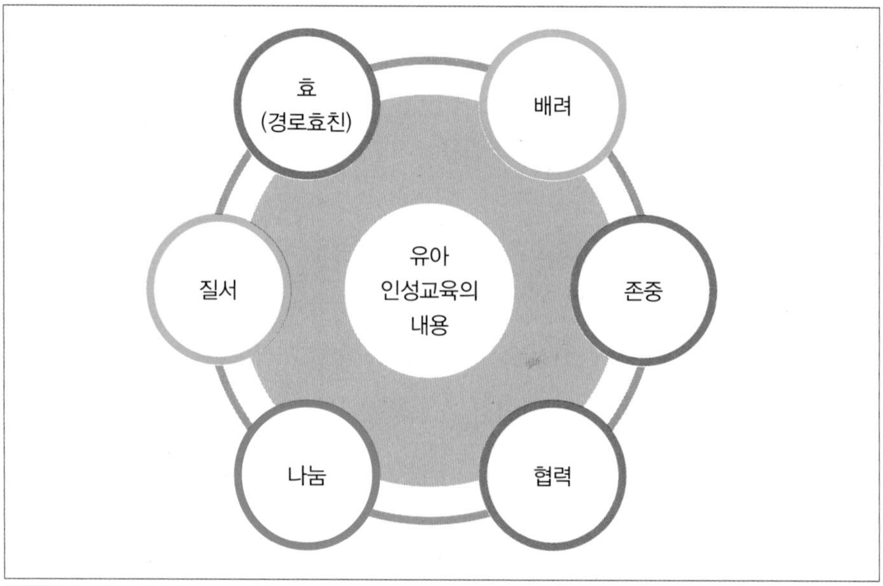

[그림 3-48] 유아 인성교육의 내용

유아기 기본 인성 덕목인 배려, 존중, 협력, 나눔, 질서, 효를 각각 살펴보고, 그에 적절한 문학작품의 예를 제시해 보면 다음과 같다.

1) 배려

배려란 타인의 필요와 요구에 민감하게 반응하고 공감하는 것이다. 주로 친구, 가족, 이웃, 동식물에 대한 배려가 포함된다.

[그림 3-49] 돼지책(앤서니 브라운 글 · 그림, 허은미 옮김, 2001)

아주 중요한 회사에 다니는 피곳 씨와 아주 중요한 학교에 다니는 두 아들은 집에서는 아무것도 하지 않는다. 집안일은 모두 엄마 몫이고, 아무도 엄마를 도와주지 않자 엄마는 힘들어하다 결국 집을 나가 버린다. 돌봐 줄 사람이 없어진 피곳 씨와 아이들은 조금씩 이상하게 변하기 시작한다.

2) 존중

존중이란 사람이나 사물은 기본적으로 그들의 존재만으로 존중할 가치가 있음을 인식하고, 그 가치에 대하여 소중히 여기는 것을 말한다. 유아기에는 주로 자신과 전통문화에 대한 존중, 다른 사람과 다른 문화에 대한 존중, 생명과 환경에 대한 존중이 포함된다.

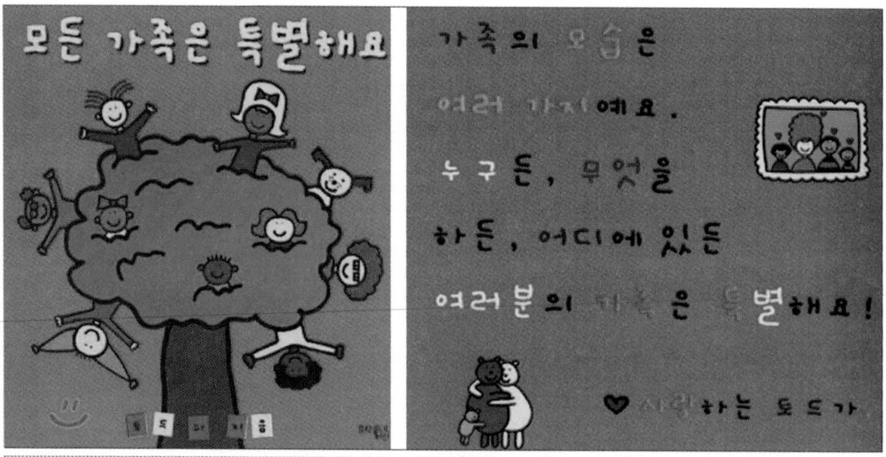

[그림 3-50] 모든 가족은 특별해요(토드 파 글 · 그림, 2005)

세상에는 다양한 모습의 가족이 있다. 누구든 가족이 될 수 있고 가족이 되는 방법은 매우 다양하다. 피부색이 같은 가족도 있고 다른 가족도 있다. 서로 닮은 가족, 식구가 많은 가족, 떨어져 사는 가족, 새아빠와 새엄마가 있는 가족, 엄마나 아빠만 있는 가족, 입양 가족도 있다. 모든 가족은 그 가족만의 특별한 점이 있으며, 또한 소중하다는 것을 알 수 있게 해 주는 책이다.

3) 협력

협력은 두 명 이상의 구성원이 공동의 목표를 설정하고, 이를 달성하기 위하

[그림 3-51] 눈이 되고 발이 되어(박윤규 글 · 그림, 2009)

까마득한 옛날, 어느 산골 마을에 바늘과 실만큼이나 친한 하지마비 장애인과 시각장애인이 살았다. 둘은 앞집 뒷집에 살면서 함께 새끼를 꼬고 가마니 짜고 세상 얘기하며 오순도순 재미나게 지낸다. 이렇듯 우애 깊게 지내는 두 친구가 복을 받는다는 이야기다.

여 개인적 책임을 다하고 서로 조언 및 조력을 주고받는 것이다. 주로 긍정적인 상호의존성, 개인적 책임감, 집단 협력이 포함된다.

4) 나눔

나눔은 자기 스스로 우러난 마음에서 남을 돕기 위해서 하는 일로, 대가를 바라지 않고 지속적으로 도와주는 것이다. 주로 나눔의 의미 알기, 나눔을 실천하기, 나눔에 참여하기가 포함된다.

[그림 3-52] 커다란 오믈렛(모리야마 미야코 글, 후쿠다 이와오 그림, 2008)

코끼리가 만드는 오믈렛의 냄새가 숲속에 퍼져 여러 동물이 오믈렛을 먹으러 코끼리 집에 오게 된다. 많은 동물이 오믈렛을 나눠 먹자 코끼리는 아주 조금밖에 못 먹게 되었지만 동물들이 기분 좋아하자 코끼리도 기분이 좋아진다. 그다음 날 코끼리가 집 밖에 나가 보니 오믈렛을 먹었던 동물들이 고마움의 의미로 달걀을 두고 간다. 다시 코끼리는 받은 달걀로 오믈렛을 만들어 배부르게 먹는다는 이야기다.

5) 질서

질서는 민주주의 사회에서 책임감 있는 민주시민으로서 살아가기 위해 필요한 사회규범을 지키는 것이다. 주로 기초질서, 법질서, 사회질서 습득이 포함된다.

[그림 3-53] 줄 서세요!(크리스틴 로시프테 글 · 그림, 2014)

사람들이 한 줄로 길게 늘어선 광경이 앞표지부터 뒤표지까지 연결된 독특한 책이다. 줄을 서 있는 사람들이 어떤 사람들이며, 무슨 이야기를 나누고 있고, 무슨 생각을 하는지, 그리고 가장 중요하게는 왜 줄을 서 있는지 그들의 대화와 생각을 엿보며 줄을 서고 차례를 지키는 것의 의미를 배우는 내용이다.

6) 효

자식으로서 인간된 도리를 충실히 하는 것이다. 부모, 조부모, 지역사회 어른에 대한 효가 포함된다.

[그림 3-54] 심청전(유은실 글, 홍선주 그림, 2010)

앞 못 보는 아버지와 어릴 적부터 동냥젖을 먹으며 살던 심청이는 눈을 보지 못하는 아버지의 눈을 뜨게 하기 위해 공양미 300석에 제물이 되어 바다에 뛰어든다. 바다에 뛰어든 심청이는 용왕의 도움을 받아 연꽃에 태워져 다시 지상으로 나가게 되고, 임금님을 만나 왕비가 되어 아버지를 다시 만나게 된다는 아버지에 대한 효심을 강조한 이야기다.

작품목록

고미 타로 글 · 그림, 이종화 옮김(2000). 악어도 깜짝, 치과 의사도 깜짝. 서울: 비룡소.
그림 형제 글, 펠렉스 호프만 그림, 김재혁 옮김(2000). 늑대와 일곱 마리 아기염소. 서울: 비룡소.
김현주 그림, 삼성출판사 아동교육 연구실 엮음(1995). 그림. 서울: 삼성출판사.
김현주 그림, 삼성출판사 아동교육 연구실 엮음(1995). 모양. 서울: 삼성출판사.
레오 리오니 글 · 그림, 이명희 옮김(2000). 으뜸 헤엄이. 서울: 마루벌.
로렌 차일드 글 · 그림, 엄기원 옮김(2001). 난 토마토 절대 안 먹어. 서울: 한림출판사.
마거릿 와이즈 브라운 글, 클레멘트 허드 그림, 이연선 옮김(1996). 잘 자요, 달님. 서울: 시공사.
마르쿠스 피스터 글 · 그림, 공경희 옮김(1994). 무지개 물고기. 서울: 시공사.
메리디스 후퍼 글, 알렌 컬리스 그림, 김남중 옮김(2000). 세상에서 가장 유명한 미술관. 서울: 국민서관.
모리스 샌닥 글 · 그림, 강무홍 옮김(1994). 괴물들이 사는 나라. 서울: 시공사.
모리야마 미야코 글, 후쿠다 이와오 그림, 고향옥 옮김(2008). 커다란 오믈렛. 서울: 웅진닷컴.
몰리 뱅 글 · 그림, 이은화 옮김(2000). 쏘피가 화나면-정말, 정말 화나면…. 서울: 케이 유니버스.
바버러 쿠니 글 · 그림, 위미경 옮김(1996). 미스 럼피우스. 서울: 시공주니어.
박윤규 글 · 그림(2009). 눈이 되고 발이 되어. 서울: 한솔수북.
박은영 글 · 그림(2000). 기차 ㄱ ㄴ ㄷ. 서울: 비룡소.
베르너 홀츠바르트 글, 볼프 에를브루흐 그림(2008). 누가 내 머리에 똥 쌌어?. 서울: 사계절.
브렌다 기버슨 글, 미간 로이드 그림, 이명희 옮김(1995). 선인장 호텔. 서울: 미루벌.
브뤼노 지베르 글 · 그림, 권지현 옮김(2019). 1초마다 세계는. 서울: 미세기.
삼성출판사 엮음(2002). 탈것. 서울: 삼성출판사.
세종문고 편집부(1995). 아기 개구리의 계절 여행. 서울: 세종문고.
신정민 글, 주미혜 그림(1997). 긁적긁적 못 참겠어요. 서울: 계몽사.
신정민 글, 주미혜 그림(1997). 꼬르륵 배가 고파요. 서울: 계몽사.
심스 태백 글 · 그림, 김정희 옮김(2000). 요셉의 작고 낡은 오버코트가…?. 서울: 베틀북.
알로나 프랑켈 글 · 그림, 김세희 옮김(2001). 똥이 풍덩!. 서울: 비룡소.
앤서니 브라운 글 · 그림, 최윤정 옮김(2007). 우리 아빠가 최고야. 서울: 킨더랜드.
앤서니 브라운 글 · 그림, 허은미 옮김(2001). 돼지책. 서울: 웅진주니어.
엔터니 브라운 글 · 그림, 장은수 옮김(1998). 고릴라. 서울: 비룡소

야시마 타로 글 · 그림, 윤구병 옮김(1996). 까마귀 소년. 서울: 비룡소.

어깨동무 편집부(1994). 나무와 다람쥐. 서울: 어깨동무.

에디트 슈라이버-빅케 글, 카롤라 홀란드 그림, 유혜자 옮김(2001). 카이는 사라를 사라는 팀을 좋아해. 서울: 문공사.

유은실 글, 홍선주 그림(2010). 심청전. 서울: 비룡소.

이덕화 글 · 그림(2011). 뽀루뚜아 아저씨. 서울: 푸른숲 주니어.

이보나 흐미엘레프스카 글 · 그림, 이지원 옮김(2019). 할머니를 위한 자장가. 서울: 비룡소.

이와이 도시오 글 · 그림, 김숙 옮김(2009). 100층짜리 집. 서울: 북뱅크.

이태수 세밀화, 서은영 그림(1994). 냠냠 짭짭. 서울: 보리.

이호백 글, 이억배 그림(1997). 세상에서 제일 힘센 수탉. 서울: 재미마주.

임정진 글, 임향한 그림(2007). 혹부리 영감. 서울: 비룡소.

임정진 엮음, 최영화 그림(2000). 라이트 형제. 서울: 삼성출판사.

정상경 글 · 그림(2002). 가족 123. 서울: 여가.

정지용 글 · 그림(1999). 여러나라 이야기. 서울: 마루벌.

존 버닝햄 글 · 그림, 김원석 옮김(1996). 장바구니. 서울: 보림.

주경호 글 · 그림(1999). 우리 할아버지가 꼭 나만 했을 때. 서울: 보림.

채인선 글, 이억배 그림(2001). 손 큰 할머니의 만두 만들기. 서울: 재미마주.

캐롤라인 제인 처치 글 · 그림, 신형건 옮김(2012). 사랑해 자장자장 사랑해. 서울: 보물창고.

크리스틴 로시프테 글 · 그림(2014). 줄 서세요!. 서울: 책속물고기.

토드 파 글 · 그림, 원선화 옮김(2005). 모든 가족은 특별해요. 서울: 문학동네.

한국어린이육영회(2002). 영아용 사물 그림책. 서울: 한국어린이육영회.

한국어린이육영회(1997). 영아용 그림책. 서울: 한국어린이육영회.

한국어린이육영회(1994, 1995). 한국 전래동요의 통합적 활용을 위한 작은 책, 큰 책 I, II와 테이프. 서울: 한국어린이육영회.

한태희 글 · 그림(2006). 바로 보고 거꾸로 보는 그림책 휘리리후 휘리리후. 서울: 웅진주니어.

호리우치 세이치 글 · 그림, 엄기원 옮김(2001). 뼈. 서울: 한림출판사.

참고문헌

교육과학기술부(2012). 유치원 기본과정 내실화를 위한 인성교육 프로그램. 서울: 교육과학기술부.

김현희, 박상희(2016). 유아문학 이론과 적용(2판). 서울: 학지사.

심성경, 조순옥, 이정숙, 이춘자, 이선경, 이효숙(2020). **유아교육개론(5판)**. 서울: 창지사.

이기숙, 장영희, 정미라, 엄정애(2014). **유아교육개론(3판)**. 경기: 양서원.

이상금, 장영희(2001). **유아문학론(개정판)**. 서울: 교문사.

Kohlberg, L. (2001). **도덕발달의 심리학**(김민남 외 공역). 서울: 교육과학사. (원저는 1984년 출간)

Maslow, A. H. (1970). *Motivation and personality.* New York: Harper & Row.

Schickedanz, J. A. (1995). **읽기와 쓰기를 즐기는 어린이로 기르는 방법: 유아의 읽기와 쓰기 기초단계 이해**(이영자 역). 서울: 이화여자대학교 출판부. (원저는 1986년 출간)

제4장

유아문학의 종류

유아문학의 종류를 아동문학에서 분리해 별도로 살펴보는 것은 불가능하다. 따라서 유아문학의 토대가 되는 아동문학의 종류를 살펴보고 그것을 기초로 유아문학의 종류에 대해 살펴보고자 한다.

아동문학의 종류 구분은 다양하다. 저자의 접근 방법에 따라 허구, 환상, 유머 등으로 나눌 수도 있으며, 장르에 따라 신화, 전설, 우화, 서사시, 민담 등으로 나눌 수도 있다. 또한 픽션인가 혹은 논픽션인가에 따라 공상, 사실, 전기, 정보책 등으로 분류하기도 한다.

석용원(1982)은 아동문학도 일반문학과 마찬가지로 서정시, 서사시, 극시의 세 가지 형태에서 아동문학만이 가지는 특수성에 의해 분류·발전되었다고 보고, 〈표 4-1〉과 같이 분화 과정을 제시하였다.

표 4-1 문학 장르의 분화 과정에서 본 아동문학의 장르

민요 부문(ballad dance)			
구전문학	설화문학 (신화, 전설, 설화, 민담, 우화, 옛날이야기) ↓	극문학 (탈춤, 인형극, 연극) ↓	시가문학 (무가, 민요, 전래동요) ↓
창작문학	서사시 동화 ↓	극시 동극 ↓	서정시 동시 ↓
	소설 동화, 아동소설	희곡 아동극, 아동 시나리오	시 동요, 동시
산문(prose)			운문(verse)

이를 기초로 아동문학의 종류를 구분해 보면 [그림 4-1]과 같이 정리할 수 있다.

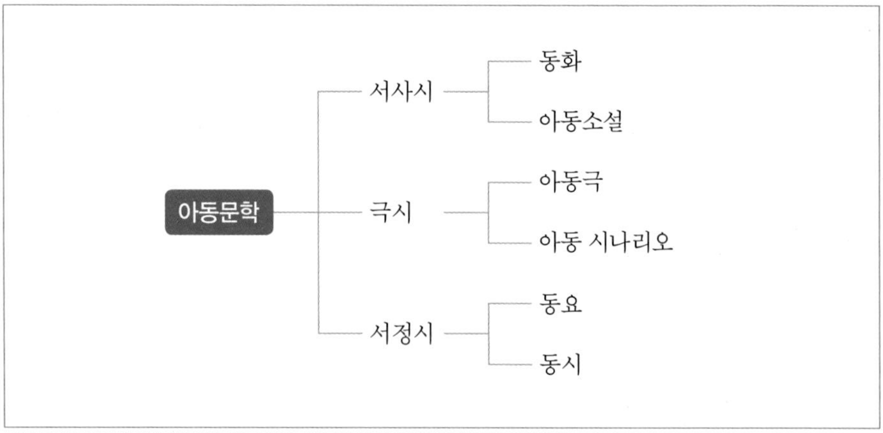

[그림 4-1] 아동문학의 종류

이 장에서는 김세희(2000)의 분류를 기초로 유아문학의 종류를 구분하고자 한다(다음 [그림 4-2] 참조).

한편, 로즈(Rose, 1982), 아부스넛과 서덜랜드(Arbuthnot & Sutherland, 1991), 김현희와 박상희(2008) 등과 같이 그림책을 유아문학의 한 장르로 구분하는 경우

도 있다. 그러나 그림책의 경우는 독립된 한 장르라기보다는 모든 장르의 유아문학작품을 전달하는 매체다. 민담, 환상동화, 생활동화, 동시, 동요, 전기 등을 모두 그림책으로 만들 수 있기 때문이다. 따라서 그림책을 별도의 장르로 다루는 것은 적합하지 않다고 본다.

유아문학의 각 종류별로 그 정의 및 특징, 교육적 의의와 예를 살펴보면 [그림 4-2]와 같다.

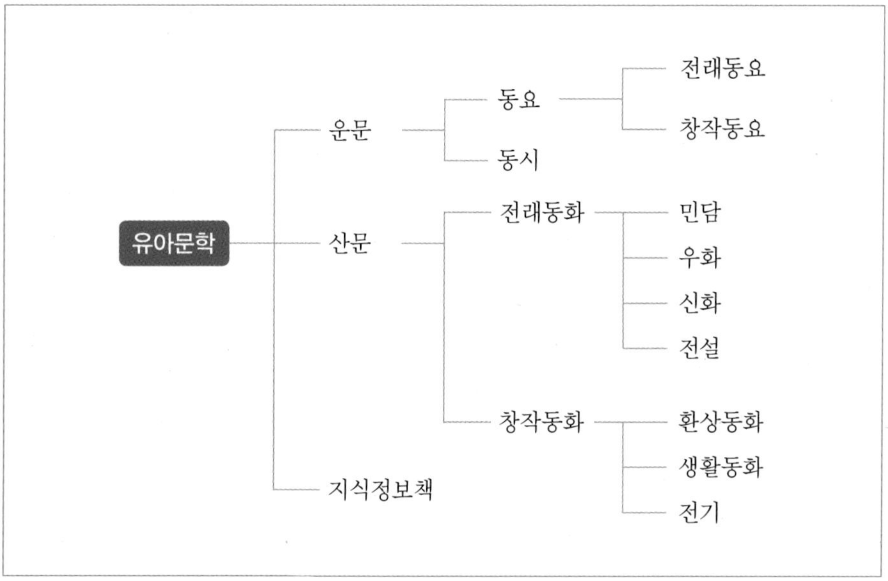

[그림 4-2] 유아문학의 종류

1. 전래동요

1) 전래동요의 정의 및 특징

전래동요는 뚜렷한 작가나 시창자가 없이 자연발생적으로 생겨서 전해 내려오는 유아 노래다. 구전되는 동안에 유아의 마음에 맞도록 다듬어지고 형식적인 틀도 어느 정도 갖추게 되었다. 서구에서는 대부분 마더구즈(mother goose)나 너서리 라임(nursery rhyme)으로 불린다.

전래동요 속에는 전래동요가 발생한 나라 또는 민족의 정서, 놀이, 생활 모습, 생각, 지혜, 꿈, 소망, 해학 등이 표현되어 있다. 전래동요의 특성을 정리하면 다음과 같다(전원범, 1995).

① 예로부터 현재까지 전해진다.
② 대중작으로서 작가와 시창자가 없다.
③ 구전된다.
④ 어린이의 마음에 맞도록 늘 변모된다.
⑤ 곡조에 구애됨이 없이 노래로 불린다.
⑥ 희로애락의 감정 표현이 담겨 있다.
⑦ 어린이들이 몰려다니면서 따라 부르며 즐겨 왔다.
⑧ 수평적인 민주의식과 질서를 키웠다.

이러한 특성을 볼 때, 전래동요는 유아의 생활과 감정을 노래한 것으로 개인 혹은 집단에 의해 창작되어 여러 세대를 거쳐 유아에게 불린 노래라고 볼 수 있다.

2) 전래동요의 의의

전래동요의 교육적 의의를 살펴보면 다음과 같다.

① 전래동요의 반복적인 특징은 유아의 기억과 이해를 돕고, 어휘에서 오는 언어적 재미와 리듬감은 노래하는 즐거움을 제공한다.
② 전래동요는 의미를 잘 알지 못해도 쉽게 암기할 수 있으며, 자연스러운 읽기를 통해 언어 발달을 돕는다.
③ 다양한 소재(가족애, 우정, 효도 등)를 노래하면서 현실 세계의 한계를 벗어나 간접 경험의 폭을 넓게 한다.
④ 놀이를 하면서 불리는 전래동요는 집단놀이를 증진하여 유아의 사회성 발달을 돕는다.

⑤ 전래동요의 박자와 리듬감은 음악적 경험을 제공한다.

이 외에도 유아는 전래동요를 즐겁게 노래하거나 읊조리면서 조상의 전통적인 가치를 공유할 수 있는 기회를 가지게 되며 민족 정체감이나 문화 정체감을 형성하게 된다. 또한 전래동요 속에 살아 있는 모국어의 아름다움을 감상하고 학습할 기회를 가지게 된다.

3) 한국의 전래동요

우리나라의 전래동요는 갑오경장(1894) 이후 개인 작가에 의해 만들어진, 창작동요가 나오기 이전의 동요를 말한다. 우리나라의 전래동요 대부분은 거의 조선시대의 농경생활과 유교를 중심으로 한 도덕성이 반영되어 있다. 옛날 어린이들의 생활과 정서를 반영한 소박한 노래인 만큼 생활 주변에서 자주 볼 수 있는 것이 노래의 대상이었으며, 내용에 있어 계급의식과 비판의식이 결여된 순수성을 지니고 있다. 즉, 다양한 소재와 함께 직선적인 표현, 솔직한 비유, 순진한 감정이 그대로 표현되어 있다.

운율은 대개 4 · 3, 4 · 4조가 중심을 이루며, 반복을 즐겨 사용하고 있고 구성이 단순하여 리듬감을 살리면서 부를 수 있다.

전래동요는 자장노래, 가족애, 놀이, 자연, 동물, 식물, 글자, 놀림과 익살, 음식, 일 등을 그 주제로 하고 있다. 그중 동물과 식물을 주제로 한 전래동요 두 편을 소개하면 다음과 같다(부록 '전래동요' 참조).

[그림 4-3] 자장자장 엄마품에
(임동권 글 · 감수, 류재수 그림, 1998)

기러기

아침 바람 찬 바람에　　울고 가는 저 기러기
우리 선생 계실 적에　　엽서 한 장 써 주세요
한 장 말고 두 장이요　　두 장 말고 세 장이요
세 장 말고 네 장이요　　네 장 말고 다섯 장이요
구리 구리 구리 구리　　가위 바위 보

〈서울과 충북 지방〉

참나무 뽕나무 대나무

참나무허구 뽕나무허구
대나무가 살았는데
뽕나무가 방구를
뻥뻥 뀡게*
참나무가 참으시오
참으시오 헝게**
대나무가 대끼놈
대끼놈 허드라네

〈전북 부안 지방〉

* 뀡게: 뀌니까
** 헝게: 하니까

4) 외국의 전래동요

세계 여러 나라를 보면 그 나라의 민족 정서가 함축적으로 녹아 있는 전래동요를 가지고 있으며, 이러한 전래동요에는 그 나라의 특유한 언어 표현이 나타나 있다. 따라서 우리말로 번역된 전래동요의 경우 본래의 리듬과 운율을 찾기 어려운 점이 있으므로 현장에서 활용할 때 주의가 필요하다.

다음에 소개되는 전래동요는 이경우, 이상금, 이은화, 박혜경(1995)의 「5개국 전래동요에 관한 연구」에서 간추린 것이다.

(1) 일본

일본에서는 전래동요를 전승동요(傳乘童謠)라 부른다. 일본의 전래동요의 특성은 대부분 단순한 곡조가 붙어 있으며 노래에 맞추어 공치기, 줄넘기, 술래잡기, 손 유희 등과 같은 놀이를 할 수 있다는 것이다. 또한 계절, 동식물, 세시풍속 등의 내용을 다룬다.

なかなか ホイ

なかなか ホイ そとそと ホイ

なかそと そとなか なかなか ホイ

そとそと ホイ なかなか ホイ

そとなか なかそと そとそと ホイ

안으로 안으로 짱*

안으로 안으로 짱, 밖으로 밖으로 짱.

안으로 밖으로 밖으로 안으로 안으로 안으로 짱.

밖으로 밖으로 짱, 안으로 안으로 짱.

밖으로 안으로 안으로 밖으로 밖으로 밖으로 짱.

*일본에는 예로부터 공치기 노래가 많다. 주로 여자아이가 수를 세면서 공을 땅에 튕기며 놀이를 하지만, 변화를 주기 위해 팔 안쪽과 바깥쪽에 왔다 갔다 치면서 놀기도 한다. 때로는 다리 밑을 통과시켜 뒤로 보내는 재주를 부리기도 한다. 원래 일본어의 후렴은 '호이'로 되어 있으나 우리말로 적절한 번역어가 없어 '짱'이라고 하였다.

(2) 미국과 영국

미국을 포함한 영어 문화권에서는 전래동요를 마더구즈나 너서리 라임으로 부른다. 마더구즈란 명칭은 전래동화를 수집하여 책으로 펴낸 프랑스 재화자 페로(Charles Perrault)의 책 제목에서 유래하였다. 이 책은 「마더구즈의 이야기(Tales of Mother Goose, Contes de ma mére l'oye)」라는 제목으로 1697년에 간행된 것이었다. 그 후 1781년 영국의 작가이자 출판업자이며, 어린이 서점 운영자인 뉴베리는 운율이 있는 노래집을 「마더구스의 노래(Mother Goose's Melody; Sonnets from the Cradle-the Most Celebrated Songs and Lullabies of Old British Nurses)」라는 제목으로 간행하였다. 뉴베리가 사용한 책 이름은 페로의 마더구즈 초기판에서 이름만 따온 것으로 보인다(Glazer, 1981).

마더구즈는 유아를 잠들게 할 때, 일어나게 할 때, 아픔을 덜게 해 줄 때, 꾸짖을 때, 칭찬할 때 등의 여러 가지 경우에 노래 또는 이야기로 들려준 것이다.

아부스넛과 서덜랜드(1972)에 따르면, 마더구즈는 그 주제와 소재의 다양성, 노래 부르는 듯한 음악적 요소, 많은 움직임, 단순하고 즐거운 유머, 매력적인 삽화의 특성으로 인해 어릴 때부터 즐겨 부르게 된다고 한다.

Humpty Dumpty

Humpty Dumpty sat on a wall,
Humpty Dumpty had a great fall.
All the King's horse and all the king's men,
Couldn't put Humpty Dumpty together again.
Humpty Dumpty's pieces all hurt,
Aching, breaking there in the dirt,
Down came a fairy who waved her wand then,
and she put Humpty Dumpty together again.

험프티 덤프티*

험프티 덤프티 담 위에 앉았다가
험프티 덤프티 담 아래 떨어졌네.
임금님 말도, 임금님 신하도
험프티 덤프티를 고치지 못했다네.
험프티 덤프티 조각조각 깨졌네.
험프티 덤프티 떨어져 아파하니
천사가 와 마술지팡이로 고쳤네.
험프티 덤프티는 제 모양을 찾았다네.

*험프티 덤프티는 달걀을 지칭한다.

(3) 프랑스

프랑스에서는 전래동요를 비에일 샹송(Vieilles Chansons, 오래된 노래)이라 부른다.

Prom's nons-nous dans les bois	숲속으로 산책 가자
Tous	모두
Prom's nons-nous dans les bois	늑대가 없을 동안
Pendant que le loup y'est pas	숲속으로 산책 가자.
Si le loup y'tait	늑대가 있으면
Il nous mangerait	우리를 잡아먹겠지.
Mais comm' il n' y'est pas.	그러나 늑대가 없으니까.
Il nous mang'ra pas.	우리를 잡아먹지 못할 거야.
Loup y'es tu?	늑대야, 너 거기 있니?
Que fais-tu?	뭐 하니?
Entends-tu?	듣고 있니?
Le loup	늑대
Je mets ma chemise!	나 셔츠 입는다.
Tous	모두
Prom's nons-nous dans les bois	늑대가 없을 동안
Pendant que le loup y'est pas	숲속으로 산책 가자.
Si le loup y'etait	늑대가 있으면
Il nous mangerait	우리를 잡아먹겠지.
Mais comm' il n' y'est pas.	그러나 늑대가 없으니까.
Il nous mang'ra pas.	우리를 잡아먹지 못할 거야.
Loup y'es tu?	늑대야, 너 거기 있니?
Que fais-tu?	뭐 하니?
Entends-tu?	듣고 있니?
Le loup	늑대
Je mets ma culotte!	나 바지 입는다!
Je mets ma veste!	나 웃저고리 입는다!
Je mets ma chaussettes!	나 양말 신는다!

Je mets ma bottes!	나 신발 신는다!
Je mets mon chapeau!	나 모자 쓴다!
Je mets mes lunettes!	나 안경 쓴다!
Je prends moon fusil! J'arrive.	나 총 들었다! 나간다.
Tous	모두
Sauvons-nous!	도망가자!

*약 17세기에 작곡된, 놀이를 위한 노래다. 전통적으로 늑대는 프랑스 어린이들이 제일 무서워하는 동물로 놀이의 형태는 다음과 같다. 늑대는 놀이에 참여하는 어린이들 한가운데 숨어 있고 다른 유아들은 노래가 계속되는 동안 사방으로 산책 다니는 흉내를 낸다. 어린이들이 "늑대야, 너 거기 있니? 뭐 하니? 듣고 있니?"라는 노래를 끝으로 그 자리에 멈춰 서면, 가운데 숨어 있던 늑대는 "나, 셔츠 입는다."와 같은 말을 소리쳐 대답한다. 그러고 나서 놀이는 다시 시작되고, 늑대가 자신이 입은 옷을 다 말할 때까지 같은 방법으로 계속된다. 그러다가 늑대가 "나간다!"라고 소리치면 어린이들은 사방으로 도망가고, 그때 늑대가 뒤쫓아 가서 잡은 어린이를 새로운 늑대로 삼는다.

(4) 독일

독일에서는 전래동요를 포크스리더(Vokslieder, 민요)라 부른다.

In gem Walde steht ein Haus	숲속 작은집
In dem Walde steht ein Haus	숲속의 작은 집에
schaut ein Reh zum Fenster raus,	노루가 창밖을 보고 있는데,
kommt ein Haschen angerannt,	아기 토끼가 달려와
klopfet an die Wand:	벽을 두드렸네.
Hilfe, Hilfe, hilf mir doch!	살려 주세요, 살려 주세요.
Sonst schießt mich der Jager noch!	제발 나를 살려 주세요.
Liebes Haschen, komm herein!	아니면 사냥꾼이
Reich mir deine Hand!	나를 쏠 거예요.
	착한 토끼야, 들어와.
	악수합시다.

*한국의 '숲속 작은집 창가에'로 알려진 어린이 동시의 독일형이다.

2. 창작동요

창작동요는 자연발생적으로 전해 내려온 것이 아니라 개인 작가에 의해 창작된 동요다. 유아의 정서생활을 단순하게 표현하여 동심을 가진 모든 사람이 즐겁게 읊거나 부를 수 있는 노래다. 동요는 음수율(음절의 수를 일정하게 하여 나타나는 운율로서 3 · 4조, 4 · 4조, 5 · 5조, 7 · 5조 등)을 지니고 있어 리듬감을 살리면서 읊을 수 있다. 즉, 인간의 내면세계에 있는 감성이 정형시의 형식을 타고 흘러나오는 것이 동요다.

우리나라의 창작동요는 소파 방정환이 출간한 잡지 〈어린이〉(1923~1934)에 윤석중, 이원수 등의 신인 동요작가들이 작곡동요를 다수 보급하면서 황금시대를 맞이하였다. 이 시기는 아동문학이 일반문학에서 분리되기 시작한 기점을 이루는 시기로 창작동요가 이 시기 아동문학의 주류를 이루게 되었다.

우산

윤석중

이슬비 내리는 이른 아침에
우산 셋이 나란히 걸어갑니다.
파란 우산 깜장 우산 찢어진 우산
좁다란 학교 길에 우산 세 개가
이마를 마주대고 걸어갑니다.

구슬비

권오순

송알송알 싸리잎에 은구슬
조롱조롱 거미줄에 옥구슬
대롱대롱 풀잎마다 총총
방긋웃는 꽃잎마다 송송송

3. 동시

동시의 모태는 동요이지만, 이 동요의 정형률을 깨트린 내재율과 산문율을 지닌 것이 동시다. 즉, 동요와 같은 음수율이 없으며 자유로운 형태로 쓰인다는 점에서 동시는 동요와 차이를 보인다. 동시의 특색은 '어린이답다'는 데 있기 때문에 어린이가 이해할 수 있는 언어와 단순한 사상 및 소박한 감정이 담겨 있다. 동시는 운율이 있으며, 비유와 상징이 많이 포함된 함축적인 언어로, 풍부한 상상력과 아름다움을 느끼게 해 주는 것이다.

유아기의 적절한 시적 경험은 모국어의 아름다움을 맛보고 자신의 생각과 감정을 표현하는 수단이 된다(이상금, 장영희, 1986). 즉, 시는 창의적 표현을 위한 자연스러운 매체이기 때문에 유아에게 동시를 소개하면 민감성, 상상력, 독창성, 언어적 감수성 등을 길러 줄 수 있다.

1) 동시의 교육적 의의

동시는 유아에게 다음과 같은 교육적 의의를 지닌다.

① 모국어의 아름다움을 느낄 수 있다.
② 시의 리듬과 운율을 통해 감각적인 즐거움을 경험할 수 있다.
③ 가장 정선된 언어를 통해 언어의 기능을 알게 된다.
④ 자연과 인간, 사물에 대한 올바르고 예리한 통찰력을 길러 준다.
⑤ 정서적으로 풍부한 경험을 하게 된다.
⑥ 함축적인 언어를 통해 감정을 자연스럽게 표현할 수 있는 능력을 길러 준다.

2) 동시의 유형

동시의 유형은 형식에 의해서 또는 내용을 중심으로 분류할 수 있다. 그런데 모든 동시는 형식과 내용이 함께 어우러져 표현되는 것이므로, 하나의 동시는 정형시(형식적 분류)이면서 서사시(내용적 분류)일 수도 있다. 그러나 편의상 형식과 내용에 따라 분류하여 설명하고자 한다.

(1) 형태상의 분류

동시는 형태상으로는 정형 동시, 자유 동시, 산문 동시로 분류할 수 있다.

1 정형 동시

정형 동시는 일정한 형식과 규칙에 맞추어 지은 동시다. 정해진 글자 수, 행 수, 운율 등 외재율을 따르는 동시이기에 음악성이 강하여 동요로도 많이 불린다. 정형 동시의 음수율은 대부분 4 · 4조나 3 · 4조다. 다음에 소개하는 동시 「닭」은 4 · 4조 2행 2연의 형식을 취하는 정형 동시다.

닭

강소천

물 한 모금 입에 물고
하늘 한 번 쳐다보고
또 한 모금 입에 물고
구름 한 번 쳐다보고

2 자유 동시

자유 동시는 형식적인 제약에서 벗어나 글자 수나 행 수 등에서 정형 동시와 달리 자유롭게 표현된다. 그러나 자유로운 형식 속에서도 그 나름대로의 리듬을 지닌다. 다음에 소개하는 동시 「아기 눈」은 정형 동시와는 달리 음수율이나 연의 전개하는 형식이 자유롭다.

아기 눈

박병엽

아기, 눈 감고
"엄마, 난 눈 없지?"
"없네!"

아기, 눈 하나 뜨고
"엄마, 나 눈한지?"
"하나네!" (후략)

3 산문 동시

산문 동시는 자유 동시와 같은 행가름을 하지 않고 일정한 운율을 지니지 않는 자유로운 산문 형식의 동시다. 그러나 시에서 드러나는 음악성, 상징성, 함축성 등은 표현이 된다. 다음에 소개하는 산문 동시 「부엉이」는 일정한 운율이 없이 자유로운 산문 형식으로 표현된 산문 동시의 예다.

부엉이

박목월

부엉이가 안경가게를 찾아왔습니다.

– 아저씨, 낮에도 보이는 안경 하나 맞춰 주세요.

부수수한 얼굴로 말했습니다.

…(중략)…

– 어디, 이걸 한 번 써 봐.

안경집 아저씨가 새카만 선글라스를 부엉이에게 주었습니다.

– 어라, 참 잘 보이네요. 아저씨 고마워요.

검은 선글라스를 끼고 부엉이는 뒷짐을 진 채 배를 쑥 내밀며 어슬렁어슬렁 돌아갔습니다.

(2) 내용상의 분류

동시는 내용상으로는 서정 동시, 서사 동시, 극시로 분류할 수 있다.

1 서정 동시

서정 동시는 작가 자신의 감정과 정서를 주관적으로 표현하는 동시를 말한다. 즉, 서정 동시는 자연 세계와 사람들, 주변 상황에 대한 주관적인 내용을 개인적인 정서와 리듬을 중심으로 표현한 것이다. 다음에 소개하는 동시 「이슬비」는 작가가 이슬비에 대하여 느끼는 정서를 자연스러운 리듬으로 소개하고 있다.

이슬비

윤석중

이슬비
색시비
부끄럼쟁이
햇님 햇님 몰래
내려오지요.

이슬비
색시비
곱고 곱지요.
빨강 꽃에 빨강 비
파랑 꽃에 파랑 비

2 서사 동시

서사 동시는 한 사건을 운문으로 표현하는 긴 시를 말한다. 특히 발흥기 · 재건기 민족과 국가의 웅대한 정신을 신이나 영웅을 주인공으로 하여 객관적으로 묘사한 것이 많으나, 유아의 발달 수준에 적절한 서사 동시는 그리 많지 않다. 다음은 이순신 장군의 생애를 운문으로 표현한 서사 동시의 예다.

성웅 이순신

박성만

여수의 맑은 하늘날
거북 구자 깃발을 단
거북선의 진수식과
지자포 현자포 등 대포 쏘기 시험을 마치니
신기한 배를 본
장병들과 백성들은 탄성을 지르고
바람도 처음인 듯 만져보고
바다도 으뜸인 듯 안아보고
앞산도 지켜보고
뒷산도 숨죽여 내다보고

이때가 천 오백 구십 이년 사월 초
이는 임진왜란이 일어나는
바로 그 달이다. (후략)

3 극시

고대로부터 근세에 이르기까지 운문 형식으로 희곡을 쓰는 것에서 시작된 극시는 희곡 또는 연극의 내용을 시로 표현한 것을 말한다. 극시의 대표적인 작품으로는 셰익스피어의 작품이 있다.

4. 전래동화

1) 전래동화의 정의

전래동화는 흔히 유아에게 들려주는 '옛이야기'로 불리며, 독일의 메르헨(marchen), 영국의 요정이야기(fairy tales) 등의 이름으로 불린다.

우리나라의 경우 전래동화가 전승문학과 혼용되고 있다. 전승문학(traditional literature)은 처음부터 문장으로 기록된 것이 아니라 사람들의 입에서 입으로 전해 내려오다가 근대에 와서 수집되고 문헌으로 기록된 것을 말한다.

사실 전승문학은 처음부터 유아를 대상으로 만들어진 이야기가 아니어서 잔인하거나 비도덕적인 이야기도 많았다. 민담, 우화, 신화, 전설 등의 전승문학 중 이야기의 기저에 동심이 깔려 있고, 유아가 그것을 즐기며, 교육적인 가치를 지닌다면 이를 전래동화라고 말할 수 있다. 따라서 전래동화는 전승문학의 일부라고 이야기할 수 있다.

2) 전래동화의 특징

전래동화는 오랜 세월 동안 여러 사람에 의해 이야기되어 전해 내려오는 과정에서 나름대로의 특징을 가지게 되었다. 전래동화는 내용과 형식에서 일관된 특징을 보인다.

내용상의 특징은 다음과 같다.

① 민중의 생활 경험이나 의식, 가치관을 반영하고 있으며 주로 평민층의 의식을 보여 준다.
② 선과 악의 대립된 구성을 통하여 효도, 은혜, 우애, 우정 등 교훈적인 특성을 보여 준다.
③ 인간 삶의 근본적인 문제를 해결하고자 하는 서민의 애환을 그리고 있다.

④ 현실 세계는 비극적이며 염세적인 곳으로 표현하는 반면, 초현실 세계는 화려하고 풍요로운 유토피아로 묘사된다.

형식상의 특징은 다음과 같다.

① 산문 형식을 띠고 있으며, 줄거리를 중심으로 이야기가 전개된다.
② 서두와 결말에 있어서 하나의 공통 형식을 사용한다. 주로 '옛날 옛적에 어느 마을에……'로 시작하여 '행복하게 잘 살았습니다.'로 결말을 짓는다.
③ 등장인물의 활동을 시간적 순서에 따라 전개한다. 시간 순서에 따라 이야기의 내용이나 사건이 바뀌게 된다.
④ 이야기는 연쇄적 형식과 누적적 형식으로 전개된다.
⑤ 표현 형식으로는 대립법, 반복법, 소거법, 의인법이 많이 사용된다.

그 외에 김인애(1985) 등을 기초로 전래동화의 특징을 종합하여 정리해 보면 다음과 같다.

- 산문 형식을 띠고 있으며, 줄거리를 중심으로 이야기가 전개된다.
- 주제와 구성 등은 전체적으로 단순하며 명확하다.
- 시간과 장소에 대한 구체적인 묘사가 없으며, 이는 시간적 · 공간적 개념의 자유로움을 나타낸다.
- 동화가 발생한 당시 그 지역 민족의 생활과 이상, 종교, 미신, 미래를 향한 의지가 반영된다.
- 소박한 도덕적 · 윤리적 교훈이 포함된다.
- 반복법, 대립법, 소거법, 의인법 등이 많이 사용된다.
- 현실 세계는 비극적이고 염세적으로 표현하는 반면 초현실 세계는 화려하고 풍요로운 곳으로 묘사된다.

3) 전래동화의 뿌리

전래동화는 대부분 전승문학에 그 뿌리를 두고 있다. 즉, 전승문학 중 유아가 즐기고 유아에게 적합한 작품을 전래동화라고 할 수 있다. 이에 전래동화의 기원인 전승문학의 각 종류에 대해 간단히 살펴보면 다음과 같다.

(1) 민담

민담(folk tales)은 작가 미상의 널리 알려진 이야기나 소문이라고 할 수 있다(김희경, 1992). 민담은 전승문학 중 가장 친숙하며 호소력을 갖고 있어, 전승문학 중 특히 민담 가운데 전래동화가 많다. 유아가 민담을 좋아하는 데에는 여러 이유가 있다. 민담은 풍부한 줄거리와 활기찬 이야기가 계속되며, 선이 이기고 악이 벌을 받는다. 주인공은 완전히 착하거나 나쁘고, 부지런하거나 게으르고, 부자이거나 가난한 대립된 모습으로 묘사된다. 또한 운율이 있고, 반복된 구절

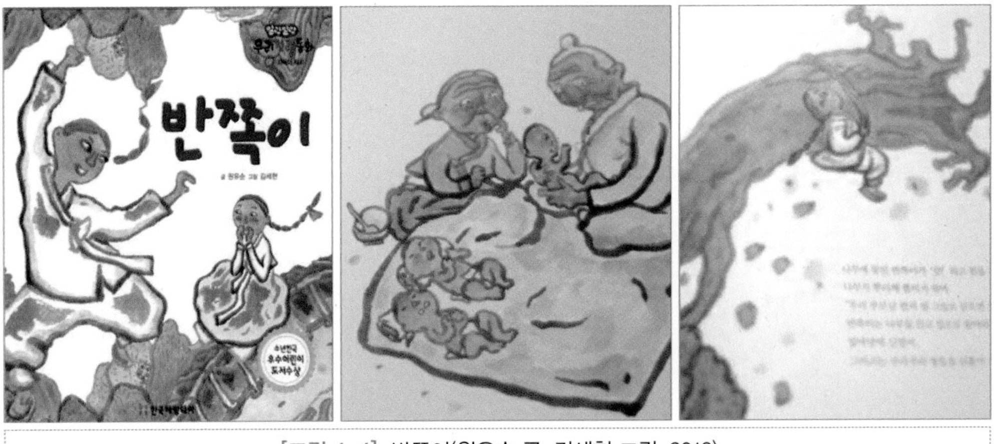

[그림 4-4] 반쪽이(원유순 글, 김세현 그림, 2016)

옛날 어느 마을에 한 부부가 살았는데 부부는 자식을 달라고 신령님께 빌고 또 빌어 아들 셋을 얻었다. 그런데 첫째, 둘째는 멀쩡한데, 막내아들은 눈도 하나, 귀도 하나, 팔도 하나, 다리도 하나밖에 없는 반쪽 아이다. 두 형은 반쪽이를 창피해했다. 그러던 어느 날, 두 형은 서울 구경을 따라 나선 반쪽이를 떼어 놓으려고 반쪽이를 바위와 나무에 꽁꽁 묶고, 호랑이 굴에 던져 놓았다. 하지만 반쪽이는 "끄응!" 하고 힘을 써 금방 풀려났고, 오히려 호랑이들을 때려잡아 많은 가죽을 얻게 되었다. 또 호랑이 가죽을 탐낸 부잣집 주인의 꾀에 넘어가지 않고 지혜롭게 대처해 어여쁜 색시까지 데려다 행복하게 잘 살았다는 이야기다.

이 많고, 단순하며 직접화법이 많고, 이야기의 결말이 명확하고, 대부분은 마술적인 요소가 포함되어 있다. 이러한 특징은 전래동화의 특징과 유사한데, 이는 유아가 즐기는 전래동화의 대부분이 민담에 속하기 때문이다.

우리에게 잘 알려진 민담으로 「반쪽이」 「콩쥐 팥쥐」 「빨간 모자」 등이 있다.

[그림 4-5] 콩쥐 팥쥐(한해숙 글, 조민경 그림, 2016)

마음씨 착한 콩쥐는 일찍 어머니를 여의고 새어머니와 팥쥐의 온갖 구박을 받으며 지낸다. 새어머니는 콩쥐에게 나무호미를 주고 넓은 산비탈 밭을 매게 하기도 하고 힘든 일을 잔뜩 시켜 놓고 잔칫집에 간다. 검은 소, 두꺼비, 참새, 선녀, 할멈이 마음씨 착한 콩쥐를 도와준다. 마음씨 착한 콩쥐가 행복하게 잘 살게 된다는 권선징악이 두드러지는 이야기다.

[그림 4-6] 빨간 모자(그림 형제 원작, 김사라, 박나래 그림, 꿈바라기 옮김, 2016)

프랑스에 전해 내려오는 민담이다. 어느 마을에 살고 있는 빨간 모자 아가씨는 엄마의 심부름으로 숲속을 건너 할머니 집에 도착하지만, 이미 할머니를 잡아먹고 또한 빨간 모자까지 잡아먹고 싶어 하는 늑대의 존재를 알아차리게 된다. 때마침 지나가는 사냥꾼의 도움으로 늑대를 물리치고 할머니도 구해 내는 이야기다.

(2) 우화

우화(fable)는 동물을 의인화하여 인간의 모습을 풍자함으로써 도덕적인 가르침을 주려는 의도하에 지어진 짧은 이야기다. 실제로 가볍고 유머러스한 우화에는 인간을 상징화하는 동물을 주인공으로 하여 하나의 줄거리가 전개되며 도덕적인 교훈이 담겨 있다.

우화는 민담과 가장 가까운 관계에 있고 민담이 발달된 것이라고 생각하지만 민담과 우화는 몇 가지 차이점이 있다. 민담이 자연발생적인 것이라면 우화는 어떤 사람에 의해 의도적으로 지어진 것이고, 우화는 민담보다 짙은 교훈성을 내포하고 있으며, 힘 있고 지혜로운 자가 승리하는 세계관이 담긴 이야기가 많다.

또한 우화는 풍자, 비유, 상징 등의 기법을 많이 사용한다. 루소(Jean Jacque Rousseau)는 우화의 복잡성과 모호함은 유아에게 가르치려는 바를 제대로 전달할 수 없게 하며, 이야기를 통해 도덕적으로 훈련하는 것은 그릇된 일이라고 보았다. 또한 성인이 기대하는 반대의 것을 배울 수 있다는 점에서 우화는 유아에게 적합하지 않다고 간주되기도 한다. 예를 들어, 유아는 이솝 우화에 자주 등장하는 속임수와 잔꾀를 부리는 여우에 대해 교활하거나 진실함이 없다는 평가 대신에 머리가 좋거나 똑똑하다는 등의 잘못된 평가를 할 수 있다.

대표적인 우화 작가로 그리스의 노예였던 이솝(Aesop, B.C. 620-560)과 이솝풍의 전통적인 동물우화집을 낸 프랑스의 시인 라 퐁텐(Jean de la Fontaine, 1621-1695)이 있다.

대표적인 우화로는「토끼와 거북이」「여우와 두루미」「서울 쥐 시골 쥐」「개미와 배짱이」「아가씨와 우유」등이 있다.

[그림 4-7] 토끼와 거북이(이솝 원작, 양현주 그림, 2017)

달리기를 잘하는 토끼와 달리기를 잘하지 못하나 최선을 다해 쉬지 않고 달려가는 거북이를 주인공으로 인간의 삶에 대한 교훈을 주는 우화다. 어떤 일을 할 때 내가 가진 최선을 다하는 것이 결국은 기쁨을 주는 일이라는 것을 느끼게 된다는 이야기다.

[그림 4-8] 여우와 두루미(이솝 원작, 엄혜숙 글, 한병오 그림, 2014)

여우와 두루미를 주인공으로 인간생활을 풍자한 우화다. 여우와 두루미는 상대방을 식사에 초대하지만, 서로의 차이를 존중하지 못해 초대받은 음식을 먹지 못하게 된다. 다른 사람을 위한 배려란 무엇인지, 다른 사람을 어떻게 이해하고 도와야 하는지를 생각해 보게 하는 이야기다.

[그림 4-9] 서울쥐의 집으로 놀러간 시골쥐(라퐁텐 원작, 김세실 글, 김혜란 그림, 2016)

쥐를 주인공으로 인간생활을 풍자한 우화다. 서울쥐가 시골쥐를 초대하면서 일어나는 일에 대한 이야기다. 생전 처음 낯선 도시 음식과 생활을 접한 시골쥐는 서울쥐를 부러워하지만, 사람이 나타날 때마다 마음 졸이며 살아가는 서울쥐의 생활을 보고 자기가 살고 있는 환경의 편안함과 소중함을 느끼게 된다는 이야기다.

(3) 신화

신화(myth)는 해당 지역사회 구성원에게 신성시되는 설화로서 신에 관한 이야기, 우주 창조, 사회 현상 등 기원과 질서에 관한 이야기, 그리고 조상의 위업 등을 주 내용으로 하고 있다. 신화는 일상적인 경험의 틀이나 자연의 법칙을 넘어서서 신비롭고도 초현실적이며, 상상의 세계로 가득 차 있다. 또한 신화는 움직임이 있는 행동적 묘사가 많아 극적인 요소와 박진감이 더해져 유아가 흥미를 가지게 된다.

가장 단순한 형태의 신화에는 「토끼코는 왜 움쭐거릴까요?」 「왜 눈이 내릴까?」 「해바라기는 왜 해를 보는가?」 등 자연현상의 기원을 설명하는 '왜 이야기(why stories)'가 있다. 이러한 종류의 이야기는 불가사의한 자연계의 현상에 대해 나름대로의 설명을 부여하면서 만들어진 이야기다.

우리나라의 신화는 주로 건국신화가 대부분이다. 모두 고문헌에 기록되어 있는 문헌신화로 구비문학으로서의 순수성은 상실했다고 볼 수 있다. 대표적인 건국신화로는 단군(고조선), 주몽(고구려 고씨), 혁거세(신라 박씨), 탈해(신라 석씨), 알지(신라 김씨), 수로(가락국 김씨), 삼성(三姓: 제주 고씨, 양씨, 부씨), 고려국조, 이조국조 등이 있다.

이 외에 그리스·로마 신화는 환상, 마술, 상상의 아름다움을 지니고 있어 서구의 신화 중 가장 우수성을 인정받고 있다. 그리스·로마 신화의 대표적인 재화자는 영국의 킹슬리(Charles Kingsley)와 호손(Nathaniel Hawthorne) 등이 있다. 반면, 노르웨이, 그린랜드, 아일랜드, 영국을 중심으로 한 북구 신화는 특히 9세기에 아이슬란드로 이주해 온 노르웨이인에 의해 「신(新) 에다(Younger or Prose Edda)」(산문 에다)와 「구(舊) 에다(Elder or Poetic Edda)」(운문 에다) 속에 풍부한 자료로 보존되어 있다. 북구 신화는 그리스 신화에 비해 꾸밈 없이 간결하게 극적으로 쓰여 있으며 서술이나 묘사 없이 직접화법으로 되어 있다. 즉, 어떠한 운명에도 최선을 다해 싸우는 영웅신의 용감함을 극적으로 잘 표현하고 있다.

히브리 신화는 유태민족에게서 유래된 신화로 자연과 우주 창조에서 인간 창조, 에덴동산에서의 인간의 실수와 추방, 인간 구원의 역사를 다루고 있다. 이 밖에도 인도, 중국, 이집트 등과 같은 오랜 역사를 지닌 각 민족은 나름대로의 신화를 가지고 있다. 대표 작품으로 「토끼코는 왜 움쭐거릴까요?」 「단군신화」 「박혁거세」 「고구려를 세운 영웅 주몽」을 들 수 있다.

잔꾀가 많고 교활한 토끼는 훌륭한 의사인 스컹크를 속이고 담배를 빼앗는다. 속은 것을 안 스컹크가 고추와 쐐기풀을 넣고 오줌도 섞은 반죽으로 쐐기풀담배를 만들어 토끼에게 준다. 담배를 핀 토끼는 이때부터 재채기를 계속하게 되고 잠시도 가만있지 못하고 코를 움쭐거리게 되었다는 이야기다.

[그림 4-10] 토끼코는 왜 움쭐거릴까요?
(모니카 도뻬르뜨 그림, 김성조 옮김, 2001)

[그림 4-11] 단군신화(이형구 글, 홍성찬 그림, 2016)

고조선의 건국과 우리 조상의 삶을 자연스럽게 이해할 수 있도록 구성되었다. 하늘나라 환웅은 바람신, 비신, 구름신 등의 무리를 거느리고 태백산 신단수 아래로 내려와서 사람을 다스린다. 환웅은 마늘을 먹고 사람이 된 웅녀와의 사이에 단군을 낳았고, 그 단군이 나라를 세우고 하늘과 땅, 자연, 동물, 신과 인간 모두를 어우러지게 하였다.

오랜 옛날, 사로국(경상북도 경주)에는 여섯 마을이 있었다. 어느 날 마을의 대표인 촌장들이 알천냇가 언덕에 모여 임금을 뽑는 회의를 하고 있었는데 맞은편 나정이라는 우물 근처에 이상한 빛이 보였다. 촌장이 우물로 가 보았더니 흰말 한 마리가 알 하나를 지키고 있다가 사람들을 보자 하늘로 올라가 버렸다. 사람들이 다가가자 알 속에서 사내아이가 나왔다. 사람들은 그 아이를 박처럼 생긴 알에서 태어났다고 하여 '박'이라는 성을 붙이고, '밝은 세상'이라는 뜻으로 '혁거세'라는 이름을 붙였다. 삼국을 통일하고 찬란한 겨레문화를 꽃피웠던 신라를 세운 박혁거세의 탄생, 건국, 죽음까지의 이야기다.

[그림 4-12] 박혁거세(정해왕 글, 김도연 그림, 2016)

해모수의 아들이자 하백의 손자로 태어나 고구려를 건국한 주몽은 불우한 소년기를 보냈다. 주몽은 이 어려움을 참고 견딘 후 새 나라를 세우게 된다. 고구려가 동북아시아의 강국으로 성장하면서 모든 고구려인은 그와 같은 인물이 되고자 했고, 주몽의 이야기는 널리 알려지게 되었다.

[그림 4-13] 고구려를 세운 영웅 주몽(김향금 글, 김동성 그림, 2009)

(4) 전설

전설(legend)은 지리적인 자연물이나 역사적 사건 등의 증거물과 관련을 가지는 이야기로서, 시간과 장소, 시대, 인물이 구체적으로 확정되어 있으며 이야기의 줄거리가 비교적 복잡하다.

신화가 신의 이야기인 것과 달리 전설은 실재의 영웅이나 혹은 반은 실재이면서 반은 상상적인 요소로 이루어진 영웅의 공적과 전투에 관한 이야기가 많다. 따라서 전설은 신화에 비해 역사적 진실성을 가지며 초자연적인 것에 덜 의존한다. 전설은 전승 범위가 특정 지역에 한정되어 자연히 향토성을 띠며, 특정적이고 개별적인 증거물, 예컨대 바위, 고개, 연못, 산봉우리, 큰 나무, 특이한 지형 등과 관련을 맺고 형성된다.

대표적인 전설로는「견우와 직녀」「까막나라에서 온 삽사리」등이 있다.

먼 옛날 하늘나라에 베를 잘 짜는 공주 직녀와 넓은 밭에서 소를 잘 모는 견우가 살았다. 견우와 직녀는 서로 좋아하게 되어 결혼을 한 뒤 매일 어울려 다니며 놀기만 한다. 화가 난 임금님은 견우와 직녀를 은하수를 가운데 두고 떨어져 살게 하고 1년에 한 번 음력 7월 7일에 만나게 한다. 까마귀와 까치들이 하늘로 올라가 다리를 만들어 주었는데 칠석이 지나면 까막까치가 다리를 놓느라고 머리가 모두 벗겨져 돌아오고, 이날 내리는 비는 '칠석우'라 하여 기뻐서 흘리는 눈물이라고 전해지고 있다.

[그림 4-14] 견우와 직녀(백은영 글, 신경란 그림, 2015)

옛날 옛날에 깜깜해서 앞이 전혀 보이지 않는 까막나라가 있었다. 까막나라의 임금님은 온 나라가 깜깜하여 나라를 다스리기 힘들자 누군가 세상을 밝혀 줄 불을 구해 오길 원했다. 용감한 개가 불을 가져오겠다고 나서자 임금님은 그 개에게 불개라는 이름을 지어 주고 용기를 칭찬하였다. 불을 찾아다니던 불개가 해를 만나서 해를 가져가려고 입으로 물었지만 너무 뜨거워서 뱉어 버렸고, 다음에 달을 찾았지만 너무 차가워서 물었다가 뱉어 버렸다. 해도 달도 가져가지 못한 불개는 퍼런 몸에 붉은 빛을 낸다 하여 궁궐 밖으로 쫓겨났다. 하늘에서 쫓겨난 불개를 학과 주작이 구해 주었고, 불개는 그 후에 황금빛을 띤 황삽사리와 검푸른 빛을 띤 청삽사리를 낳았다. 이 삽사리가 우리나라 사람들에게 사랑받는 개가 되었다는 이야기다.

[그림 4-15] 까막나라에서 온 삽사리(정승각 글 · 그림, 1999)

4) 전래동화의 의의

문학적 가치가 풍부한 전래동화는 다음과 같은 교육적 의의를 갖는다.

① 전래동화는 도덕적 교훈을 전달한다. 대부분의 전래동화는 착한 사람은 상을 받고 악한 사람은 벌을 받게 된다는 권선징악의 주제를 가르침으로써 도덕교육의 가치를 갖는다.
② 전래동화는 유아의 욕구를 충족해 준다. 민담은 현실적으로 신체적 · 생리적 욕구를 충족하지 못한 사람들에 의해서 생겨나고 전해 내려왔다. 그들은 욕구불만을 이야기 속 주인공에 투사하여 보상받고 싶어 했던 것이다. 유아도 마찬가지로 현실적인 제약이나 무능력에 대한 보상의 욕구를 갖는다. 이에 전래동화 속의 주인공은 유아에게 자신감, 모험심, 용기를 심어 준다.
③ 전래동화의 환상적 요소는 유아에게 재미를 준다. 의인화된 동물, 식물, 무생물, 초현실적인 존재, 요술적인 장소, 신비한 물건, 신비한 동물, 변형의 요술 등의 환상성은 유아에게 상상력을 불러일으켜 그 재미를 더해 준다.

5) 전래동화의 재화

전래동화에서의 재화란 전승된 이야기의 줄거리와 더불어 원형의 품위와 풍미를 보존하면서 유아의 말로 아름답게 재창조하는 것을 말한다.

인쇄술이 발달하기 전부터 몇 세대를 두고 구전되어 온 이야기는 유아에게 전해지면서 변화되었다. 즉, 내용은 유아의 심성에 맞게, 줄거리와 구성은 단순하게, 또한 지나치게 잔인한 표현은 삭제되면서 전해졌다. 민간에 퍼져 있던 이러한 이야기가 글로 정착된 것은 여러 재화자에 의해서였는데, 재화자의 원래 목적은 유아만을 위해서 전래동화를 수집 · 재화하고자 한 것은 아니었다. 즉, 그 나라의 민족문학에 큰 기여를 하고자 하는 것이 원래의 목적이었으나 그와 동시에 유아문학에도 큰 기여를 한 것이다.

외국의 전승문학 재화자로는 프랑스의 페로(Charles Perrault, 1628-1703), 독일의 그림 형제(Jacob L. C. Grimm, 1785-1863; Wilhelm C. Grimm, 1786-1859), 영국의 제이컵스(Joseph Jacobs, 1854-1916), 북유럽의 다센트(George Webbe Dasent, 1817-1896), 아스뵈른센(Peter Christian Asbjornsen, 1812-1885), 모에(Jøgen E. Moe, 1813-1882) 등이 있다.

우리나라의 전승문학이 문자로 기록된 것은 1924년 조선총독부 간행의 「조선동화집」, 1926년 심선린이 편집한 한성도서 간행의 「조선동화대집성」에 의해서다. 이 두 저서는 우리나라의 전승문학의 원형을 찾는 데 매우 중요한 자료로 평가된다.

6) 전래동화의 종류

전래동화의 종류는 누적적 이야기, 동물 이야기, 익살이나 유머 이야기, 미술 이야기로 분류할 수 있다.

(1) 누적적 이야기(accumulative tales or cumulative tales)

가장 단순한 형태의 이야기로 누적적이고 반복적인 사건이 많이 나타난다.

[그림 4-16] 커다란 순무(알릭세이 톨스토이 글, 헬린 옥슨버리 그림, 박향주 옮김, 2017)

옛날 옛날 한 할아버지가 순무씨 한 알을 땅에 심었다. 순무는 달콤하고 단단하게 자랐고 커다랗고 높게 자랐다. 어느 날 할아버지가 순무를 뽑으러 왔는데 순무를 잡아당기고 또 잡아당겼으나 뽑히지 않았다. 할아버지는 차례로 할머니, 손녀, 검둥개, 고양이, 쥐를 불러서 순무를 잡아당겼고 마침내 순무가 뽑혔다.

즉, 최소한의 구성과 최대한의 운율과 리듬이 적절하게 이루어져 이야기가 전개된다. 반복되는 구성은 무척 재미있고 움직임이 빠르기 때문에 유아가 좋아한다. 대표적인 예로는「커다란 순무」「생강빵 아이」「장갑」등이 있다.

[그림 4-17] 생강빵 아이(김세실 글, 엘레나 스베타에바 그림, 2006)

할아버지와 할머니가 맛있게 구워 낸 아이 모양의 생강빵이 갑자기 도망을 간다. 자신을 먹으려는 할아버지, 할머니, 암소, 말, 농부를 따돌리고 도망치다가 강을 건너게 해 준다는 여우의 꾐에 빠지게 된다는 내용의 이야기다.

[그림 4-18] 장갑(에우게니 M. 라초프 그림, 배은경 역, 2015)

숲속을 걸어가던 할아버지가 장갑 한 짝을 잃어버린다. 어디선가 먹보 쥐가 뛰어와서 장갑 안으로 들어가고 폴짝폴짝 개구리, 빠른 발 토끼, 멋쟁이 여우, 회색 이리, 엄니 가진 멧돼지, 느릿느릿 곰까지 일곱 마리 동물이 겨울을 나기 위해 따뜻한 장갑 안으로 들어간다. 장갑이 없어진 것을 안 할아버지가 되돌아오자 모두 장갑에서 기어 나와 도망간다는 이야기다.

(2) 동물 이야기(talking beasts)

동물을 의인화한 이야기로 이야기 속의 동물은 인간의 행동을 과장스럽게 또는 익살스럽게 표현하면서 유머와 재미를 담고 있다.

이러한 동물 이야기는 이솝 우화처럼 뚜렷한 교훈을 제시하지는 않지만 용기와 독립심을 강조한다. 대표적인 예로는 「브레멘 음악대」 「아기 돼지 삼 형제」 「늑대와 일곱 마리 아기 양」 「곰 세 마리」 「개와 고양이」 「장화 신은 고양이」 등이 있다.

매일 힘든 일만 하다가 늙은 당나귀 한 마리가 농장을 나와 길을 떠난다. 주인에게 버림받은 당나귀, 사냥개, 고양이, 수탉은 브레멘으로 가서 음악가가 되기로 결심한다. 당나귀는 기타를 치고 사냥개는 북, 고양이와 수탉은 노래를 부르면서 행복하게 살았다는 이야기다.

[그림 4-19] 브레멘 음악대(그림 형제 원작, 김지수 글, 당커르루 그림, 2015)

[그림 4-20] 아기 돼지 삼 형제(제이콥스 원작, 정재은 글, 이용선 그림, 2016)

아기 돼지 삼 형제는 집을 떠나 각자 집을 짓기로 한다. 게으른 첫째 돼지와 놀기 좋아하는 둘째 돼지는 대충 집을 짓고 빈둥거리다가 늑대가 나타나 집을 부수자 막내 돼지가 지은 튼튼한 벽돌집으로 도망간다. 늑대도 막내 돼지 벽돌집 앞에서는 쩔쩔매다가 도망친다는 이야기다.

[그림 4-21] 늑대와 일곱 마리 아기 양(그림 형제 원작, 신유미 그림, 2020)

옛날에 일곱 마리 아기 양이 살았는데 엄마 양이 시장 보러 나간 사이 늑대가 아기 양들을 잡아먹는다. 엄마가 아기 양들을 찾자 막내가 시계에서 나온다. 엄마 양과 아기 양은 나머지 아기 양을 구하기 위해 늑대를 찾았는데 늑대는 배가 불러 자고 있다. 엄마 양은 가위로 늑대의 배를 잘라 아기 양들을 꺼내고 그 안에 돌을 잔뜩 넣는다. 잠에서 깨어난 늑대는 목이 말라 우물에서 물을 먹다가 배가 너무 무거워 우물에 빠져 버린다는 이야기다.

[그림 4-22] 곰 세 마리(폴 갤돈 글 · 그림, 허은실 옮김, 2019)

커다랗고 커다란 곰과 크지도 작지도 않은 곰, 조그맣고 조그만 곰 세 마리가 숲속 오두막집에서 함께 살고 있다. 의자와 침대, 모든 물건이 곰의 크기만큼 달랐다. 어느 날 아침 식사로 죽을 끓인 곰들은 죽이 식을 동안 산책을 나갔는데 곰들이 없는 사이에 금발 머리 소녀가 집에 들어와 죽도 먹고, 조그맣고 조그만 곰의 의자를 부순다. 그러고는 자기에게 딱 맞는 조그맣고 조그만 곰의 침대에서 잠이 드는데 그때 곰 세 마리가 집으로 돌아온다. 금발 머리 소녀를 발견한 곰 세 마리는 놀라고, 소녀는 그 길로 달아났다는 이야기다.

[그림 4-23] 개와 고양이(동화랑 글, 유설화 그림, 2015)

옛날 어느 마을 노부부가 개와 고양이를 기르며 살고 있었다. 그러던 어느 날 할아버지는 그물에 걸린 파란 구슬을 발견하여 큰 부자가 된다. 하지만 옆 동네 욕심쟁이 할머니가 구슬을 몰래 들고 달아나 버린다. 이를 안 개와 고양이는 요술 구슬을 되찾아서 강을 건너다가 구슬을 강물에 빠뜨리게 된다. 다행히 잡아 온 물고기 안에서 요술 구슬이 나왔다는 이야기다.

[그림 4-24] 장화 신은 고양이(샤를 페로 원작, 김경화 글, 김상현 그림, 2014)

어느 마을에 방앗간 주인과 세 아들이 살았는데 아버지가 돌아가시자 막내아들은 고양이 한 마리를 유산으로 받고 쫓겨났다. 걱정을 하는 막내에게 고양이는 자루와 장화를 가져다 달라고 한다. 고양이는 멋진 장화를 신고 임금님께 토끼를 바치는 등 여러 지혜를 발휘하여 막내아들을 아름다운 공주와 결혼하도록 도와준다는 이야기다.

(3) 익살이나 유머 이야기(the drolls or humorous stories)

바보, 멍텅구리, 못난이 등이 등장하여 엉뚱하고 우스운 사건을 전개해 나가는 이야기로 해학과 익살을 담고 있다. 또한 현실을 풍자하여 인간과 삶의 진실된 모습을 보여 준다. 대표적인 예로는「좁쌀 한 톨로 장가가기」「임금님 귀는 당나귀 귀」「며느리 방귀 복방귀」「먹보 장군」등이 있다.

[그림 4-25] 좁쌀 한 톨로 장가가기(김미혜 글, 최민오 그림, 2011)

나이 든 총각은 좁쌀 한 톨을 가지고 색시를 구하러 집을 떠난다. 첫날 밤 묵게 된 주막집에서 좁쌀을 맡긴 총각은 좁쌀 대신 쥐를 받고 둘째 날 저녁엔 쥐를 맡기고 쥐를 잡아먹은 고양이를 받는다. 다음 날엔 고양이 대신 개를 받고, 그다음엔 개 대신 개를 밟은 당나귀를 받고, 다음 날엔 당나귀를 뿔로 받은 소를 받게 된다. 다음 날에 예쁜 딸이 있는 기와집에 묵게 되었는데 딸이 소를 잡아 고깃국을 끓였다고 하자 소 대신 딸을 아내로 맞이한다는 익살스러운 이야기다.

모자 만드는 할아버지가 귀가 계속 커져서 맞는 모자가 없게 된 임금님께 커다란 모자를 만들어 준다. 임금님의 비밀을 알게 되었지만 아무에게도 말할 수 없어 답답한 할아버지는 대나무 숲을 지나다가 "임금님 귀는 당나귀 귀."라고 실컷 소리 질렀다. 그 후 바람만 불면 대나무 숲에서 스스스 "임금님 귀는 당나귀 귀"라고 노랫소리가 들렸다. 임금님이 화가 나서 대나무를 모두 베어 버리고 그 자리에 산초나무를 심었더니 산초나무가 자라서 또 "임금님 귀는 당나귀 귀"라고 노래를 했다. 이번에는 산초나무도 다 베어 버렸지만 이제 온 백성이 그 사실을 다 알게 되었다. 이후 임금님은 큰 귀를 자랑스럽게 내놓고 백성의 소리를 더 잘 듣게 되었다.

[그림 4-26] 임금님 귀는 당나귀 귀(서정오 글, 한지희 그림, 1997)

[그림 4-27] 며느리 방귀 복방귀(조호상 글, 오승민 그림, 2013)

얼굴도 곱고 마음씨가 착해 시부모님의 귀여움을 독차지한 며느리가 있었다. 그런데 며느리는 시집을 와서 며칠이 지나자 방귀를 못 뀌어 얼굴이 노래진다. 가족들은 시원하게 방귀를 뀌라 했지만 방귀를 뀌자 집이 날아가 버려 화가 난 가족이 며느리를 쫓아낸다. 길을 가다가 며느리의 방귀로 높은 나무에 있던 약배가 떨어지자 비단장수와 유기장수는 약배를 가지고 대신 모든 좋은 물건을 며느리에게 주어 시부모님은 며느리의 방귀를 복방귀로 여기게 되었다는 재미있으면서도 신기하고 웃음이 나는 이야기다.

[그림 4-28] 먹보 장군(이인영 글, 최은희 그림, 2016)

밥 먹는 일 말고는 잘하는 게 없는 먹보는 먹고살 길을 찾아 집을 나와 어려움에 처한 사람들을 만난다. 구덩이를 파 놓고 호랑이를 끌어들여 빠뜨리는가 하면 횃불을 이용해 도적 떼를 물리치는 등 기발하고 지혜로운 꾀로 어려운 사건을 척척 풀어내어 가는 곳마다 '장군님' 소리를 들으며 평생 배부르게 잘 먹고 잘 살았다는 이야기다. 한바탕 신나게 웃어넘길 수 있는 유쾌한 이야기이며 먹보장군의 지혜와 재치는 아이들의 웃음보를 터트린다.

(4) 마술 이야기(tales of magic)

마술적인 힘을 가진 여러 주인공(예: 거인, 요정, 난쟁이, 도깨비, 마술사, 초인 등)이 등장하여 현실적으로 불가능한 일을 하기도 하고, 착한 주인공에게 복을 주기도 하고, 나쁜 주인공에게는 벌을 주기도 하는 이야기다. 대부분의 전래동화는 압박받거나 가난한 일반 평민의 입에서 만들어진 이야기로 마술 이야기가 많다. 즉, 마술적인 힘을 통해 현실에서 얻지 못한 만족의 보상을 얻으며, 두려움에서 벗어나고자 하는 욕구가 반영되었다고 볼 수 있다. 이에 마술 이야기는 평민과 유아의 카타르시스적인 대상이 될 수 있었다. 대표적인 예로는 「신데렐라」 「백설공주」 「혹부리 영감 혹 뗐다!」 「우렁이 각시」 「잭과 콩나무」 「빨강부채 파랑부채」 등이 있다.

[그림 4-29] 신데렐라(샤를 페로 원작, 홍혜경 글, 정소영 그림, 2014)

새엄마에게 온갖 구박을 받으며 일만 하던 신데렐라가 어느 날 요정의 도움을 받아 왕자님의 무도회에 가게 된다. 하지만 무도회장에서 요정과의 약속을 지키기 위해 급히 나오다가 유리 구두 한 짝을 잃어버리게 된다. 왕자는 무도회장에서 발견된 유리 구두 한 짝으로 사라진 신데렐라를 찾게 되고 둘은 세상에서 제일 행복한 결혼을 하게 된다는 이야기다.

[그림 4-30] 백설공주(디즈니 글, 그림, 2017)

백설공주는 엄마가 돌아가시자 아버지가 새로 맞이한 왕비의 미움을 받는다. 백설공주의 아름다움을 시기하는 왕비를 피해 숲으로 도망간 백설공주는 일곱 난쟁이를 만나서 행복하게 지낸다. 하지만 백설공주가 살아 있다는 걸 눈치챈 왕비는 백설공주를 찾아와 독사과를 먹인다. 정신을 잃은 백설공주는 왕자의 도움으로 깨어나 궁으로 돌아가 행복하게 살게 된다는 이야기다.

[그림 4-31] 혹부리 영감(임정진 글, 임향한 그림, 2007)

신비롭기도 하며 인간적인 면모를 지니기도 한 도깨비를 통해 아이들의 호기심을 불러일으킨다. 노래가 어디서 나오는지 몰라 혹을 사는 모습에서는 도깨비들의 어수룩한 면을, 혹을 마음대로 떼었다 붙였다 하는 장면에서는 신비한 능력을 가진 신의 모습을 보여 주고 있다. 착한 마음씨를 가진 혹부리 영감은 혹을 떼고 부자가 되지만 나쁜 마음씨의 혹부리 영감은 혹 떼러 갔다가 혹을 한 개 더 붙이게 된다는 이야기다.

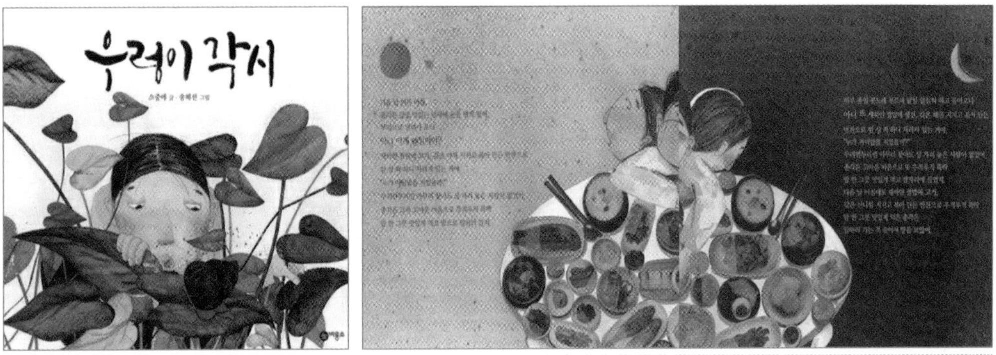

[그림 4-32] 우렁이 각시(소중애 글, 송혜선 그림, 2016)

산골에 살던 노총각이 우렁이를 집에 데려오는데, 이 우렁이가 사람으로 변해서 노총각과 결혼한다. 노총각이 우렁이 각시와 한시도 떨어지지 않으려 하자 우렁이 각시는 자신의 얼굴을 그려 주는데, 그 그림이 우연히 임금님 손에 들어간다. 예쁜 우렁이 각시 그림을 본 임금은 우렁이 각시를 빼앗으려고 남편에게 장기, 나무 베기, 말타기 시합을 제안한다. 위기의 순간마다 우렁이 각시가 나타나 남편을 도와 행복하게 살았다는 이야기다.

[그림 4-33] 잭과 콩나무(이혜리 역, 에드 브라이언 그림, 2016)

엄마와 단둘이 살고 있는 잭은 젖소를 팔러 나갔다가 요술콩과 젖소를 바꾸게 된다. 잭의 엄마는 소와 콩을 바꾼 잭에게 화를 내며 콩을 창밖으로 던져 버린다. 다음 날 하늘 높이 뻗은 콩나무 줄기를 본 잭은 구름 위까지 올라가 황금알을 낳는 마법의 거위와 황금하프를 찾아서 행복하게 살게 된다는 이야기다.

[그림 4-34] 빨강 부채 파랑 부채(박신식 글, 김창희 그림, 2018)

옛날 마음씨 착한 나무꾼과 욕심 많은 부자 장사꾼이 살았다. 가난한 나무꾼은 나그네 할아버지로부터 빨강 부채를 부치면 코가 길게 늘어나고 파랑 부채를 부치면 코가 다시 줄어드는 요술 부채를 선물받는다. 장사꾼은 그 요술 부채를 빼앗아 큰돈을 벌게 된다. 그러던 어느 날 빨강 부채로 부채질하여 하늘나라까지 가게 되는데 옥황상제의 지시로 아래로 떨어져 크게 다치면서 그동안 한 일을 뉘우치게 된다는 이야기다.

5. 창작동화

창작동화에는 비현실적이거나 상상적인 요소가 포함되는 환상동화, 사실적 세계를 바탕으로 한 생활동화, 인물의 생애를 비허구적으로 그린 전기가 포함된다. 김세희(2000)의 분류에서는 전기를 지식정보책의 범주에 넣고 있으나 유아가 즐기는 전기는 동화적 요소와 성격이 갖추어져 있는 경우가 많으며 구전된 것이 아니라 특정 작가에 의해 쓰인 것이므로 창작동화의 한 종류로 보는 것이 타당할 것이다.

1) 환상동화

(1) 환상동화의 정의 및 특징

환상동화(fantasy)는 초자연적인 소재나 대상 혹은 사건이 중심이 되는 이야기로 순수동화라고도 불린다. 환상동화는 현실 세계에서 일어날 수 없는 일과 사건으로 이야기가 전개되기도 하고, 시간과 공간의 제약이 없이 초자연적 · 공상적 · 환상적 · 마술적 세계를 그린다.

환상동화는 소재나 사건, 서술 방식, 인물, 상징의 사용에 있어 그 뿌리를 전승문학에 두고 있다. 즉, 전승문학과 환상동화는 현실에서 일어날 수 없는 환상적 요소와 초현실적 요소를 포함한다는 점에서 공통점을 보인다. 그러나 배경, 인물, 구성에 있어 전승문학과 환상동화는 큰 차이를 보인다.

우선 시간적 · 공간적 배경의 차이에 있어 전승문학은 우리가 접할 수 없는 과거의 한 세계인 반면 환상동화는 현실 속의 시간과 공간이 연계되어 있고, 마술적 통로를 통해 현실과는 다른 세계로 들어가는데, 그 세계는 사실적 시간과 관계없는 고유의 시간을 지니고 있다. 또한 전승문학에 등장하는 인물은 전형적인 경우가 많다. 대부분 착하고 예쁜 사람과 악하고 미운 사람이 나타나는 데 비해 환상동화의 등장인물은 입체적이고 다양한 성격을 가진다. 환상동화에서도 전승문학처럼 전형적 갈등 상황이 초자연적인 힘이나 마술에 의해 해결되기도 한다. 하지만 전승문학은 결말이 대부분 해피엔딩(happy ending)인 데 비해 환상동화는 항상 만족스러운 것은 아니며 독자의 상상에 맡기는 열린 결말(open ending)이 많다.

환상동화는 1964년 칼데콧상을 수상한 샌닥의 「괴물들이 사는 나라(Where the Wild Things Are)」(1963)를 분기점으로 초기와 현대로 나뉘어 많은 변화를 보였다.

[그림 4-35] 괴물들이 사는 나라(모리스 샌닥 글 · 그림, 강무홍 옮김, 2002)

(2) 환상동화의 의의

유아기는 특성상 물활론적 · 인공론적 · 실재론적 사고를 지니고 있어 환상동화에 쉽게 매력을 가진다. 환상동화의 의의는 다음과 같다.

① 환상동화는 현실과 환상적인 세계를 함께 대비함으로써 현실과 환상 세계의 구분을 명확히 하도록 돕는다.
② 환상동화는 유아의 상상력을 격려한다. 현실 세계에서 경험할 수 없는 신기한 세계로 안내하여 끝없는 상상의 나래를 펴도록 한다.
③ 환상동화를 통해 유아는 웃고 즐거워하며 주인공과 동일시함으로써 심리적 안정감을 가질 수 있다.
④ 시공을 초월한 전혀 다른 세계의 경험이 담긴 환상동화를 통해 대리 경험을 하게 한다.
⑤ 환상동화 속의 친숙하지 않은 배경과 주인공을 마음속에서 재창조함으로써 인지적 활동을 하도록 도와준다.

(3) 환상동화의 유형

환상동화의 유형 분류는 학자마다 매우 다양하다. 여기에서는 민담의 요소를 지닌 환상동화(literary fairy tales), 순수한 상상에 의해 쓰인 환성성이 높은 환상동화(high fantasy), 의인화된 동물과 장난감을 다룬 환상동화, 공상과학동화(science fantasy)로 나누어 살펴보고자 한다.

1 민담의 요소를 지닌 환상동화

초기의 환상동화는 전승문학을 수집 · 재화하거나 민담을 흥미 있게 다시 고쳐 쓴 형태였다. 전승문학에는 초현실적 사건과 등장인물이 등장한다. 그런 이유로 환상동화에는 전승문학 중 민담의 특색을 지닌 이야기가 많다. 그러나 환상동화는 구전되어 온 이야기가 아니라 작가가 상상적인 이야기를 만들어 낸 것이다.

대표적인 작품으로는 안데르센의 「미운 오리 새끼」 「인어공주」가 있으며, 보헤미아의 가그(Wander Gag)의 「백만 마리 고양이」, 케빈 행크스의 「달을 먹은 아기 고양이」 등이 있다.

[그림 4-36] 미운 오리 새끼(한스 크리스티안 안데르센 원작, 제리 핑크니 글 · 그림, 2010)

귀여운 오리로 태어난 다른 형제와 달리 남달리 크고 볼품없이 태어난 미운 오리는 못생긴 외모 때문에 다른 이에게 놀림당하고 형제에게도 따돌림을 당하며 엄마에게도 외면을 당한다. 그러다가 집을 떠나 온갖 시련을 겪으면서 자라게 되는데 결국 아름다운 백조가 되어 다른 백조와 어울려 행복하게 살게 된다는 이야기다.

[그림 4-37] 인어 공주(한스 크리스티안 안데르센 글, 주성희 그림, 꿈바라기 옮김(2016)

바다 위를 한 번도 구경해 보지 못한 인어 공주는 자신의 열다섯 번째 생일에 허락을 받고 바다 위 구경을 나가게 되는데, 그때 바다 위를 항해 중이던 왕자를 보고 첫눈에 사랑에 빠진다. 그때 마침 폭풍이 일어 왕자가 탄 배는 침몰하고 인어 공주가 정신을 잃은 왕자를 구해 낸다. 인어 공주는 왕자의 곁에 있고 싶어 자신의 목소리를 마녀에게 주는 대신 사람의 몸을 얻어 왕궁에 들어간다. 그러나 왕자는 말을 하지 못하는 인어공주가 자신을 구해 준 생명의 은인이라는 사실을 알지 못한 채 이웃 나라의 공주와 결혼하게 되고, 인어공주는 슬퍼하며 바닷속으로 몸을 던져 죽게 된다는 이야기다.

옛날에 할머니와 할아버지가 너무나 적적해서 고양이 한 마리를 기르기로 하였다. 할아버지는 고양이가 수억 마리나 되는 언덕을 발견하고는 고양이가 모두 예뻐 집으로 다 데려왔다. 그러나 할머니, 할아버지는 한 마리만 기르기로 하고 집에서 살 가장 예쁜 고양이를 스스로 고르게 하였다. 결국 서로 자기가 예쁘다며 싸우고 잡아먹어 고양이는 모두 없어지고, 아무 말도 않고 가만히 있던 못생기고 비쩍 마른 고양이 한 마리만 남게 되어 할머니 할아버지는 이 고양이를 예쁘게 길렀다는 이야기다.

[그림 4-38] 백만 마리 고양이(완다 가그 글 · 그림, 강무환 옮김, 2009)

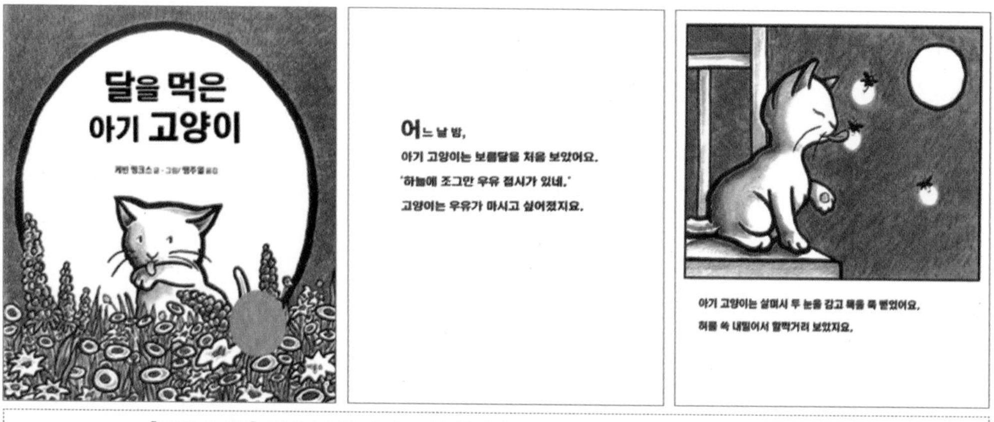

[그림 4-39] 달을 먹은 아기 고양이(케빈 헹크스 글 · 그림, 맹주열 옮김, 2005)

어느 날 밤 아기 고양이는 보름달을 처음 보고 하늘에 있는 우유 접시라고 생각한다. 고양이는 우유가 먹고 싶어 눈을 감고 혀를 내밀지만 벌레만 잡힌다. 아기 고양이는 우유 접시를 쫓아가다가 나무 꼭대기까지 올라갔는데 겁이 난 아기 고양이는 아래를 보다 연못에서 더 큰 우유 접시를 발견하고 뛰어들었다가 몸만 흠뻑 젖는다. 아기 고양이는 슬퍼하며 집으로 돌아왔는데 현관에 우유가 담긴 접시가 있었다는 이야기다.

2 순수한 상상에 의해 쓰인 환상성이 높은 환상동화

순수한 상상이나 꿈을 통해 현실에서 일어나기 어려운 환상적 사건을 만나거나 마법과 변형을 통해 자신의 모습이 바뀌거나 또는 여러 다양한 통로와 장치를 통해 미래와 과거를 자유롭게 넘나들며 현실적 시간 개념을 초월하는 이야기다. 즉, 유아가 다양한 상상의 세계를 통해 만들어진 환상성이 높은 이야기다.

대표적인 작품으로는 루이스 캐럴의 「이상한 나라의 앨리스」(1865), 제임스 배리의 「피터팬」(1904, 1906, 1911), 모리스 샌닥의 「괴물들이 사는 나라」(1963), 「깊은 밤 부엌에서」(1970), 존 버닝햄의 「구름 나라」(1996), 요코타 미노루의 「코가 늘어나는 임금님」(1983) 등이 있다.

[그림 4-40] 이상한 나라의 앨리스(루이스 캐럴 글, 유이안 그림, 2016)

어느 날 앨리스는 언니와 언덕에서 책을 읽고 있었는데 어디선가 나타난 흰 토끼를 보고 따라간다. 꿈속에서 이상한 나라에 도착한 앨리스는 몸이 작아지는 물약도 마시고, 몸이 커지는 쿠키도 먹으며 상상하지 못했던 다양한 일을 경험한다. 그러다가 나중에는 이상한 재판의 증인으로 불려 가 여왕을 화나게 하는데 그때 언니의 목소리가 들리면서 꿈에서 깨어난다는 이야기다.

[그림 4-41] 깊은 밤 부엌에서(모리스 샌닥 글 · 그림, 강무홍 옮김, 1994)

요란한 소리에 잠에서 깬 미키는 아래로 굴러 떨어지면서 옷이 벗겨지고 빵을 굽고 있는 부엌으로 떨어져 반죽 속에 빠진다. 아저씨들은 미키빵을 만들려고 반죽을 하는데 미키는 반죽을 뚫고 나오고 그 반죽을 주물러서 비행기를 만든다. 비행기를 타고 밀키웨이로 가서 밀크를 찾아내어 밀크가 필요한 아저씨들에게 따라 드리고 다시 침대로 돌아와 잠에 빠져든다. 그리고 아저씨들은 무사히 빵을 만든다는 이야기다.

[그림 4-42] 구름 나라(존 버닝햄 글 · 그림, 고승희 옮김, 1997)

앨버트네 가족은 산꼭대기에 갔는데 앨버트가 발을 헛디뎌 절벽 아래로 떨어지고 만다. 그때 구름 위에서 사는 아이들이 주문을 외워 떨어지는 앨버트를 구름 위로 받아 준다. 앨버트는 구름 위에서 친구들과 즐겁게 놀며 정말 좋은 곳이라고 생각한다. 그러던 어느 날 앨버트는 엄마, 아빠가 그리워지고 집으로 돌아가고 싶어지는데, 이때 여왕님이 주문을 거꾸로 외워 앨버트가 집으로 돌아가게 해 준다는 이야기다.

[그림 4-43] 달 사람(토미 웅거러 글 · 그림, 김정하 옮김, 1996)

달 속에 사는 달 사람은 지구 사람들과 함께 놀고 싶어서 별똥별 꼬리를 붙잡고 지구로 오게 된다. 하지만 지구로 온 달 사람은 지구 사람들을 놀라게 해서 감옥에 갇힌다. 그믐이 되자 달 사람의 몸이 점점 작아져 쇠창살을 뚫고 나올 수 있게 된다. 그리고 지구 사람들과 춤도 추고 돌아다니며 자연도 느끼지만 다시 경찰에 쫓겨 다니게 된다. 그러던 중에 우주선을 만들고 있는 과학자를 만나 달까지 무사히 돌아오게 된다는 이야기다.

[그림 4-44] 마녀 위니의 겨울(밸러리 토머스 글, 코키 폴 그림, 김중철 옮김, 1998)

겨울을 싫어하는 마녀 위니는 주문을 외워 집과 하늘을 여름으로 바꾼다. 그러자 수많은 사람이 마녀의 집 마당으로 몰려와 햇볕을 쬐고 연못에서 물장난을 한다. 거기에 아이스크림 장사까지 나타나 마녀 위니와 고양이 윌버는 발 디딜 틈이 없게 된다. 화가 난 마녀 위니는 다시 주문을 외워 겨울이 되게 하고 집 안에서 따뜻하게 편히 지낼 수 있게 된다. 그리고 겨울도 멋지다는 것을 알게 된다는 이야기다.

[그림 4-45] 꿈꾸는 윌리(앤서니 브라운 글 · 그림, 허은미 옮김, 2004)

고릴라 윌리는 영화배우가 되고, 가수가 되고, 발레리노가 되는 꿈을 꾼다. 어떤 때는 화가, 탐험가, 유명한 작가, 스쿠버 다이버가 되는 꿈도 꾸고, 어떤 때는 거인처럼 커지거나 콩알만큼 작아지는 꿈을 꾸기도 하고, 거지가 되었다가 왕이 되기도 하고, 때로는 낯선 풍경 속에 서 있거나 넓은 바다에 떠 있기도 하고, 꿈속에서 사나운 괴물이 되거나 영웅이 되기도 한다는 이야기다.

옛날 아주 작고 작은 나라에 키가 작고 뚱뚱한 임금님은 코를 주무르는 버릇이 있었는데, 나쁜 이 버릇을 고치지 못해 코가 고무줄처럼 늘어나고 말았다. 혼자서만 여행을 가고 싶었던 임금님은 어느 날 늘어나는 코를 이용해 성 밖으로 나가 꽃밭에서 나비와 재미있게 놀고 성을 빠져나갔을 때처럼 코를 이용해서 돌아온다는 이야기다.

[그림 4-46] 코가 늘어나는 임금님(요코타 미노루 글 · 그림, 이영준 옮김, 2000)

3 의인화된 동물과 장난감을 다룬 환상동화

의인화된 동물이나 장난감, 동물인형이 중심 등장인물로 나오는 이야기로서 순수한 환상동화에 비해 환상성이 낮다. 등장인물은 유아와 같은 생명과 능력을 지니고 있어서, 동물의 특성은 가지고 있으나 사람처럼 말하고 생각하고 옷을 입고 행동한다.

우리나라 작품으로 마해송이 발표한 「바위나리와 아기별」(1923)이 있으며, 외국 작품으로는 카를로 콜로디의 「피노키오」(1881), 앨런 밀른의 「아기곰 푸」(1926), 베아트릭스 포터의 「피터래빗 이야기」(1903) 등이 있다. 최근 번역된 것으로는 윌리엄 스타이그의 「치과 의사 드소토 선생님」(1995), 베르너 홀츠바르트의 「누가 내 머리에 똥 쌌어?」(2002), 권정생의 「강아지똥」(1996), 레오 리오니의 「새앙쥐와 태엽쥐」(1999), 로버트 크라우스의 「레오가 해냈어요」(2006) 등이 있다.

[그림 4-47] 치과 의사 드소토 선생님(윌리엄 스타이그 글 · 그림, 조은수 옮김, 1995)

치과 의사 드소토 선생님은 이 고치는 솜씨가 아주 좋아서 환자들이 줄을 선다. 하지만 쥐이기 때문에 쥐에게 위험한 동물은 치료하지 않았는데 여우가 엉엉 울며 찾아왔고 선생님의 조수인 부인이 치료를 해 주자며 여우를 들어오게 한다. 썩은 이를 치료하기 위해 마취약을 들이마신 여우는 의사 선생님을 잡아먹으면 맛있을 거라는 잠꼬대를 한다. 여우의 속셈을 알게 되었지만 선생님과 부인은 끝까지 치료해 주고 며칠간 이가 들러붙어 입을 벌릴 수 없게 하는 특별치료약을 발라서 위기를 모면한다는 이야기다.

[그림 4-48] 누가 내 머리에 똥 쌌어?(베르너 홀츠바르트 글, 울프 에를브루흐 그림, 2008)

작은 두더지가 땅 위로 고개를 내밀자 머리 위로 뭔가가 뚝 떨어진다. 눈이 나쁜 두더지는 주위의 동물들에게 내 머리에 똥을 쌌냐고 묻는다. 그러자 비둘기는 하얀 물똥, 말은 굵은 똥, 토끼는 콩 같은 똥, 염소는 새알 초콜릿 같은 똥, 소는 누렇고 커다란 똥, 돼지는 묽은 똥을 싸며 모두 아니라고 한다. 그때 파리로부터 개 한스가 똥을 쌌다는 얘기를 듣고 두더지는 한스의 집 위로 올라가 작고 까만 곶감 씨 같은 똥을 한스의 이마 위로 떨어뜨리고 돌아간다는 이야기다.

[그림 4-49] 강아지똥(권정생 글, 정승각 그림, 2017)

흰둥이가 누고 간 똥이 길바닥에 버려지자 참새가 더럽다며 지나가고 어미 닭도 지나간다. 강아지똥은 자신이 쓸모없다는 것을 알고 실망하여 눈물을 흘린다. 그때 앞에 있던 민들레 싹이 자신에게 고운 꽃이 필 수 있도록 거름이 되어 달라고 하고, 이 말에 강아지똥은 정말 기뻐하며 민들레 싹을 꼭 껴안고 삼일 동안 비를 맞으며 잘게 부서진다. 그리고 마침내 어느 봄날 예쁜 민들레꽃을 피우게 된다는 이야기다.

[그림 4-50] 새앙쥐와 태엽쥐(레오 리오니 글 · 그림, 이명희 옮김, 1999)

어느 집 안의 작은 구멍 속에서 위험을 피해 사는 새앙쥐가 장난감 태엽쥐 붕붕이를 만나게 된다. 은샘이의 사랑을 받는 태엽쥐가 부러운 새앙쥐는 마술사 도마뱀을 찾아가 태엽쥐가 되게 해 달라고 애원한다. 보름달이 뜰 때 보라색 조약돌을 가지고 오라는 말에 생쥐가 열심히 보라색 조약돌을 찾아다니던 어느 날, 태엽쥐가 버려진 것을 발견하게 되고 보라색 조약돌을 찾은 새앙쥐는 도마뱀을 다시 찾아가 태엽쥐가 진짜 쥐가 되게 해 달라고 한다. 그리고 진짜 쥐가 되어 돌아온 붕붕이와 생쥐는 친구가 되었다는 이야기다.

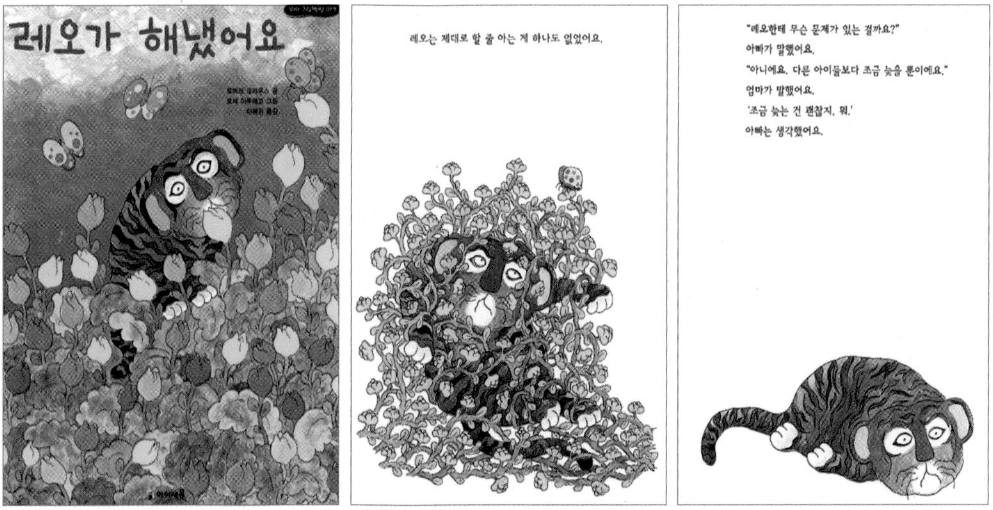

[그림 4-51] 레오가 해냈어요(로버트 크라우스 글, 호세 아루에고 그림, 이혜정 옮김, 2006)

아기 호랑이 레오는 제대로 할 줄 아는 게 하나도 없었다. 글을 읽을 줄 모르고, 그림도 그릴 줄 모르고, 음식도 흘리며 먹었다. 엄마, 아빠는 레오가 걱정이 되었지만 레오가 달라지기를 하루하루 기다리고 또 기다렸다. 드디어 겨울이 가고 봄이 된 어느 날부터 레오가 글도 읽고 그림도 그리더니 "내가 해냈어요."라는 말과 함께 달라졌다는 이야기다.

4 공상과학동화

일반 환상동화의 마술 또는 초현실적인 요소에 과학적 정보와 지식이 결합된 것으로 현실에서 실현 가능한 사건을 다룬다.

공상과학동화는 현재와는 매우 다른 기계나 과학적인 발명의 세계 속에서 이야기가 전개된다. 타임머신이나 로켓 같은 과학적인 장치나 기술적 장치에 의존하여 현재와는 다른 세계로 이동된다는 점에서 다른 유형의 환상동화와 비교할 수 있다. 공상과학동화는 과학적 지식에 기초하여 가능한 일이 충분한 상상력에 의해 쓰인 것이므로 다른 유형의 환상동화에 비해 배경에 있어서 자세한 설명이 필요하며 신뢰감을 줄 수 있어야 한다. 또한 현실 세계에는 존재하지 않는 인물이 등장하고 지구 미래의 행복 추구나 사회에 대한 언급, 비판이 주제로 나타나며 그 이야기가 실현 가능성이 있다는 점에서 다른 유형의 환상동화와 차이가 있다. 오늘날과 같은 형태의 공상과학소설의 선구자는 19세기 중엽의 베른(Jules Verne, 1828-1905)이다. 그는 근대 과학문명의 본질을 정확하게 인식하고 새로운 과학 지식, 풍부한 상상력으로 공상을 현실화했다.

[그림 4-52] 해저 2만 리(쥘 베른 글, 갈리아 번스타인 그림, 서울대학교 아동문학연구회 편, 2018)

약 100년 전에 쓰인 작품이다. 과학이 무서운 속도로 발달하고 있을 때 쥘 베른의 공상은 꽃을 피웠다. 프랑스 해양학자인 아로낙스 박사가 세상과 인연을 끊은 네모 선장과 함께 잠수함 '노틸러스호'를 타고 약 1년 동안 해저 2만 리를 누비며 체험한 일들을 기록한 이야기다.

유아를 위한 그림책으로 출판된 공상과학동화는 많지 않다. 이는 유아의 과학적 지식이 부족하기 때문이거나, 현실 세계에 대한 기본적 개념 획득도 덜 이루어진 상태에서 불안정감을 조성할 우려가 있기 때문이라고 볼 수 있다(김세희, 2000).

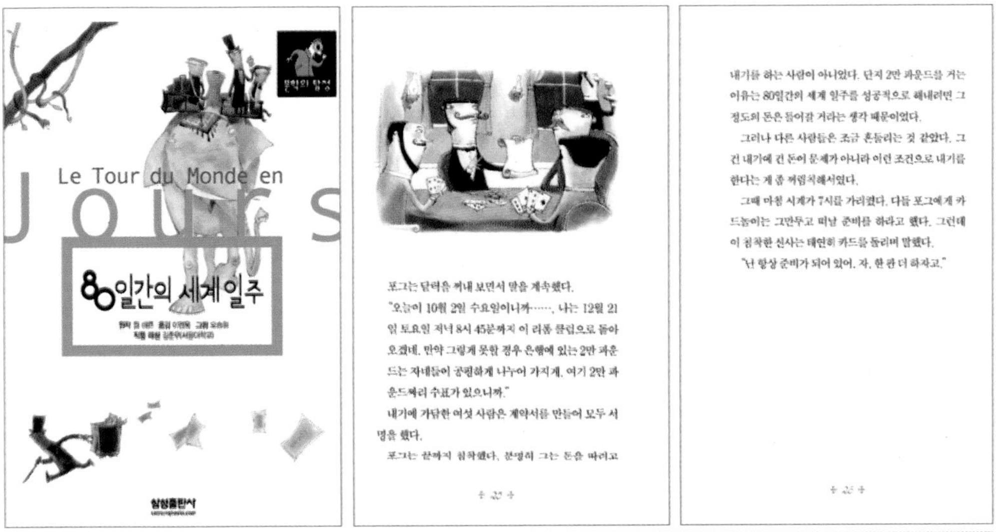

[그림 4-53] 80일간의 세계일주(쥘 베른 글, 오승철 그림, 이영옥 옮김, 2017)

냉철하고 규칙적인 습관을 가진 영국 신사 필리어스 포그는 교통수단과 통신망의 발달로 옛날보다 작아진 세계를 과학적 사고를 통해 거친 날씨와 열차의 탈선 등 예상하지 못한 사고까지 계산해서 80일 안에 일주할 수 있다고 확신한다. 포그는 자신의 믿음을 증명하기 위해 2만 달러를 걸고 하인 파스파르투와 함께 세계일주를 떠나고 온갖 모험을 한다는 이야기다.

우주여행을 소재로 한 작품으로, 인류의 폭력적 성향이 세계사에 어떤 식으로 발현될지를 상상적으로 드러내어 보여 준다. 프랑스인 미셸 아르당이 달나라로 가겠다고 자원한다. 전쟁 때 바비케인의 라이벌이던 캡틴 니콜은 이 계획에 반대하면서 결투를 신청한다. 하지만 아르당이 둘 사이의 불화를 해결하고, 자신과 함께 달 여행을 하자고 권한다. 이야기는 여행 준비와 거기에 따르는 갖가지 문제를 해결해 나가는 과정을 그리고 있다.

[그림 4-54] 지구에서 달까지(쥘 베른 글, 김석희 옮김, 2005)

2) 생활동화

(1) 생활동화의 정의

생활동화는 유아의 일상생활이나 주변 환경에서 찾은 소재를 사실적인 기법을 사용해 표현하는 동화다. 현대사회가 과학적이며 합리적인 것을 요구하게 되면서 상상적이고 비현실적인 내용을 다룬 환상동화에서 벗어난 생활동화가 등장하게 되었다. 생활동화는 유아의 경험과 주변 세계를 사실적으로 다루기 때문에 사실동화라고도 한다.

듀이(John Dewey)는 유아의 놀이 속에는 현실적인 소재가 많이 반영된다고 보고 유아에게 현실적인 소재를 다룬 이야기를 들려줄 것을 주장하였다. 이에 듀이의 영향을 받은 뱅크 스트리트 유아학교(The Bank Street School)의 미첼(Margrete Michell)은 생활동화의 필요성을 강력하게 주장하였다. 미첼은 유아의 경험, 친숙한 사물, 놀이 등에 대한 이야기를「지금 여기 이야기책(Here and Now Story Book)」(1921)으로 출판하였다. 동화 내용의 선정에서 중요한 것은 바로 '지금' 그리고 '여기'의 이야기라는 것이다. 동화의 내용으로는 유아의 경험과 주변 세계에 친숙하고 가까운 것을 선택하고, 유아가 성장함에 따라 동화의 내용과 형식이 점차 확장되어야 한다고 본다. 다시 말해서 2, 3세 정도의 유아라면 먹고 입고 자고 노는 일, 가족에 관한 이야기, 일상생활 습관 등에서 즐거움을 가지며, 4세 정도의 유아는 유아 자신을 포함해 자동차, 배, 동물, 식물 등 움직임과 변화를 보이는 개체에 관심을 보인다. 또한 5세 정도가 되면 익숙한 개념을 토대로 점차적으로 객관적인 사실에 관심을 갖는다.

생활동화는 그 소재가 다양하다. 생활동화 속에서는 환상동화처럼 요정, 왕, 왕비, 공주, 왕자가 주인공이 아니라 유아 자신이 주인공이다. 또한 놀잇감, 청결, 정리정돈, 잠버릇, 안전 등 유아의 일상생활 경험을 소재로 이야기가 전개된다.

유아를 위한 생활동화의 소재가 될 수 있는 것을 살펴보면 다음과 같다.

① 유아의 세계: 소외감, 두려움, 질투심과 같은 유아 자신의 정서적 갈등

② 유아의 가족 세계: 할아버지, 할머니, 아버지, 어머니, 형제 등의 역할, 갈

등, 사랑, 이혼, 죽음

③ 사회적 세계: 친구 사귀는 과정, 시장이나 병원에서 보았던 것, 명절 등 우리 문화에 관한 것, 장애, 신문이나 잡지에 실린 재미있고 새로운 사실

④ 자연적 세계: 동식물, 계절

(2) 생활동화의 의의

유아는 생활동화를 통해 주변 세계와 비슷한 경험을 하게 되며, 마치 자신이 동화 속 등장인물인 것처럼 느끼게 된다. 생활동화가 지닌 교육적 의의를 살펴보면 다음과 같다.

① 동화의 주제나 소재가 다양하여 유아가 직접 겪어 보지 못한 다양한 경험을 접할 수 있다.

② 유아의 현재 주변 세계 및 경험을 소재로 하기 때문에 감정이입 또는 동일시를 하기가 쉽다.

③ 생활동화 속의 등장인물이 문제를 해결해 나가는 것을 보는 것은 현실을 극복할 수 있는 용기, 자신감을 불러일으키고, 문제해결 능력을 길러 준다.

④ 생활동화 속의 등장인물을 통해 인간의 영웅적인 면보다는 제한점을 자신의 일부로서 수용하도록 하며 개성의 중요성을 배우게 한다.

유아에게 적절한 생활동화를 선택할 때에는 유아의 발달 정도와 그들의 환경, 일상생활과 관련한 친숙한 경험과 정서를 다루고 있는지 등을 고려함과 동시에 이야기의 전달 방법과 문학적인 측면도 함께 고려해야 한다.

[그림 4-55] 따로 따로 행복하게(배빗 콜 글, 고정아 옮김, 1999)

아주 귀여운 드리트리어스와 폴라의 엄마와 아빠는 서로 마음이 맞지 않고 상대방이 좋아하는 것은 더욱 싫어해서 점점 더 미워하게 된다. 게다가 서로 못살게 굴며 싸우게 되자 아이들은 자기들 때문은 아닐까 걱정을 한다. 하지만 자기들 잘못이 아니라는 것을 알게 되고, 마침내 엄마와 아빠는 끝혼식을 마치고 각자 좋아하는 것을 하며 행복하게 살게 된다는 이야기다.

[그림 4-56] 솔이의 추석 이야기(이억배 글 · 그림, 1995)

솔이네가 추석을 지내기 위해 버스를 타고 시골 할머니댁에 가는 이야기다. 사람들이 꽉 차 있고 버스는 정체되어 있다. 길이 막힌 도로에서는 사람들이 나와서 운동하고, 차 닦고, 물건을 팔고……. 드디어 시골 할머니 댁에 도착하여 마당에서 둥근 보름달을 보며 송편을 빚고 추석 날 아침에는 차례를 지낸다. 그리고 온 가족이 성묘를 갔다 오는 길에 농악대의 풍물소리에 맞춰 신나는 놀이도 한다. 다음 날 할머니가 싸 주신 음식을 들고 집으로 돌아온다.

[그림 4-57] 이슬이의 첫 심부름(쓰쓰이 요리코 글, 하야시 아키코 그림, 이명준 옮김, 1991)

다섯 살 이슬이가 우유를 사러 처음으로 혼자 심부름을 나간다. 동전 2개를 손에 꼭 쥐고, 가는 길은 이슬이에게 그리 만만치 않다. 쌩 지나가는 자전거는 피했지만 넘어져서 동전을 잃어버리기도 하고 막상 가게 앞에서는 목소리도 잘 나오지 않는다. 저도 모르게 "우유 주세요."라고 큰 소리로 외치고 나니 참았던 눈물방울이 떨어진다. 마침내 우유를 사고 거스름돈을 받아 오는데 엄마가 반갑게 마중을 나와 계신다.

[그림 4-58] 숲 속에서(김재홍 글 · 그림, 2007)

서울에서 시골로 이사 온 샘이는 읍내 가신 엄마, 아빠를 기다리며 냇가로 나간다. 동네 아이들은 냇가에서 노는데 샘이는 부끄러워 가지 못하고 집으로 돌아온다. 마당에서 그림을 그리고 소나기가 한 차례 지나가도 엄마, 아빠가 오시지 않자 다시 냇가로 나갔는데 아이들은 없고 어디선가 새소리가 들린다. 그 소리를 따라 숲으로 들어갔는데 새는 보이지 않고 넘어져 무서움에 울어 버린다. 냇가에 있던 아이들이 와서 샘이를 반겨 주고 내일은 재미있게 놀기로 약속한다.

[그림 4-59] 민수야 힘내!(아오키 미치요 글, 하마다 케이코 그림, 이영준 옮김, 2019)

혼자서는 서거나 걷지도 못하고 말도 제대로 하지 못하는 신체장애를 가진 민수라는 아이가 있다. 친구들이 하나둘씩 호두나무 아래 모여 '고양이 방석' 놀이를 하며 놀다가 민수가 나무에 올라가도록 돕는다. 민수는 처음으로 나무에 오르게 되고, 민수의 감동은 모두에게 전파되어 다 같이 감격에 벅차오르게 된다는 이야기다.

[그림 4-60] 예슬이 엄마 이름은 구티엔(임희옥 글, 김충식 그림, 2012)

은지반에 새 친구가 전학 왔는데 은지네 5층에 이사 온 예슬이다. 은지 엄마는 예슬이가 좀 '이상하게' 생겼다는 은지의 말을 듣고 먼저 연락하여 예슬이와 예슬이 엄마를 초대한다. 은지 엄마는 은지에게 예슬이가 '이상한게' 아니라 '다른' 것이라며 설명해 주고, 그 뒤 엄마들의 노력으로 서로의 문화를 이해하고 사이좋은 이웃이 되어 간다는 내용의 이야기다.

3) 전기

(1) 전기의 정의 및 의의

전기(biography)는 과거에 존재한 특별한 실재 인물, 즉 개인의 생애를 다룬 비허구적인 이야기다. 즉, 역사적 사실과 사건을 기초로 사실에 대해 해석하고 재창조하여 쓰인다.

전기는 상상이 아닌 특정 시대와 장소 속에서 정치 · 과학 · 예술 분야에서 역사적 사건으로 부각된 특정 인물을 다룬다. 전기의 주제는 반드시 교훈적이어야 할 필요는 없지만 의미가 있고 건전해야 한다. 또한 주제는 등장인물의 성격에 대한 작가의 관점을 뚜렷하게 드러나게 해 주는 것이어야 한다.

한 개인의 일생을 다룬 전기는 다음과 같은 교육적 의의를 가진다.

① 전기는 실제의 인물에 관한 이야기이므로 인물을 동일시하는 경향이 있어 희망, 정열, 고통, 비극, 기쁨, 재미, 웃음 등에 대해 배우게 된다.
② 간접 경험을 통해 인간에 대한 이해의 폭을 넓히게 된다.
③ 잠재능력을 개발하려는 노력을 하게 된다.
④ 행동 모델을 보여 주기 때문에 앞으로의 살아갈 자세와 가치관을 배우게 된다.

(2) 전기의 종류

전기의 종류에는 인물의 일생 전부를 그린 완전한 전기(complete biographies), 한 인물의 일생 중 어느 한 시기와 양상이나 개인의 특별한 주제에 초점을 두고 쓰인 부분적 전기(partial biographies), 공통점을 가진 몇 사람의 일생을 간단하게 다룬 집합적 · 수집적 전기(collective biographies)가 있다.

[그림 4-61] 그림 그리는 아이 김홍도(정하섭 글, 유진희 그림, 2002)

자신의 꿈을 잃지 않는 김홍도의 어린 시절 이야기를 담은 책이다. 김홍도는 서당에서 꾸벅꾸벅 졸고 동네에서는 장난을 잘 치는 개구쟁이였는데 화가인 외삼촌의 그림을 보고 멋진 그림을 그리는 사람이 되고 싶어 틈만 나면 돌과 나무에 그림을 그린다. 아버지의 반대가 심했지만 외삼촌이 준 종이와 붓으로 그림을 그려 아버지께도 인정을 받는다. 김홍도는 우리 이웃의 정다운 모습을 많이 그려 지금까지도 사랑을 받고 있다.

[그림 4-62] 프리다 칼로(이사벨 산체스 베가라 글, 지판엥 그림, 2018)

열정의 나라 멕시코의 화가 프리다 칼로가 장애를 딛고 화가로 성공한 이야기다. 프리다 칼로는 여섯 살에 소아마비에 걸려 오랫동안 누워 지내야 했다. 교통사고로 거의 죽을 뻔했고 오랫동안 병원에서 지낸 후에는 지팡이를 짚고 걸어야 하고 늘 몸이 아프다. 하지만 프리다는 울거나 투덜대는 대신 다른 누구의 그림도 흉내 내지 않고 자신만의 그림을 그린다. 그리고 세계가 알아주는 화가로 영원히 잠들지 않는 진짜 화가가 되었다.

6. 지식정보책

1) 지식정보책의 정의

유아가 살고 있는 실제 세계를 보여 주고 주변에서 볼 수 있는 물체나 흥미로운 대상에 대한 정보와 지식을 전해 주는 책을 지식정보책(informational book) 또는 지식책이라고 한다. 아주 어린 유아를 위한 지식정보책의 경우는 그림과 명칭만이 제시되기도 하므로 산문 또는 운문의 범주 중 어느 한쪽에 포함하여 분류하기가 어렵다.

유아는 호기심이 왕성하여 주변 세계를 탐험하고 무엇인가를 발견하려고 하며 '알려고' 책을 읽는다. 지식정보책은 유아에게 많은 정보와 지식을 줌으로써 그들의 호기심을 충족하며 대상에 대한 이해를 확장한다.

지식정보책은 특정 분야의 정확한 지식 전달을 목적으로 하는데, 그러한 지식은 세대에 따라 바뀔 수 있다. 또한 지식정보책은 그 소재가 단순하여 지식정보책이 유아문학의 한 장르로 들어갈 수 있는가에 대해 많은 논란이 있다. 하지만 스미스(James Smith, 1977)는 문학적 가치가 있고 삽화가 적절히 게재되며 표현된 어휘가 유아의 발달 수준에 맞으며 흥미를 충족한다면 유아문학의 장르에 넣을 수 있다고 하였다. 또한 정확한 지식, 명확한 설명, 만족할 수 있는 표현력의 세 가지는 모든 지식정보책이 가져야 할 핵심적인 조건이다.

유아를 위한 지식정보책은 글자, 수, 단순한 개념(색, 크기, 모양), 동식물, 교통기관, 우주, 성(性), 전통문화, 역사 등의 다양한 소재를 다룬다.

2) 지식정보책의 의의

지식정보책은 다음과 같은 교육적 의의를 가진다.

① 주변 세계에 대한 유아의 질문에 대답한다.

② 유아의 비판적 사고의 출발점이 된다.

③ 유아가 더 많은 질문에 자극받고, 더 많은 답을 찾도록 하여 끊임없이 연구하도록 격려한다.

④ 유아의 개념 발달을 돕는다.

바르게 선정된 좋은 지식정보책을 접하게 될 때, 유아는 세상에 대한 호기심과 비판적 사고, 과학적 사고, 진리 탐구에 대한 자세를 배우게 된다.

[그림 4-63] 한지돌이(이종철 글, 이춘길 그림, 1999)

자기와 친구들(붓, 먹, 벼루)을 소개한 다음, 종이가 없던 선사시대와 역사시대 기록 매체의 발달을 보여 주면서 종이의 발명 과정도 알려 준다. 또한 우리 전통 한지 만드는 방법을 순서대로 이해하기 쉽게 명료하게 정리하였다. 그리고 쓰고 그리는 것뿐만 아니라 방에서 쓰는 물건부터 집에서 쓰는 물건까지 우리 전통 한지 공예품을 한지돌이는 자기 자랑하듯 얘기한다.

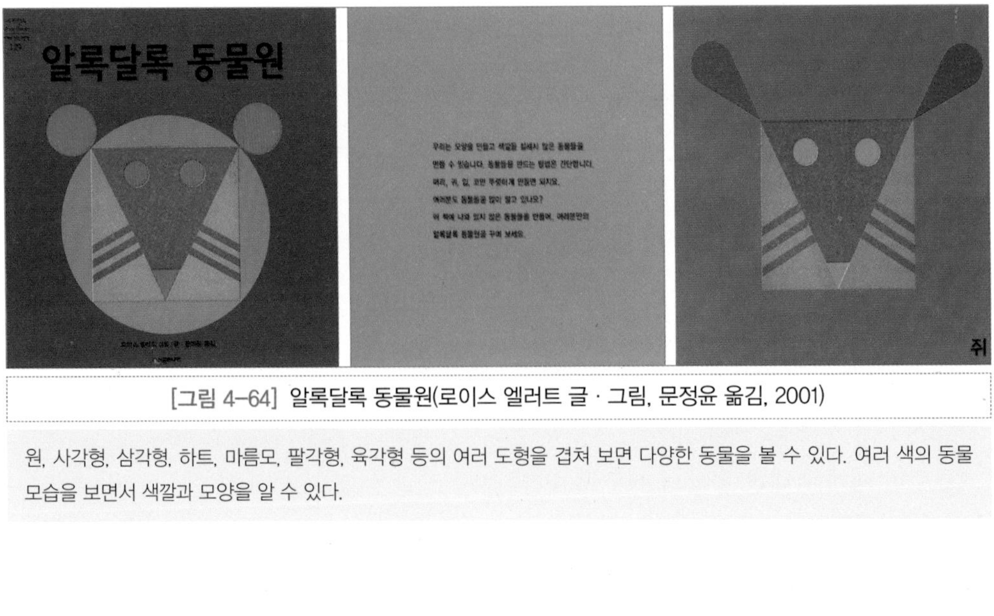

[그림 4-64] 알록달록 동물원(로이스 엘러트 글 · 그림, 문정윤 옮김, 2001)

원, 사각형, 삼각형, 하트, 마름모, 팔각형, 육각형 등의 여러 도형을 겹쳐 보면 다양한 동물을 볼 수 있다. 여러 색의 동물 모습을 보면서 색깔과 모양을 알 수 있다.

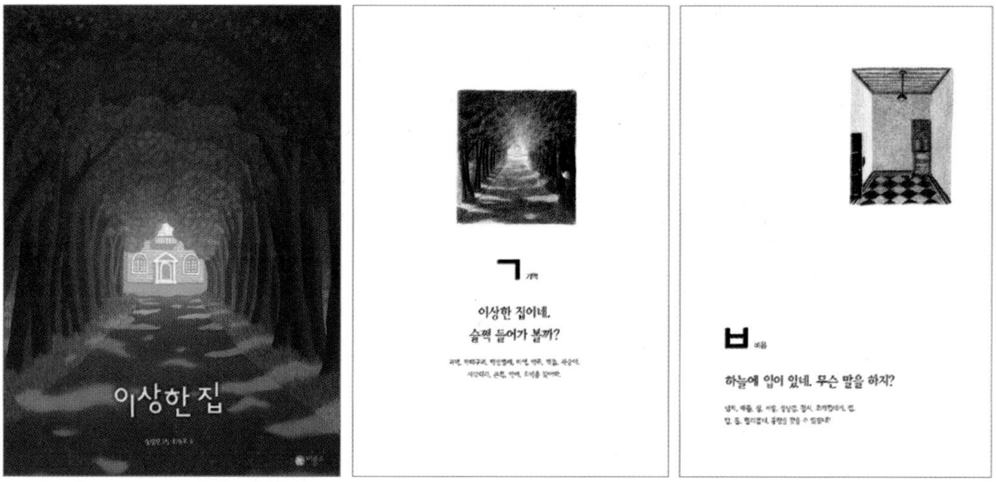

[그림 4-65] 이상한 집(최승호 글, 송명진 그림, 2004)

숲속에 이상한 집 안을 구경하면서 낱말을 찾아보는 형식으로 글자를 알려 준다. '기역'의 과녁, 딱따구리, 미역 등, '니은'의 커튼, 계단, 문어 등, '디귿'의 돋보기, 숟가락 등, '리을'의 동굴, 거미줄, 깃털, 돌고래 등, '미음'의 고드름, 고슴도치, 나침반 등, '비읍'의 하늘, 넙치, 매듭 등, '시옷'의 깃발, 깃털 등, '이응'의 창밖, 고등어, 공룡 등, '지읒'의 낮, 달맞이꽃, 벚꽃 등, '치읓'의 꽃신, 꽃병 등, '키읔'의 부엌, 부엌칼, 해질녘 등, '티읕'의 모래밭, 꽃밭, 곁가지 등을 모두 집 안에서 찾아볼 수 있다.

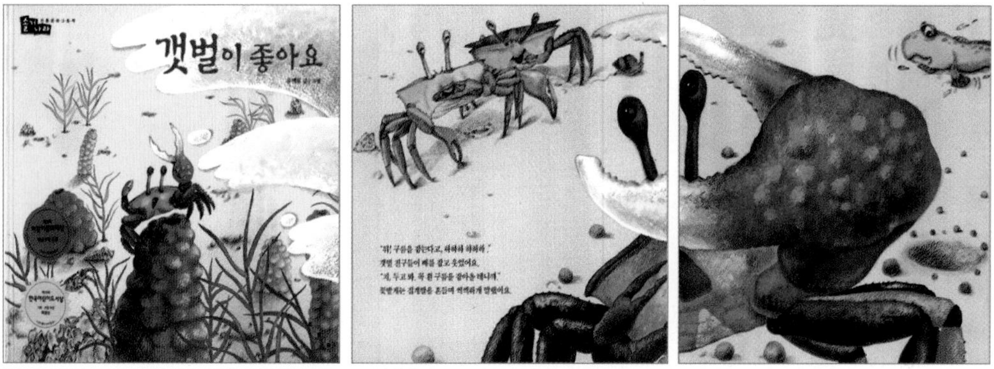

[그림 4-66] 갯벌이 좋아요(유애로 글 · 그림, 2006)

넓은 갯벌에 꽃발게가 나와 바다 끝의 흰 구름을 잡으러 모험을 떠난다. 망둥이와 따개비가 놀리고 물새에게 잡힐 뻔하지만 용감하게 떠난다. 그러다가 갯벌 위로 바닷물이 차오르자 바닷속으로 들어가 여러 친구도 만나고 신기한 바닷속도 구경한다. 작은 물고기를 잡아먹으려는 쏨뱅이를 물리친 꽃발게는 구름보다 갯벌이 좋다는 생각을 하고 갯벌로 돌아간다.

[그림 4-67] 세상을 담은 그림지도(김향금 글, 최숙희 그림, 배우성 감수, 2004)

아주 먼 옛날 사람들은 먹을거리를 잘 찾고 길을 잃지 않기 위해 평평한 나무토막 위에 사냥터 가는 길을 그렸는데 이것이 지도의 시작이다. 지도를 그릴 때는 누구든지 정확히 알 수 있도록 거리도 정확하게 재어서 어느 방향으로 얼마만큼 가야 할지도 알 수 있어야 한다. 김정호가 만든 대동여지도는 지금의 우리나라 모습과 아주 비슷하고, 우리 동네 지도에는 우리 동네가 다 들어 있다. 지도에는 세상이 들어 있고 그 가운데 내가 있다.

[그림 4-68] 왜 땅으로 떨어질까?(곽영직 글, 김유대 그림, 2006)

나뭇잎이 우수수 아래로 떨어지고, 하늘 높이 던진 공도 아래로 떨어지고, 꽃잎도 비도, 사과도 눈도 아래로 떨어지고, 우리와 반대쪽에 사는 곳에서도 아래도 떨어진다. 지구 위 어느 곳이든 지구의 한가운데를 향해 떨어진다. 지구는 자석처럼 중력이 있어서 모든 것을 끌어당긴다. 태양은 지구를, 지구는 태양을 끌어당기고 하늘의 별들도 서로서로 끌어당기고 작은 힘이지만 엄마도 아빠도 나도 끌어당기고 있다는 이야기다.

[그림 4-69] 너랑 나랑 뭐가 다르지?(빅토리아 파시니 글 · 그림, 김소희 역, 2002)

남자아이가 더 멋있을까? 여자아이가 더 멋있을까? 남자와 여자는 서로 다를 뿐 둘 다 멋있다. 몸은 어떻게 다른지, 성장하면서 어떻게 다르게 변하는지, 사랑에 빠지면 어떤 마음이 되는지, 또 어떤 행동과 말을 하게 되는지 알려 주고 서로의 다름이 살아가는 데 얼마나 소중한지를 알게 해 주는 이야기다.

작품목록

곽영직 글, 김유대 그림(2006). 왜 땅으로 떨어질까? 서울: 웅진주니어.

권정생 글, 정승각 그림(2017). 강아지똥. 서울: 길벗어린이.

그림 형제 원작, 김사라, 박나래 그림, 꿈바라기 옮김(2016). 빨간 모자. 서울: 한국가우스.

그림 형제 원작, 당커르루 그림, 김지수 옮김(2015). 브레멘 음악대. 서울: 삼성출판사.

그림 형제 원작, 신유미 그림(2020). 늑대와 일곱 마리 아기 양. 서울: 아들과 딸.

김미혜 글, 최민오 그림(2011). 좁쌀 한 톨로 장가가기. 서울: 국민서관.

김세실 글, 엘레나 스베타에바 그림(2006). 생강빵 아이. 서울: 시공주니어.

김재홍 글 · 그림(2007). 숲 속에서. 서울: 길벗어린이.

김향금 글, 김동성 그림(2009). 고구려를 세운 영웅 주몽. 서울: 웅진주니어(웅진닷컴).

김향금 글, 최숙희 그림, 배우성 감수(2004). 세상을 담은 그림지도. 서울: 보림.

동화랑 글, 유설화 그림(2015). 개와 고양이. 서울: 키움북스.

디즈니 글 · 그림(2017). 백설공주. 서울: 꿈꾸는 달팽이.

라퐁텐 원작, 김세실 글, 김혜란 그림(2016). 서울쥐의 집으로 놀러간 시골쥐. 서울: 북큐레이터.

레오 리오니 글 · 그림, 이명희 옮김(1999). 새앙쥐와 태엽쥐. 서울: 마루벌.

로버트 크라우스 글, 호세 아루에고 그림, 이혜정 옮김(2006). 레오가 해냈어요. 서울: 아이

세움.
로이스 엘러트 글 · 그림, 문정윤 옮김(2001). 알록달록 동물원. 서울: 시공사.
루이스 캐럴 글, 유이안 그림(2016). 이상한 나라의 앨리스. 서울: 한국가우스.
모니카 도뻬르뜨 그림, 김성조 옮김(2001). 토끼코는 왜 움쭐거릴까요? 서울: 한림출판사.
모리스 샌닥 글 · 그림, 강무홍 옮김(1994). 깊은 밤 부엌에서. 서울: 시공주니어.
모리스 샌닥 글 · 그림, 강무홍 옮김(2002). 괴물들이 사는 나라. 서울: 시공사.
박수연 글, 여기 그림(2015). 혹부리 영감 혹 뗐다! 서울: 키즈엠.
박신식 글, 김창희 그림(2018). 빨강 부채 파랑 부채. 서울: 하루놀.
배빗 콜 지음, 고정아 옮김(1999). 따로 따로 행복하게. 서울: 보림.
백은영 글, 신경란 그림(2015). 견우와 직녀. 서울: 지구별.
밸러리 토머스 글, 코키 폴 그림, 김중철 옮김(1998). 마녀 위니의 겨울. 서울: 비룡소.
베르너 홀츠 바르트 글, 울프 예를브루흐 그림(2008). 누가 내 머리에 똥 쌌어? 서울: 사계절.
빅토리아 파시니 글 · 그림, 김소희 역(2002). 너랑 나랑 뭐가 다르지? 서울: 비룡소.
샤를 페로 원작, 김경화 글, 김상현 그림(2014). 장화 신은 고양이. 서울: 여원미디어.
샤를 페로 원작, 홍혜경 글, 정소영 그림(2014). 신데렐라. 서울: 한국 톨스토이.
서정오 글, 한지희 그림(1997). 임금님 귀는 당나귀 귀. 서울: 보리출판사.
소중애 글, 송혜선 그림(2016). 우렁이 각시. 서울: 비룡소.
쓰쓰이 요리코 글, 하야시 아키코 그림, 이명준 옮김(1991). 이슬이의 첫 심부름. 서울: 한림출판사.
아오키 미치요 글, 하마다 케이코 그림, 이영준 옮김(2019). 민수야 힘내! 서울: 한림출판사.
알릭세이 톨스토이 글, 헬린 옥슨버리 그림, 박향주 옮김(2017). 커다란 순무. 서울: 시공사.
앤서니 브라운 글 · 그림, 허은미 옮김(2004). 꿈꾸는 윌리. 서울: 웅진주니어.
에우게니 M. 라초프 그림, 배은경 역(2015). 장갑. 서울: 한림출판사.
완다 가그 글 · 그림, 강무환 옮김(2009). 백만 마리 고양이. 서울: 시공주니어.
요코타 미노루 글 · 그림, 이영준 옮김(2000). 코가 늘어나는 임금님. 서울: 한림출판사.
원유순 글, 김세현 그림(2016). 반쪽이. 서울: 한국 톨스토이.
윌리엄 스타이그 글 · 그림, 조은수 옮김(1995). 치과의사 드소토 선생님. 서울: 비룡소.
유애로 글 · 그림(2006). 갯벌이 좋아요. 서울: 보림.
이사벨 산체스 베가라 글, 지판엥 그림(2018). 프리다 칼로. 서울: 달리.
이솝 원작, 양현주 그림(2017). 토끼와 거북이. 서울: 그린키즈.
이솝 원작, 엄혜숙 글, 한병오 그림(2014). 여우와 두루미. 서울: 파랑새 어린이.
이억배 글 · 그림(1995). 솔이의 추석 이야기. 서울: 길벗어린이.

이인영 글, 최은희 그림(2016). 먹보 장군. 서울: 한국 톨스토이.
이종철 글, 이춘길 그림(1999). 한지돌이. 서울: 보림.
이형구 글, 홍성찬 그림(2007). 단군신화. 서울: 보림.
이혜리 역, 에드 브라이언 그림(2016). 잭과 콩나무. 서울: 사파리.
임동권 글·감수, 류재수 그림(1998). 자장자장 엄마품에. 서울: 한림출판사.
임희옥 글, 김충식 그림(2012). 예슬이 엄마 이름은 구티엔. 서울: 아이코리아.
정승각 글·그림(1999). 까막나라에서 온 삽사리. 서울: 통나무.
정하섭 글, 유진희 그림(2002). 그림 그리는 아이 김홍도. 서울: 보림.
정해왕 글, 김도연 그림(2016). 박혁거세. 서울: 현암사.
제이콥스 원작, 정재은 글, 이용선 그림(2016). 아기 돼지 삼 형제. 서울: 글송이.
조호상 글, 오승민 그림(2013). 며느리 방귀 복방귀. 서울: 국민서관.
존 버닝햄 글·그림, 고승희 옮김(1997). 구름 나라. 서울: 비룡소.
쥘 베른 글, 갈리아 번스타인 그림(2018). 해저 2만 리. 서울대학교 아동문학연구회 편.
쥘 베른 글, 김석희 옮김(2005). 지구에서 달까지. 서울: 열림원.
쥘 베른 글, 오승철 그림, 이영옥 옮김(2017). 80일간의 세계일주. 서울: 삼성출판사.
최승호 글, 송명진 그림(2004). 이상한 집. 서울: 비룡소.
케빈 행크스 글·그림, 맹주열 옮김(2005). 달을 먹은 아기 고양이. 서울: 비룡소.
토미 웅거러 글·그림, 김정하 옮김(1996). 달 사람. 서울: 비룡소.
폴 갤돈 글·그림, 허은실 옮김(2019). 곰 세 마리. 서울: 보림.
필립 예나인 지음, 김혜숙 옮김(1997). (생각하는 미술 3) 색. 서울: 마루벌.
한스 크리스티안 안데르센 글, 주성희 그림, 꿈바라기 옮김(2016). 인어공주. 서울: 한국 가우스.
한스 크리스티안 안데르센 원작, 제리 핑크니 글·그림(2010). 미운 오리 새끼. 서울: 별천지.
한해숙 글, 조민경 그림(2016). 콩쥐 팥쥐. 서울: 애플트리태일즈.

참고문헌

강문희, 이혜상(2008). 아동문학교육(2판). 서울: 학지사.

김세희(1988). 아시아 전래동화의 분석. 이화여자대학교 대학원 석사학위논문.

김세희(1994). 한국 전래동요에 대한 유아의 선호도 분석. 이화여자대학교 대학원 박사학위논문.

김세희(2000). 유아교사를 위한 유아문학교육. 서울: 양서원.

김세희, 현은자(1995). 어린이의 세계와 그림이야기책. 서울: 양서원.

김세희, 현은자(1996). 전래동화와 이솝우화의 인물에 대한 유아의 반응. 유아교육연구, 16(2), 5-25.

김인애(1991). 한국 전래동화의 연구: 모티브 분류와 동화의 해석. 중앙대학교 대학원 석사학위논문.

김현희, 박상희(2008). 유아문학: 이론과 적용. 서울: 학지사.

김희경(1992). 명작동화의 매력. 서울: 교문사.

박춘식(1987). 아동문학의 이론과 실제. 서울: 학문사.

박화목(1982). 신아동문학론. 서울: 보이스사.

서정숙, 남규(2020). 유아문학교육. 서울: 창지사.

석용원(1982). 동화구연의 이론과 실기. 서울: 백록출판사.

석용원(1992). 아동문학원론(2판). 서울: 학연사.

신현득(1988). 동요 · 동시의 현황과 문제점. 동요 · 동시의 재발견. 서울: 한국현대 아동문학가협회.

심향분(1996). 이솝우화의 아동문학 교육적 가치에 관한 연구. 성균관대학교 대학원 석사학위논문.

어효선(1972). 전래동화의 문제점: 교육의 영향을 중심하여. 김요섭 편, 전래동화의 세계. 서울: 보진재.

여영택(1977). 전래동화의 이모저모. 서울: 아동문학평론사.

이경우, 이상금, 이은화, 박혜경(1995). 5개국 전래동요에 관한 연구. 서울: 창지사.

이상금, 장영희(1986). 유아문학론. 서울: 교문사.

이송은(2018). 유아문학교육의 이론과 실제. 서울: 창지사.

이재철(1978). 한국현대아동문학사. 서울: 일지사.

장덕순(1972a). 동요와 시의 전망. 김요섭 편, 전래동요의 구조. 서울: 보진재.

장덕순(1972b). 전래동화의 세계. 김요섭 편, 전래동화의 세계. 서울: 보진재.

전남련(1999). 유아와 함께 하는 동시 모음집. 서울: 양서원.

전원범(1995). 한국전래동요연구. 서울: 바들산.

최지훈(1986). 서사동시론: 박성만의 「지금 싸움이 한창 급하니」. 아동문학평론, 38.

한국어린이 문학교육연구회(1999). 환상 그림책으로의 여행. 서울: 다음세대.

한상수(1972). 전래동화의 민중의식과 형식. 김요섭 편, 전래동화의 세계. 서울: 보진재.

松居直(2003). 어린이와 그림책(2판, 이상금 편역). 서울: 샘터사.

Arbuthnot, M. H., & Sutherland, Z. (1991). *Children and books* (8th ed.). New York: Harper Collins Publisher.

Dewey, J. (1956). *The school and society and the child and the curriculum*. Chicago: University of Chicago Press.

Glazer, J. (1981). Literature for young children. Columbus, OH: Charles E. Meril.

Hazard, P. (1999). 책, 어린이, 어른(햇살과 나무꾼 역). 서울: 시공사.

Jalongo, M. R. (1988). *Young children and picture book: Literature from infancy to six.* Washington, DC: NAEYC.

Luken, R. J. (1995). *A critical handbook of children's literature.* New York: Harper Collins College.

McMath, M. A., King, M. A., & Smith, W. E. (1998). Young children, question and nonfiction books. *Early Childhood Education Journal, 26*(1), 19-27.

Mitchell, L. S. (1921). *Here and Now Story Book: Two through Seven-year-olds*. New York: E. P. Dutton & Company.

Nelson, M. A. (1972). *A comparative anthology of children's literature.* New York: Holt, Rinehart & Winston.

Norton, D. E. (1987). *Through the eyes of a child: An introduction to children's literature.* Columbus, OH: Merrill Publishing.

Potter, B. (1897). *The tale of Peter Rabbit.* London: Warne.

Purves, A. C., & Monson, D. L. (1984). *Experiencing children's literature.* Glenview, IL: Scott, Foresman and Co.

Rose, K. (1982). *Teaching language arts to children.* New York: Harcourt Brace Jovanovich.

Russell, D. L. (1994). *Literature for children: A short introduction.* New York: Longman.

Smith, J. A., & Dorothy, M. P. (1977). *Word music and word magic: Children's literature methods*. Boston: Allyn & Bacon.

Smith, L. H. (1998). **아동문학론**(김요섭 역). 서울: 교학연구사. (원저는 1953년 출간)

Townsend, J. R. (1996). **어린이 책의 역사**(강무홍 역). 서울: 시공사. (원저는 1995년 출간)

제5장

유아문학작품의 선택 기준

21세기를 맞이하여 수많은 유아문학작품이 쏟아져 나오면서 유아문학은 바야흐로 전성기를 맞이하고 있는 듯 보인다. 유아도서를 출판하는 출판사가 늘어나고 그림책에 대한 관심이 높아지면서 완성도 높은 책이 많이 출판되고 있다. 문학작품과 관련된 경험은 작가와 독자의 소통 과정이며 매우 사적인 경험이지만(정미라, 2016), 출판되는 수많은 책 중에서 유아 스스로 작품을 선택하는 것이 어려운 만큼, 교사나 부모가 좋은 책을 선정하는 나름대로의 기준을 가져야 한다.

이에 이경우, 장영희, 이차숙, 노영희, 현은자(1997)는 유아가 좋은 책을 보아야 할 권리가 있고, 유아의 기호와 선호도를 고려해야 하지만 스스로 좋은 책을 선택할 수 있는 분별력과 판단력이 부족하고, 출판된 모든 책을 다 읽어 주거나 살 수 있는 시간적 · 경제적 여유가 부족하기 때문에 좋은 책을 선정하는 기준이 필요하다고 하였다. 홀더웨이(D. Holdaway)에 따르면 좋은 책이란 "유아가 반복해서 읽는 책"이며, 버틀러(Y. G. Butler)는 "유아가 즐길 수 있는 문학적 경험을 가진 책이다."라고 주장하였다(Bromly, 1996). 자롱고(Jalongo, 1988)에 따르면 내용이 쉽게 이해되고, 유아의 정서적 반응을 쉽게 끌어내며, 유아가 상상할 수 있는 여지가 있고, 세상이나 자신을 전체적으로 돌아볼 수 있게 하는 책이 좋은 책이다. 또한 브롬리(K. D. Bromly)는 좋은 책의 특성으로 우수성, 영속성, 개인적인 호소력이 있어야 한다고 주장하였는데, 우수성이란 독특하고 흥미 있는 요소를 말하며, 영속성이란 기억하기 쉽고 오래 읽히는 것을 말하고, 개인적 호소력이란 독자의 경험 및 개념과 연관됨을 뜻한다(이경우, 2001).

좋은 유아도서의 기준은 장르에 따라 달라져야 하지만 전체적으로 그림책에서 가장 존중하여야 할 요소는 동심이고, 그림책에 내포된 동심과 판타지가 글과 그림에 균형 있게 녹아 있어야 한다(김현희, 1996). 한 개인의 문학적 취향을 발달시키고 후일의 의욕적인 독서 습관을 형성하도록 돕는다는 점에서 유아기의 기초적인 문학 경험은 매우 중요하다. 그런데 유아기의 기초적인 문학 경험은 주변의 성인에 의해, 또는 문자 이외의 그림이나 그 밖의 다양한 매체를 통한 간접적인 방법으로 제공된다. 따라서 유아교사나 학부모는 어느 시기보다도 유아기의 문학작품 선택에 신중하여야 하며 그 책임 또한 매우 크다고 하겠다(서정숙, 남규, 2020).

이에 이 장에서는 유아를 위한 문학작품 선택 시 고려하여야 할 요인에 대해 살펴보고자 한다.

1. 균형의 고려

유아를 위한 문학작품을 선택할 때 균형을 고려하는 것은 매우 중요하다. 이것은 시대, 내용, 형식 면에서 균형 있게 다양한 문학작품을 유아에게 제공하고 접하게 한다는 것을 의미한다(김세희, 2000).

첫째, 시대 면에서의 균형을 고려한다는 것은 오래된 문학(고전적 작품)과 새로운 문학(현대적 작품)을 어느 한편에 치중되지 않게 고루 제공하는 것이다. 즉, 전래문학과 창작문학을 균형 있게 유아에게 제공해야 한다는 의미인데, 이상금과 장영희(2001)에 따르면 한겨레의 문화적인 유산은 오래된 것과 새로운 것이 결합한 것이기 때문이다.

둘째, 내용 면에서의 균형을 고려한다는 것은 현실적인 문학과 환상적인 문학을 고루 제공하는 것이다. 즉, 생활동화와 지식정보책에 해당하는 현실문학과 환상문학을 같은 비중으로 유아에게 제공해야 한다는 의미다. 몬테소리(Maria Montessori)는 공상적인 요소란 현실과 유대가 끊어진 정신의 산물이라고 보면서, 상상적인 이야기가 유아를 현실에서 이탈되도록 조장한다고 비판하였다. 이에 비해 베틀하임(Bruno Bettelheim)은 환상 동화가 유아의 상상력을 길러 줄 뿐 아니라 그들이 갖고 있는 공포감을 극복하고 더 나아가 희망을 준다고 적극 지지한 바 있다. 이야기를 듣는 유아는 이야기 자체가 실제적으로 일어나는 외부의 사건이 아니라 비밀스러운 소망과 열망의 내적 영역임을 이해할 수 있다고 보았는데, 예를 들어 「헨젤과 그레텔」은 격리에 대한 어린이의 공포를 다루면서 그 해결책을 제시한 것이라고 보았다(이상금, 장영희, 2001). 유아에게는 현실적인 세계를 다룬 작품뿐 아니라 현실적인 세계를 벗어난 환상의 세계, 모험과 소망으로 가득 찬 상상의 세계를 다룬 작품도 균형 있게 제공하여야 한다.

셋째, 형식 면에서의 균형을 고려한다는 것은 운문으로 된 작품과 산문으로 된 작품을 고르게 제공하는 것이다. 즉, 운문으로 된 전래동요와 동시, 산문으로 된 전래동화와 창작동화를 균형 있게 제공해야 한다는 의미다.

이 밖에 외국의 문학과 우리나라의 문학을 다양하게 접할 수 있도록 균형을 고려해야 한다. 외국에서 출판되는 많은 책이 한국에서 판권을 얻어 출판되면서 다양한 외국 문화에 대한 간접 체험의 제공이란 의미를 찾을 수 있으나, 외국 작품에 치중되지 않고 우리나라 작품과 균형을 이루어 제공해야 할 것이다.

이상에서 살펴보았듯이 유아에게 시대, 내용, 형식 및 문화의 측면에서 균형을 고려하여 문학작품을 제공한다면, 유아는 각 문학작품이 주는 다양한 맛과 깊이를 수용할 수 있는 능력의 기초를 다져 나갈 수 있을 것이다.

2. 작품 성격의 고려

컬리넌과 갤다(Cullinan & Galda, 1994), 브롬리(1996)는 나이 어린 유아가 책을 그림으로 읽는 특성을 고려하여 좋은 그림책의 기준을 두 가지로 제안한 바 있다. 즉, 그림책에 있는 삽화가 좋아야 하고 이야기(내용)의 질이 좋아야 한다는 것이다.

러셀(Rusell, 1991)도 그림책의 구성 요소를 크게 이야기와 그림으로 나누고, 좋은 그림책인지 평가하기 위해서는 그 각각의 요소를 평가해 보아야 한다고 하였다. 그에 따르면 이야기에 대해서는 주제, 플롯, 등장인물, 문체 등 문학적 요소를 고려해야 하며, 그림에서는 예술적 요소, 예술적 양식, 예술적 매개체 등 그림의 예술성을 고려해야 한다. 또한 김세희와 현은자(1995)에 따르면 유아를 위한 그림책의 경우 내용의 교육성도 중요한 선택 기준에 포함하여야 한다.

1) 이야기의 문학성

자롱고(1988)는 주제, 구성, 인물 등의 문학적 요소를 효과적으로 사용하였는지 살펴보아야 한다고 주장하였다. 즉, 문학적 가치가 있는 작품을 선택하는 기준으로 다음의 네 가지를 제시한다.

(1) 적절한 주제인가

이야기의 주제(theme)는 그 작품을 힘차고 긴장감 있게 해 주는 요소다. 명확한 주제는 특히 유아에게 흥미를 유지하고 결과를 예상해 보는 과정을 갖게 한다. 「오늘은 무슨 날」(데이지 세타 글, 하야시 아키코 그림, 1995)은 가족을 주제로 한 작품으로 부모님의 결혼 기념일을 맞아 집 안 여기저기에 쪽지를 숨겨 놓은 슬기의 이야기다. 쪽지를 모두 모아 첫 글자를 읽어 보면 '엄마, 아빠 결혼 기념일 축하'라는 문장이 된다. 온 가족이 함께 모여 슬기가 쪽지를 숨겨 놓은 장소, 쪽지에 쓰인 내용을 예측해 보며 흥미진진하게 볼 수 있다. 이처럼 유아는 복합적인 주제보다 단일한 주제에 더 흥미를 갖는다(이상금, 장영희, 2001).

(2) 생동감 있는 구성인가

구성(plot)은 이야기 속의 줄거리나 줄거리에 나오는 여러 가지 사건을 통일성 있게 짜는 기술이며, 이야기 속에서 일어나는 일과 사건이 전개되는 순서다.

잘 쓰인 작품의 구성은 우리의 흥미를 불러일으키는 갈등, 긴장감, 줄거리를 잘 만들어 낸다. 줄거리를 전개해 가는 구성의 형식에는 단선적 형식, 누적적 형식, 연쇄적 형식, 순환적 형식이 있다.

단선적 형식은 시간의 흐름에 따라 순서적으로 이야기가 전개되는 것으로, 예를 들면 「심심해서 그랬어」(윤구병 글, 이태수 그림, 1997)를 들 수 있다. 엄마, 아빠가 밭 매러 간 사이 집을 보던 돌이는 염소 고삐도 풀어 주고, 토끼장도 열어 주고, 돼지우리도 열어 준다. 신이 난 동물들이 호박밭, 고추밭, 배추밭으로 몰려다니며 밭을 엉망으로 만든다. 돌아온 엄마, 아빠가 동물들을 우리에 집어넣는다는 이야기다.

누적적 형식은 비슷한 사건이 반복되는데 시간이 흐르면서 새로운 요소가 첨가되는 형식이다. 사건이나 대화가 반복되지만 사건 사이에 인과관계가 없어서 중간의 어느 사건이 빠져도 줄거리 진행에 영향을 주지 않는 경우다. 「커다란 순무」(알렉세이 톨스토이 글, 헬렌 옥스버리 그림, 2000)를 예로 들 수 있다. 커다란 순무를 혼자 뽑을 수 없었던 할아버지가 할머니, 손녀, 개, 고양이, 쥐를 차례로 불러 같이 뽑았다는 이야기다.

연쇄적 형식은 하나의 행위가 원인이 되어 다음 행위가 이어지는 형식으로, 「좁쌀 한 톨로 장가가기」(최은규 글, 전병준 그림, 2007)를 예로 들 수 있다. 좁쌀 한 톨을 들고 집을 나선 총각이 주막에 하루 묵으면서 좁쌀을 주인에게 맡기자, 다음 날 주인은 좁쌀 대신 쥐를 잡아 주고, 쥐 대신 고양이를, 고양이 대신 송아지를 주고, 총각은 송아지 대신 주인집 아가씨와 결혼하게 되었다는 이야기다.

순환적 형식은 비슷한 사건이 반복되다가 원점으로 돌아가는 경우다. 「쥐의 결혼」(오자와 도시오 글, 가나이다 에쓰코 그림, 2010)이 좋은 예다. 쥐 부부가 세상에서 제일 힘센 사윗감을 고르기 위해 해님, 구름, 바람, 벽에게 가서 사윗감이 되어 주기를 청하나 모두 제일 힘센 사윗감은 아니라고 한다. 결국 가장 힘센 사윗감은 벽을 이빨로 갉아서 구멍을 낼 수 있는 쥐임을 깨닫는다는 내용이다.

김세희(2000)에 따르면 좋은 그림책의 구성이나 줄거리는 단순하지만 잘 만들어진 이야기의 요구 조건, 즉 명확한 시작, 절정, 결말이 있어야 한다.

(3) 매력적인 인물이 있는가

좋은 그림책 속의 인물(character)은 인간이든 동물이든 어린이다운 성격을 가지고 있다. 그들은 유아가 쉽게 동일시하고 공감할 수 있는 인물이며 오랫동안 기억될 만한 인물이다(김세희, 2000). 유아는 지나치게 판에 박힌 훌륭하고 모범적인 모습의 주인공보다 독특하고 살아 있는 것 같은 생동감을 주고 자신들과 비슷한 주인공(예: 거짓말을 하는 피노키오)을 더 오랫동안 기억하고 사랑하게 된다.

(4) 독특한 문체인가

문체(style)는 이야기를 표현하는 언어 사용 방식으로 한 문장을 이루는 말의 순서나 어휘의 선택 등을 말한다(서정숙, 1999). 유아는 특별히 소리와 단어의 뉘앙스에 민감하게 반응하는데, 좋은 작가는 항상 이 점을 배려하여 작품을 쓴다(Turker, 1981). 문체란 작가가 선택한 단어의 총체로서 작품을 쉽게 읽게 하되 유아에게 좌절을 주지 않으면서 적절히 도전적인 것이 좋다. 또한 유아의 수준에서 이해할 수 있는 어휘를 사용하여야 한다(김정원, 전선옥, 이연규, 2019). 읽지 못하는 어린이를 위해 성인은 그림책을 어린이에게 특별히 큰 목소리로 잘 읽어주어야 한다. 이러한 이유로 내적으로 재미있는 언어, 내적인 리듬감과 장단을 가진 언어를 사용하여야 한다. 우리나라 말의 내적 리듬감은 글자, 단어, 구절, 문장의 반복과 의성어, 의태어에서 생겨난다(김세희, 2000). 유아는 대체로 리듬이 있고, 흉내를 낼 만한 의성어나 장면이 있는 그림책을 좋아한다. 예를 들어, 「아저씨 우산」(사노 요코 글 · 그림, 1996)의 '퐁포로롱' '핏짱짱'과 같이 비가 우산에 떨어지는 소리나 「난 토마토 절대 안 먹어」(로렌 차일드 글 · 그림, 2001)의 '오렌지 뽕가지 뽕' '달 치익 쏴'와 같은 리듬이 있는 말을 좋아한다. 그림책은 최대한 간결한 문장과 대화, 정확하고 경쾌한 언어로 쓰는 것이 바람직하며, 우리말의 아름다움을 살리고 의성어, 의태어 등을 많이 쓰는 것이 유아에게 즐거움을 준다. 호기심을 불러일으켜 사고력을 활성화해 주는 의문문형이나 창의력과 상상력을 자극하는 세련된 언어로 표현하는 것이 바람직하다(김현희, 박상희, 2016).

2) 그림의 예술성

그림책은 그림과 이야기의 조화로운 연합에 의하여 그 작품의 문학성과 예술성이 결정되기 때문에 그 자체가 훌륭한 미술작품이어야 한다.

일러스트레이터는 색이나 선, 공간, 형태, 구도와 조망 등의 미술적 요소와 재현주의, 인상주의, 만화, 민속그림 등의 미술 양식, 그리고 그림물감 기법이나 필사 기법(나무나 금속판화를 활용하는 기법), 몽타주와 콜라주, 사진 등의 기법을 통해 그림책에서 드러내고자 하는 것을 표현한다. 어떤 그림책은 글과 그림을 한 사람이 만드는 경우가 있고, 또 어떤 그림책은 글과 그림을 서로 다른 사람이 맡아서 하는 경우가 있다. 그러나 중요한 것은 글과 그림을 같은 사람이 만들었는지 여부가 아니라 일러스트레이터가 미술적 요소나 미술 양식, 기법 등 여러 미술적 능력을 가지고 자신의 생각을 얼마나 잘 드러냈느냐다. 각 장별 그림 간에 최소한의 통일성이 있어야 하고, 글과 조화를 이루는 예술작품이 되어야 한다(서정숙, 1999).

자롱고(1988)는 그림책의 그림에 대한 다음의 여덟 가지 평가 기준을 제시하였다.

- 그림과 글이 통일된 의미를 가지는가?
- 그림이 전달하는 분위기가 이야기의 분위기를 보완하는가?
- 그림의 세부 묘사가 글과 일치하는가?
- 유아가 그림을 봄으로써 기본 개념이나 이야기 줄거리를 알게 되는가?
- 그림이나 사진에서 아름다움을 느낄 수 있는가?
- 인쇄(명확성, 형태, 선, 사진)가 양질의 것인가?
- 어린이가 그림을 보면 볼수록 더 많은 것을 느끼고 알게 되는가?
- 그림의 스타일과 복잡성이 유아의 연령 수준에 맞는가?

한편, 아부스넛(Arbuthnot, 1972)에 따르면 훌륭한 삽화는 다음 다섯 가지 기준에 부합해야 한다(이상금, 장영희, 2001, 재인용).

- 그림은 원문을 진실하게 표현해야 한다.
- 그림은 원문과 동시성(일치성)을 가져야 한다.
- 유아는 역동적인 사건의 진행을 좋아하듯이 움직임이 표현된 그림을 좋아한다.
- 유아는 밝은색을 좋아하지만 그 소재에 따라 어두운색이나 흑색, 백색 등의 적절한 조화도 좋아한다.
- 세부적인 묘사도 훌륭해야 한다.

유아가 폭넓은 예술적 양식과 다양한 매체와 기법을 활용한 작품을 경험하도록 해 주어야 한다. 현재 일러스트레이터가 매우 다양한 매체와 다양한 기법을 동원함으로써 그림책의 그림은 점점 작품 전시장, 실험실이 되고 있다. 이러한 다양한 그림이 있는 그림책은 유아에게 접하게 할 경우 유아의 심미적 감상력을 길러 줄 수 있다는 점에서 가치가 크다(김세희, 2000).

3) 내용의 교육성

일반문학은 영역이 광범위하여 비도덕적이거나 비정상적인 내용을 포함할 수 있지만, 유아문학은 미성숙한 유아를 대상으로 한다는 점에서 작품의 선택 시 다루어지는 내용에 대한 교육적 측면을 고려해야 한다. 미성숙한 유아를 대상으로 한다는 점에서 유아문학은 선한 내용을 다루어야 한다. 즉, 내용에 있어서 교육성을 갖춘 것을 선택해야 한다. 그러나 교육적이라는 말은 종종 오해를 불러일으키기도 하는데, 그것은 '인위적이고 의도적으로 정수만을 뽑아내어 주입하는'과 같은 의미로 사용하는 등 오해를 불러일으키기도 한다. 즉, 지식 위주의 내용만을 뽑아낸 교과서와 같은 교재를 가지고 그것을 유아가 다 알아야 한다는 전제하에 그 내용을 유아에게 가르치는 것만을 교육으로 보는 견해다. 그러나 교육성은 교훈성을 의미하는 것은 아니다(김세희, 2000). 교육적인 그림책이란 유아가 즐거움을 경험하고 긍정적인 세계관과 책을 사랑하는 태도를 가지도록 도우며 자아존중감, 심미감, 호기심 등을 충족시킬 수 있고(김정원, 전선옥, 이연규, 2019), 마치 농축된 영양제처럼 정제된 지식이 담겨 있는 교과서와는 달리 우리가 살고 있는 인간 세계와 자연 세계, 상상의 세계가 저자와 일러스트레이터의 독창적인 예술적 해석에 의해 잘 나타나 있는 그림책이다(서정숙, 1999).

많은 부모가 그림책을 고를 때 반드시 교훈이 들어가거나 적어도 지식, 정보를 포함한 것을 우선하여 선택하는 경향이 있다. 그러나 유아가 그림책을 볼 때 얻는 가장 큰 이득은 즐거움과 기쁨이다. 유아를 위한 문학작품의 교육성이란 문학의 본질에 충실하며 유아의 발달 특성에 적절하고 교훈을 직접적으로 가르치거나 지식과 정보를 주입하는 것이 아니라 감동을 주는 것이어야 한다(김세희, 2000).

3. 발달적 적합성의 고려

유아를 위한 문학작품의 선택에서도 발달적으로 적절한지 반드시 고려하여야 한다(Jalongo, 1988). 우선 유아의 연령에 따라 그 시기의 일반적인 발달 특성에 부합한 작품을 선택해야 한다. 가령 컬리넌과 갤다(1994)에 따르면 영아에게는 입으로 물거나 던져도 좋은 견고하고 안전한 책이 적당하며, 전조작기 유아는 동물이 주인공으로 나오는 이야기나 전래동화가 적당하다. 주변 환경으로서 그림책을 되도록 빨리 아기에게 제공하는 것은 바람직하나, 부모의 말소리, 노랫소리나 부모의 얼굴을 대신하여 그림책을 아기에게 들이대는 것은 현명하지 않다. 아기가 부모의 소리나 모습에 익숙해지는 6개월 정도까지는 아기에 대한 즉각적인 반응과 더불어 부모와의 상호작용이 그림책 보여 주기보다 중요하기 때문이다. 최근 출판되는 그림책에는 그 책을 읽을 수 있는 연령이 적혀 있는 경우가 많다. 그러나 그것은 일반적인 유아의 독서 수준을 고려한 것이기 때문에 유아의 개인차에 대한 이해가 필요하다. 즉, 연령적 적절성 이외에 각 유아의 발달 수준, 문학적 경험의 양식과 정도, 흥미 등 개별적 적절성을 고려하여야 한다. 특별히 어린 유아를 위한 두꺼운 종이로 된 책, 사물의 그림과 함께 단어를 보여 주는 책, 감각을 사용하는 책, 수 세기를 위한 책을 제외하고는 많은 그림책을 연령에 상관없이 선택할 수 있다. 따라서 그림책에 제시된 연령(발달 수준) 정보는 그림책의 선정에서 절대적인 것은 아니라는 사실을 염두에 두어야 한다.

4. 기타 기준

1) 문학 장르별 선택 기준

(1) 환상동화의 선택 기준

김현희와 박상희(2016)는 환상동화를 선택하는 기준을 다음과 같이 제시하였다.

① 환상동화의 주인공은 개성이 강하고 목적 지향적이며, 인물 묘사가 잘되어 있어 환상적인 상황 속으로 들어갈 수 있도록 해야 한다.
② 환상동화는 생활의 보편성에 근거해야 하며 실제와 연결되어 있어야 한다. 따라서 배경과 주인공에 대한 일관성 있고 신뢰할 만한 묘사가 필요하다.
③ 환상동화의 사건은 논리적 일관성과 전후 관련성을 가져야 한다. 과거, 현재, 미래를 순서적으로 다룰 필요는 없으나 우리의 시간 개념 속에서 이루어져야 한다.
④ 환상동화의 언어는 고풍스러운 옛말이나 친숙하지 않은 언어일 수도 있으나 창조된 세계나 시간을 가리킬 수 있어야 한다.
⑤ 환상동화의 결말은 항상 해피엔딩일 필요는 없으며 한 가지 이상의 결말에 대한 가능성을 포함해야 한다.
⑥ 환상동화의 내용은 독창적이고 상상력이 풍부해야 한다.

(2) 전기의 선택 기준

서덜랜드와 아부스넛(Sutherland & Arbuthnot, 1991)은 전기를 선택하는 기준을 다음과 같이 제시하였다.

① 역사: 출처가 분명한 자료를 통해 정확성, 신빙성(anthenticity), 객관성을 지녀야 한다.
② 인물: 전형적인 모범형이 아닌 하나의 개인 인격체로 여겨져야 한다.
③ 문학적 예술품: 순수한 역사적 사실만의 기록이 아닌 다른 문학작품처럼 등장인물과 주제가 있으며, 주제와 형식의 조화가 있어야 한다.

(3) 지식정보책의 선택 기준

지식정보책을 선택하는 기준은 다음과 같다.

① 유아의 호기심을 만족시키면서 유아가 스스로 지식을 확장하고 탐구해 나가도록 해야 한다.
② 정확한 지식을 전달하면서도 나름대로 서정적인 단순성이나 연령이 낮은 책에서 볼 수 있는 리듬감, 독특한 문체를 보여야 한다.
③ 유아는 문자보다 그림에 의해서 더 많은 양의 구체적인 정보를 받아들이기 때문에 그림이나 도표와 삽화가 적절한 조화를 이루어야 한다.
④ 지식정보책은 유아가 이해하기 쉽게 단순화하고 풀어 써야 한다. 복잡하고 추상적인 이론을 구체적인 사례를 통해 설명하여 대상에 대한 개념이 생기도록 한다.

(4) 동시의 선택 기준

유아에게 시가 주는 즐거움을 제공하고자 한다면, 가능한 한 다양한 종류의 시를 접하게 하여야 한다. 그러나 유아를 위해 적절한 시를 선택하고자 할 때는 다음 사항을 고려해야 한다(Smith & Parker, 1977).

① 유아가 좋아하는 시여야 한다.
② 유아의 경험 자체가 될 수 있는 정직하고 진실한 표현이 담겨야 한다.
③ 동시의 소재, 문체, 형식 등에서 독창성을 지녀야 한다.
④ 유아가 정서적인 공감대를 형성할 수 있어야 한다.

⑤ 동화 시(narrative poems)는 적절한 주제, 생동감 있는 구성, 기억될 만한 주인공, 독특한 문체 등을 갖추어야 한다.
⑥ 언어의 리듬과 음악성이 담겨 있어야 한다.
⑦ 동적인 묘사가 분명하고 정확하며 상상력이 풍부한 언어로 되어 있어야 한다.
⑧ 동시를 읽었을 때 기쁨을 누릴 수 있어야 한다.

2) 번역과 관련된 문제

유아에게 소개되는 그림책에는 외국 작품을 번역한 것이 많다. 번역 작품의 경우 원작 이야기의 주제와 구성이 올바르게 번역되었는지, 우리 사회의 가치관과 일치하는 내용인지, 유아가 공감할 수 있는 정서를 담고 있는지, 우리의 언어로 자연스럽게 재화되었는지를 살펴보아야 한다(김소양, 이경화, 채종옥, 2001).

총체적 언어와 문학적 접근의 영향으로 인해 좋은 책을 사용한 통합적 접근이 확산되고 있으나, 상품화된 번역 그림책 중에는 '문학'이라는 미명하에 좋은 작품이 개작되어 그 본래의 뜻을 잃는 경우도 있다. 즉, 많은 이야기가 수정 · 생략되며 특히 잘 알려진 작가의 이야기가 간략화되어 소개되기 때문에 작가의 의도와는 달리 기초 독본이 되어 버리기도 한다는 것이다. 그 결과, 이야기의 줄거리가 바뀌고 자연스러운 언어의 흐름이 막히며 감정의 질이 바뀌고 흥미 있는 내용이 삭제되고 자연성을 잃게 된다(이경우, 장영희, 이차숙, 노영희, 현은자, 1997).

이경우 등(1997)은 창작동화 중에서 책제목이 그럴싸하고 겉표지는 좋지만 책장을 넘겨 보면 세계적으로 잘 알려진 유명한 책의 제목만 바꾸어 마음대로 요약 · 번역한, 원저작의 가치를 떨어뜨린 책이 많다고 주장하였다. 번역의 문제와 관련된 또 하나의 문제는 마음대로 번역하고 요약한 책일수록 판권 없이 만들어진 경우가 많다는 것이다. 다행히 최근에는 국내 어린이 그림책 전문출판사들의 노력으로 판권을 얻고 성실한 자세로 책을 만들어 번역 수준을 높여 나가고 있다.

3) 반편견과 관련된 문제

더불어 사는 사회에서 성(남, 여), 장애(비장애인, 장애인), 연령(노인, 어린이, 젊은이), 종교, 가족 구성(이혼가정, 재혼가정) 등에 관련지어 각각의 문화를 대변하는 그림책은 유아에게 서로의 문화를 이해하도록 돕는다. 자롱고(1988) 또한 이야기가 인종이나 성역할 고정관념을 보이는지 고려해야 한다고 강조하였다.

그러나 그림책을 포함한 유아문학작품을 살펴보면 성, 장애에 대한 선입견과 편견 등으로 인해 왜곡된 내용과 그림으로 된 작품이 다수 있다. 다문화를 추구하는 현대사회에서 그림책을 만드는 사람들은 이러한 오류에서 벗어나려는 노력을 해야 할 것이며, 모든 유아가 여아든, 남아든, 비장애아든, 장애아든 간에 서로를 이해하고 인간적으로 더불어 함께 사는 사회가 되도록 도와주어야 할 것이다(김세희, 2000). 성역할에 관해서는 그림책에 남자와 여자가 균형 있게 등장하는지, 어른 남자와 어른 여자를 전통적이 아닌 다양한 직업(예: 여자 의사, 남자 간호사 등)을 가진 것으로 묘사했는지, 편견을 포함한 단어를 사용했는지(예: '여자가……') 등을 살펴본다. 장애인이 묘사된 그림책에서는 장애인이 정상인과 다양한 상호작용을 보여 주는지, 장애인을 불쌍하다고 느끼게 하는 것보다 수용하고 격려하도록 돕는지 등을 살펴보아야 한다.

4) 문학상 수상 작품

아직 글을 읽지 못하는 유아는 책에 있는 그림을 보고 이해하는 동안 이미 알고 있는 사실에 근거하여 지식을 구성해 나간다. 좋은 그림은 유아에게 기쁨을 주고 이해의 폭을 넓혀 준다. 유아 그림책의 가치를 인식한 학자, 미술가, 문학가, 언어학자, 심리-언어학자는 그림책의 질적 수준, 문학적 수준, 학습의 효과를 위해 여러 가지로 노력을 해 왔다. 그중 하나의 노력은 좋은 그림책에 상을 주는 것이다(이경우, 2001). 최근에는 국내외에서 문학상을 수상한 많은 도서가 양질의 책으로 번역 · 출판되어 판매되고 있다.

수많은 책이 번역되어 출판되는 현재 상황에서 교사나 부모가 좋은 책에 대한 정확한 지식을 가지고 있고, 또 좋은 책에 주어지는 여러 가지 상에 대해 정확히 파악할 수 있다면 그림책을 선택하는 데 도움이 될 것이다.

유아 그림책에 대한 권위 있는 상으로는 우리나라에는 한국어린이 도서상, 황금도깨비상 등이 있고, 공모전 형태의 보림창작 공모전, 한국 안데르센상 등이 있다. 외국에는 뉴베리상, 칼데콧상, 한스 크리스티안 안데르센상, 케이트 그린 어웨이상, 볼로냐 라가치상 등이 있다.

(1) 우리나라의 유아도서상

1 한국어린이 도서상

1947년에 출범한 대한출판문화협회가 1980년에 제정하여 계속 주관해 오고 있다. 이 한국어린이 도서상의 본상은 문화체육관광부 장관이 수여한다. 수상 부문도 일러스트레이션, 저작, 기획 · 편집, 특별상 등으로 나뉜다(http://www.openkid.co.kr). 2002년 제23회 수상작으로 일러스트레이션 부문에 「수염 할아버지」(이상교 글, 한성옥 그림, 보림, 2001), 저작 부문에 「주강현의 우리 문화 1, 2」(주강현 글, 아이세움, 2002)가 선정되었다. 2009년 제30회 일러스트레이션 부문에서는 「강아지」(현덕 글, 장호 그림, 길벗어린이, 2009)가 선정되었고 저작 부문에서는 「욕 시험」(박선미 글, 장경혜 그림, 보리, 2009), 기획 · 편집 부문에서는 「한글이 된 친구들」(이호백 글 · 그림, 재미마주, 2008)이 선정되었고 2009년 30회를 마지막으로 2010년 폐지되었다(유미, 2012).

2 황금도깨비상

도서출판 비룡소가 주관하는 상으로 국내 아동문학에 새로운 힘을 불어넣고 발전을 도모하고자 1992년부터 시작되었다. 그림책 원고와 장편동화로 나누어 심사한다(http://www.bir.co.kr). 2008년 제14회 그림책 부문 수상작은 「입이 똥꼬에게」(박경효 글 · 그림, 비룡소, 2008), 2012년 제18회 그림책 부문 수상작은 「행복한 두더지」(김명석, 비룡소, 2012)였고, 2019년 그림책 부문 대상은 「이상한 하루」(연수, 비룡소, 2019)가 수상하였다.

(2) 외국의 유아도서상

1 뉴베리상

뉴베리상(The John Newberry Medal)은 미국도서관협회(American Library Association: ALA)가 매년 전해에 출판된 아동도서 중에서 뛰어난 작품의 작가에게 수여하는 상이다. 뉴베리상은 아동문학도 시나 희곡, 소설 등과 같은 평가를 받을 수 있도록 하자는 취지에서 18세기 영국 출판업자인 존 뉴베리의 이름을 따서 제정한 상이다. 1922년부터 시작된 뉴베리상은 미국 아동문학에 가장 지대한 공헌을 한 작품의 작가에게 수여된다. 뉴베리상은 각각의 수상작 외에도 거의 비슷한 수준으로 경합을 벌인 서너 개의 작품에도 아너상을 부여한다(http://www.bir.co.kr). 대표 작품으로는 1983년 수상한 「치과 의사 드소토 선생님」(윌리엄 스타이그 글 · 그림, 조은수 옮김, 비룡소, 1995), 2004년 「생쥐기사 데스페로」(케이트 디카밀로 글, 티모시 비질시림 그림, 비룡소, 2005), 2012년 수상작 「사이공에서 앨라배마까지」(탕하라이 글, 흩날림 그림, 김난령 옮김, 한림출판사, 2013)가 있다. 2020년 수상작으로 국내에 출판된 작품으로는 「뉴키드」(제리 크래프트 글 · 그림, 조고은 옮김, 보물창고, 2020)가 있다.

2 칼데콧상

뉴베리상이 생기고 나서 그림책의 그림을 그리는 작가에 대한 관심도 점점 높아졌다. 그 결과 1937년부터 19세기 영국 일러스트레이터인 랜돌프 칼데콧의 이름을 딴 칼데콧상(The Caldecott Medal)이 만들어졌다. 미국도서관협회(ALA)는 매년 여름 미국 내에서 전해에 출판된 가장 뛰어난 그림책의 일러스트레이터에게 이 상을 수여하는데, 상의 종류로는 칼데콧상(Caldecott Medal)과 칼데콧 아너상(Caldecott Honor)이 있다. 칼데콧상은 가장 뛰어난 삽화를 그린 1명의 작가에게 수여되고, 칼데콧 아너상은 그다음 가는 작품에 주는 상으로 여러 명의 작가에게 수여된다(장혜순, 1997). 대표 작품으로는 1964년 칼데콧상을 수상한 「괴물들이 사는 나라」(모리스 샌닥 글 · 그림, 강무홍 옮김, 시공사, 2000), 2000년 칼데콧상을 수상한 「요셉의 작고 낡은 오버코트가…?」(심스 태백 글 · 그림, 김정희 옮김,

베틀북, 2000), 2000년 아너상을 수상한「쏘피가 화나면–정말, 정말 화나면…」(몰리 뱅 글 · 그림, 이은화 옮김, 케이 유니버스, 2000), 2001년 아너상을 수상한「그래도 엄마는 너를 사랑한단다」(이언 포그너 글 · 그림, 서애경 옮김, 중앙출판사, 2001) 등이 있다. 최근 수상작으로는 2011년「아빠, 더 읽어 주세요」(데이비드 에르라스테인 글 · 그림, 김세실 옮김, 시공사, 2011), 2012년 글 없는 그림책인「빨강 파랑 강아지공」(크리스 라쉬카 그림, 지양사, 2012),「할아버지의 이야기 나무」(레인 스미스 글 · 그림, 김경연 옮김, 문학동네, 2011) 등이 있다. 2020년 수상작으로 국내에 출판된 작품으로는「곰이 강을 따라갔을 때」(리차드 티모리스 글, 르웬 팜 그림, 이상희 옮김, 소원나무, 2020)가 있다.

③ 한스 크리스티안 안데르센상

한스 크리스티안 안데르센상(The Hans Christian Anderson Medal)은 작은 노벨상이라고도 불릴 만큼 국제적으로 공인된 영예로운 상이다(장혜순, 1997). 덴마크가 낳은 세계적인 동화작가 안데르센의 이름을 따서 1956년부터 국제어린이도서위원회(International Board on Books for Young People: IBBY)에서 전 세계 아동문학 작가와 일러스트레이터에게 수여하는 국제적인 상이다. 1956년 이래 2년마다 각국에서 발표된 우수작품을 심사하여 그중 최우수작 1점에 대해 대상을 수여하고 있다. 심사와 시상은 1951년 스위스에서 창립된 청소년국제도서위원회 주최로 동 협회의 각국(65개국) 지부에서 추천한 도서를 대상으로 행해지고 있다. 우리나라 작가로는「파도야 놀자」(비룡소, 2009),「그림자 놀이」(비룡소, 2010) 등의 작품을 발표한 이수지 작가가 2016년에 처음으로 그림 분야 최종 후보에 오르기도 했다(연합뉴스 김보경 기자, 2016. 2. 2.). 대표 작품으로 1980년 수상한「수호의 하얀 말」(오츠카 유우조 글, 아카바 수에키치 그림, 이영준 옮김, 한림출판사, 2001), 2006년 수상작「날아라 꼬마 지빠귀야」(볼프 에를브루흐 글 · 그림, 김경연 옮김, 웅진씽크빅, 2006) 등이 있다.

④ 케이트 그린어웨이상

케이트 그린어웨이상(The Kate Greenaway Medal)은 미국의 칼데콧상과 같은 종류로 영국 도서관협회(Library Association)와 청소년 도서단체가 영국에서 출판된 아동도서와 일러스트레이션 중 가장 뛰어난 작품에 대해 매년 여름 수여한다. 이 상은 19세기 영국의 유명 여성일러스트레이터인 케이트 그린어웨이의 이름을 따서 1956년에 제정하였다. 대표 작품으로는 1971년 수상작인「검피아저씨의 뱃놀이」(존 버닝햄 글 · 그림, 이주령 옮김, 시공사, 1996), 1983년 수상작인「고릴라」(엔터니 브라운 글 · 그림, 장은수 옮김, 비룡소, 1998), 1988년 수상작인「잠이 안 오니, 작은 곰아?」(마틴 워델 글, 바바라 퍼스 그림, 이지현 옮김, 비룡소, 1997), 2000년 수상작인「난 토마토 절대 안 먹어」(로렌 차일드 글 · 그림, 조은수 옮김, 국민서관, 2001), 2010년 수상작인「이젠 안녕」(마거릿 와일드 글, 프레야 블랙우드 그림, 천미나 옮김, 책과콩나무, 2010)이 있다. 최근 2017년 수상작으로 국내에 출판된 작품으로는「친구가 있어, 앞으로 앞으로!」(레인 스미스 글 · 그림, 김경연 옮김, 문학동네, 2017), 2018년 수상작으로는「바닷가 탄광마을」(죠앤 슈워츠 글 · 시드니 스미스 그림, 김영성 옮김, 국민서관, 2017)이 있다.

5 볼로냐 라가치상

매년 봄 이탈리아 볼로냐에서 아동도서 및 소프트웨어 출판 행사가 개최되는데, 이 도서 전시회는 세계아동도서 출판시장의 흐름을 읽을 수 있는 행사로 많은 출판인의 높은 관심을 받아 왔다. 이 도서전시회에서는 매년 볼로냐 라가치상(BolognaRagazzi Award)을 수여해 왔는데, 픽션, 논픽션 부문에서 대상을 각 1편씩 선정하며 뉴호라이즌, 오페라 프리마 등을 합친 총 4개 부문에서 우수상을 2~3편씩 선정한다(연합뉴스, 2013. 3. 15.). 우리나라에서는 처음으로 1997년에 어린이책 전문서점 초방과 도서출판 재미마주가 부스를 설치하여 진출하였다. 우리나라 작품 중 2006년「마법에 걸린 병」(고경숙 글 · 그림, 재미마주, 2005)이 픽션 부문 우수상을, 2009년「미술관에서 만난 수학」(마중물 글, 김윤주 그림, 여원미디어, 2009)이 논픽션 부문 우수상을, 2010년「석굴암」(김미혜 글, 최미란 그림, 웅진주니어, 2010)이 픽션 부문 우수상을, 그리고 2012년「그리미의 하얀 캔버스」(이현주 글 · 그림, 상 그라픽아트, 2011)가 오페라 프리마 부문 우수상을 수상했다. 2011년에는「마음의 집」(김희경 글, 이보나 흐미엘레프스카 그림, 창비, 2010)이 논픽션 부문 대상을 수상하였고 2013년에는 「눈」(이보나 흐미엘레프스카 글 · 그림, 창비, 2012)이 픽션 부문 대상을 수상하는 등 폴란드 출신 작가와 한국 출판사가 공동 작업하여 우리나라 책이 두 번이나 대상을 수상하는 쾌거를 이루기도 하였다. 2019년에는 「그림자 하나」(채승연, 반달, 2018), 2020년에는 「삼거리 양복점」(안재선 글 · 그림, 웅진주니어, 2000)이 오페라 프리마 부문에서 수상하였고 「할머니를 위한 자장가」(이보나 흐미엘레프스카 글 · 그림, 비룡소, 2000)도 2020년 뉴호라이즌 부문에서 수상하였다.

그 외에도 단일 작품이 아닌 한 작가의 작품 전체를 평가하는 상도 있다. 그림책 「구름빵」으로 유명한 백희나 작가가 2020년 한국 작가로는 처음으로 아스트리드 린드그렌상 수상의 영예를 안았다(이호건, 2020. 5. 22). 아동문학계의 노벨상이라고 일컫는 아스트리드 린드그렌상은 스웨덴 정부가 2002년 만들었으며, 「삐삐 롱스타킹」을 쓴 스웨덴의 유명 작가 아스트리드 린드그렌의 정신을 기리면서 어린이를 위한 작가를 상대로 수상자를 선정해 왔다.

이경우(2000)는 칼데콧상과 볼로냐 라가치상을 받은 그림책이 다문화 이해에 도움이 되며, 유아의 심미적인 감각과 상상력 발달에 적합하며, 우리나라 교육과정에도 통합적으로 사용 가능하다고 주장하였다.

좋은 그림책 선정 기준을 안 후, 실제로 그림책을 선정하는 과정에서 도서관에 가서 유아와 함께 책을 고르는 경험을 갖는 것도 좋은 방법이 된다. 이때 유아가 반복적으로 읽기를 원하고 자신의 것으로 갖고 싶어 하는 책을 선택하는 것이 좋다. 부모나 교사가 먼저 읽어 보고 앞서 제시한 다양한 기준에 적합한지, 마음에 와닿는 책인지를 살핀다. 또한 그림이나 활자가 너무 조잡하고, 문장이 되지 않으며, 내용이 지나치게 폭력적이거나 부도덕한 것이 아니라면 되도록 유아가 선택한 책을 읽도록 한다.

참고문헌

김보경(2016. 2. 2.). 이수지 작가, 韓 최초 한스 크리스티안 안데르센상 최종후보. 연합뉴스.

김세희(2000). **유아교사를 위한 유아문학교육**. 서울: 양서원.

김세희, 현은자(1995). **어린이의 세계와 그림이야기책**. 서울: 서원.

김소양, 이경화, 채종옥(2001). **그림 이야기책을 통한 유아문학 활동**. 서울: 양서원.

김정원, 전선옥, 이연규(2019). **유아문학교육(2판)**. 서울: 학지사.

김현희(1996). 유아를 위한 문학교육 지도의 이론과 활동: 이론적 접근. **유아문학교육의 이론과 실제**. 한국유아교육학회 광주전남지회 1996년도 여름 워크숍.

김현희, 박상희(2016). **유아문학: 이론과 적용(2판)**. 서울: 학지사.

서정숙(1999). **유아의 전인적 발달을 위한 부모의 그림책 읽어주기**. 서울: 창지사.

서정숙, 남규(2020). **유아문학교육**. 서울: 창지사.

신유리(2013. 3. 15.). 볼로냐 아동도서전 한국책이 대상. 연합뉴스.

유미(2012). 국내외 아동문학상 수상 그림책 특징에 관한 연구: 2001~2011년 수상작을 중심으로. 덕성여자대학교 대학원 석사학위논문.

이경우(2000). 올드미디어와 뉴미디어 상의 경향 및 교육적 적용에 대한 논점. 21C 유아교육의 비전. 유아교육학회 창립 25주년 기념 제1회 국제 학술대회.

이경우(2001). **개정 총체적 언어: 문학적 접근을 중심으로**. 서울: 창지사.

이경우, 장영희, 이차숙, 노영희, 현은자(1997). **유아에게 적절한 그림책: 유아도서 추천을 위한 기초 연구**. 서울: 양서원.

이상금, 장영희(2001). **유아문학론(개정판)**. 서울: 교문사.

이호건(2020. 5. 22.). '아동문학계 노벨상' 백희나 작가를 비머가 만났습니다. SBS 뉴스 비디오머그.

장혜순(1997). **아동문학론**. 서울: 창지사.

정미라(2016). **아이들 그림책을 만나다**. 경기: 공동체.

Bromly, K. D. (1996). *Webbing with literature: Creating story maps with children's book.* Boston: Allyn & Bacon.

Cullinan, B. E., & Galda, L. (1994). *Literature and the child.* Fort Worth, TX: Harcourt Brace College.

Jalongo, M. R. (1988). *Young children and picture books: Literature from infancy to six.* Washington, DC: NAEYC.

Rusell, D. L. (1991). *Literature for the children.* New York: Longman.

Smith, J. A., & Parker, D. M. (1977). *Word music and word magic: Children's literature method.* Boston: Allyn & Bacon.

Sutherland, Z., & Arbuthnot, M. H. (1991). *Children and books* (8th ed.). New York: Harper Collins.

Turker, N. (1981). *The child and book.* Boston: Cambridge University Press.

비룡소, http: //www.bir.co.kr

오픈키드, http: //www.openkid.co.kr

제2부

유아문학교육의 실제

유아교육기관에서 실시되는 유아문학 활동의 유형으로는 감상, 이해, 창작, 표현 활동 등이 있다. 동화나 동시 들려주기는 대표적인 감상과 이해 활동이며, 동화 짓기와 동시 짓기는 대표적인 창작 활동, 동극 활동은 대표적인 표현 활동이다. 제2부에서는 유아교육기관에서 이루어지는 다양한 문학 활동의 지도 방법에 대해 살펴보고자 한다. 동화 지도, 동시와 동극 지도, 도서영역의 구성으로 나누어 다룰 것이며, 끝으로 '큰 책 접근법' 등 문학을 이용한 교수-학습 활동의 구체적 예를 소개하고자 한다.

제6장

동화 지도

1. 동화 들려주기

동화 들려주기는 유아교육기관에서 일반적으로 가장 많이 이루어지는 문학 활동이다. 동화 들려주기에서 중요한 것은 우선 적절한 동화를 선택하는 일이다. 물론 제5장 '유아문학작품의 선택 기준'에서 제시한 기준에 따라 양질의 작품을 선택하는 것은 기본이 될 것이다. 다음은 유아가 즐기는 동화의 성격을 정리한 것으로(석용원, 1982), 동화 들려주기 활동을 위해 동화를 선택하거나 개작할 때 참고할 수 있다.

- 친근성: 평소 유아의 생활 주변에서 친근한 내용을 다룬다.
- 미지성: 미지의 세계에 대하여 알고 싶어 하던 내용을 다룬다.
- 감촉성: 감각기관을 사용하여 유아의 흥미를 이끈다.
- 과장성: 과장된 표현을 많이 사용한다.
- 활동성: 시간의 변화나 움직임 등 활동적인 내용을 포함한다.
- 경이성: 뜻밖의 일 또는 놀라운 사건이 일어난다.

- 결과성: 결말이 확실하다.
- 선율성: 문장에 리듬과 적절한 반복을 포함한다.
- 유머성: 저절로 웃음을 자아낸다.

한편, 대부분의 동화는 읽기에 적합하도록 만들어져 있기 때문에 유아에게 들려줄 때에는 개작이 필요하다. 이야기의 내용이 시대적 정신을 위배할 때, 이야기가 너무 길거나 짧은 경우, 작가의 작품 의도가 유아에게 어려운 경우는 개작을 해야 한다. 다음은 석용원(1982)에 기초해 개작 방법을 정리한 것이다. 구연동화의 경우 특히 개작이 필요하며, 그림책 읽어 주기 이외의 모든 동화의 전달 방법에서도 이 같은 개작 방법을 기본적으로 적용할 수 있다.

동화의 개작 방법

① 어떤 형태로 개작을 하든, 이야기가 가지고 있는 주제는 유지하여야 한다.

② 너무 긴 이야기의 경우는 짧게 개작한다. 여기에는 긴 이야기를 짧게 압축하거나, 긴 이야기 속의 짧은 이야기를 뽑아내서 개작하는 방법이 있다. 긴 이야기를 압축할 때는 전체 줄거리에서 불필요한 부분만 삭제하면 되고, 긴 이야기 속의 짧은 이야기를 뽑아낼 경우에는 가장 재미있고 유아에게 알맞은 부분을 뽑아서 구성(plot)에 맞게 다시 꾸며야 한다. 「걸리버 여행기」는 소인국, 거인국, 하늘을 나는 나라, 말의 나라에 간 이야기로 되어 있는데, 유아용 그림책에는 보통 소인국과 거인국 이야기만 소개하고 있고, 구연할 때에도 소인국 이야기나 거인국 이야기만 들려줄 수 있다.

③ 너무 짧은 이야기의 경우는 과감한 첨가를 하여 길게 개작한다. 풍자와 비유가 많은 우화의 경우 대부분 빈약한 줄거리만 있어 그대로 구연하면 2분여 정도밖에 소요되지 않는다. 따라서 원 줄거리를 될 수 있는 대로 살리고 이야기 뼈대에 적절한 살을 붙여 듣기 편하게 바꾼다.

④ 읽는 동화를 듣는 동화로 바꾼다.

- 설명 부분을 적게 하고 대화체로 바꾼다. '○○가 ~라고 말했어요.' 같은 간접화법을 직접화법으로 바꾼다.

- 귀로 듣는 이야기는 상당한 변화가 필요하므로 과장법, 점층법 등을 사용한다.
- 어휘의 반복, 사건의 반복 등으로 구연에 리듬이 있게 한다. 의성어, 의태어 등을 많이 사용하여 역동적인 심상을 느끼도록 한다.

⑤ 유아가 이해하지 못하는 내용은 축소한다. 예를 들어, 「장화홍련전」에서 계모가 왜 장화와 홍련을 아버지 몰래 구박했는지에 대한 이유나 심리적 배경은 유아가 이해할 수 없는 부분이므로 자세히 구연할 필요는 없다.

⑥ 비교육적인 내용은 교육적으로 개작한다.

- 시대 정신을 위배할 때도 개작이 필요하다. 가령 아버지 병을 고치기 위해 자식을 가마솥에 삶아서 드린다는 내용은 현대의 시대 정신에 맞지 않다.
- 유아가 접하는 동화의 경우 선과 악이 대립한다. 이때 악인의 과도한 나쁜 짓, 모방하기 쉬운 나쁜 짓 등은 너무 상세히 묘사하지 않도록 한다.
- 우리 전래동화에는 도깨비나 귀신이 많이 등장한다. 그러나 어디까지나 동화 속의 귀신이어야 하며, 지나친 공포심을 유발하는 이야기는 삭제하거나 다른 형태로 개작한다.
- 등장인물이 피를 흘리거나 총 또는 칼로 싸워 신체 일부가 심하게 훼손되었다는 등의 잔인한 내용은 세밀하게 묘사하지 않는다.
- 정형화된 성역할을 묘사하거나 장애인을 단지 동정의 시선으로 그리는 이야기 등은 삭제하거나 바꾸어 준다.

유아교육기관에서의 동화 들려주기 활동은 다양한 전달 방법을 통해 이루어진다. 즉, 구연동화, 그림책 읽어 주기, 그림동화, 융판이나 자석동화, 다양한 인형 자료(그림자 인형, 막대인형, 테이블 인형, 손인형 등)를 활용한 동화, OHP나 슬라이드 동화, 컴퓨터를 활용한 PPT 동화, 플래시 동화 등이 그것이다. 유아교사는 기본적으로 이러한 방법을 이해하고 실제 활용할 수 있어야 한다. 다음에서는 각 전달 방법에서의 특성, 적합한 동화의 성격, 자료 제작 및 제시 방법 등에 대해 살펴보고자 한다.

1) 구연동화

구연동화는 구체적인 자료 없이 교사와 유아가 얼굴을 마주 보면서 얼굴 표정, 몸짓, 성대모사를 통해 동화를 들려주는 방법이다.

구연동화는 책을 가지고 읽어 주는 대신 구연자의 목소리로 유아에게 들려주는 것이므로 효과적 전달이 더 어려운 편이다. 따라서 구연에 적절한 동화를 선정하여 개작하는 과정을 거쳐야 하는 경우가 많다.

(1) 적합한 동화의 선택

구연동화에 적합한 동화의 요건은 다음과 같다(김현희, 박상희, 2016).

- 등장인물의 성격이 분명하고 강하다. 등장인물의 수도 2~5명 정도가 적당하다. 특히 구연 과정에서 유아를 부분적으로 참여시키는 경우에는 더욱 그러하다.
- 동화의 배경이 단순하다. 이는 유아가 마음속에서 충분히 상상해 볼 수 있도록 하기 위해서다.
- 이야기 속에 흥미로운 구절이나 대화가 있다. 유아가 함께 암송하는 식으로 참여할 수 있는 것이면 더욱 좋다.
- 풍부한 행동과 사건의 빠른 전개, 만족스럽고 빠른 결말의 구조를 갖는다. 이에 전래동화가 구연동화에 가장 적합한 유아문학의 장르라고 볼 수 있는데, 전래동화는 본래 구연을 통해 계승되어 온 장르이기도 하다.
- 구연가 자신이 잘하고 좋아하는 이야기여야 한다. 구연하는 사람이 편안하게 느껴야 듣는 유아가 동화를 즐길 수 있기 때문이다.

〈표 6-1〉은 동화(그림책)를 구연체로 개작한 예를 제시한 것이다. 작품은 그림 형제의 「요정들과 구두장이」(그림 형제 글, 베르나데트 와츠 그림, 1995)다.

표 6-1 동화를 구연체로 개작한 예

쪽수	원문	개작
1쪽	옛날에 구두 만드는 사람이 살았습니다. 자기 탓은 아니었지만 구두장이는 너무나 가난했습니다. 가진 것이라고는 구두 한 켤레를 만들 수 있는 가죽밖에 없었지요. 저녁이 되자 구두장이는 가죽을 잘라 놓고, '내일 아침에 일을 해야지.' 생각했습니다. 구두장이는 마음이 깨끗한 사람이었습니다. 그래서 모든 것을 하느님께 맡기고 편안히 잠이 들었지요.	①옛날 옛날에 구두 만드는 사람이 살고 있었어요. 이 구두장이는 너무나 가난했어요. 가진 것이라고는 구두 한 켤레를 만들 수 있는 가죽밖에 없었지요. 저녁이 되자 구두장이는 가죽을 잘라 놓고, '내일 아침에 일을 해야지.' 생각했어요. 그러고는 편안히 잠이 들었지요.
2쪽	아침에 구두장이는 하느님께 기도를 드리고 일을 시작하려고 했습니다. 그런데 이게 웬일일까요? 구두 한 켤레가 작업대 위에 놓여 있었습니다. 구두장이는 깜짝 놀라 아무 말도 못했습니다.	아침에 일어난 구두장이는 깜짝 놀랐어요. ②"아니, 이게 어떻게 된 거지?" 멋진 구두 한 켤레가 작업대 위에 놓여 있는 게 아니겠어요.
3쪽	구두장이는 구두를 들고 꼼꼼히 뜯어 보았습니다. 바늘 한 땀 잘못된 곳이 없고, 어디 하나 흠잡을 데가 없었습니다. 정말 기가 막히게 잘 만든 구두였습니다.	어디 하나 흠잡을 데 없이 정말 기가 막히게 잘 만든 ③구두였답니다.
5쪽	조금 있으니 손님 한 분이 가게 안으로 들어왔습니다. 손님은 구두가 마음에 쏙 들었습니다. 그래서 보통 때보다 많은 돈을 내고 구두를 사 갔습니다. 구두장이는 그 돈으로 구두 두 켤레 만들 가죽을 살 수 있었습니다.	조금 있으니 손님 한 분이 가게에 왔어요. "야! 이거 정말 멋진 구두인데! 이 구두는 돈을 많이 내고서라도 내가 꼭 사야겠소." "예, 손님. 감사합니다." 구두장이는 너무나 기뻤어요. ④"이 돈이면 구두 두 켤레 만들 가죽을 살 수 있겠다."
7쪽	저녁이 되자 구두장이는 가죽을 잘라 놓고 생각했습니다. '내일 아침에 상쾌한 기분으로 일을 시작해야지.' 하지만 그럴 필요가 없었습니다. 아침에 일어나 보니, 이미 구두가 말끔하게 만들어져 있었거든요. 곧, 손님들이 찾아와 돈을 많이 주고 구두를 사 갔습니다. 구두장이는 이제 구두 네 켤레 만들 가죽을 살 수 있었지요.	저녁이 되자 구두장이는 가죽을 잘라 놓고, '내일 아침에 일을 시작해야지.' 생각했어요. 하지만 그럴 필요가 없었어요. 아침에 일어나 보니, "어. 오늘도 멋진 구두가 만들어져 있네." 곧, 손님들이 찾아와 돈을 많이 주고 구두를 사 갔답니다.

쪽수	원문	개작
7쪽	다음 날 아침에는 구두 네 켤레가 만들어져 있었습니다. 그다음 날에는 여덟 켤레……. 이렇게 저녁마다 가죽을 잘라 놓으면, 다음 날 아침에는 구두가 만들어져 있었지요. 구두장이는 곧 살림이 피고, 드디어 부자가 되었습니다.	④"네, 손님 감사합니다." "이 돈이면 구두 네 켤레 만들 가죽을 살 수 있겠다." 다음 날 아침에는 구두 네 켤레가 만들어져 있었어요. ④"네, 손님 감사합니다." "이 돈이면 구두 여덟 켤레 만들 가죽을 살 수 있겠다." 이렇게 저녁마다 가죽을 잘라 놓으면, 다음 날 아침에는 구두가 만들어져 있었지요. 구두장이는 곧 부자가 되었답니다.
12쪽	밤이 깊자, 어디선가 작은 요정들이 발가벗은 채 들어왔습니다. 요정들은 작업대에 앉자마자 잘라 놓은 가죽을 손에 들었습니다. 그러고는 자그마한 손가락으로 솜씨 좋게 찌르고 꿰매더니, 뚝딱뚝딱 망치질을 했습니다. 어찌나 빠르게 일을 잘하는지, 구두장이는 신기해서 잠시도 눈을 떼지 못했지요. 요정들은 일이 다 끝날 때까지 조금도 쉬지 않았습니다. 그러더니 다 만든 구두를 작업대 위에 살짝 올려놓고 감쪽같이 사라졌습니다.	밤이 깊자, 어디선가 작은 요정들이 발가벗은 채 들어왔어요. ⑤"싹둑싹둑 잘라서~" "뚝딱뚝딱 망치질하고~" "쓱싹쓱싹 닦아서~" 요정들은 눈 깜짝할 사이에 구두를 다 만들고 사라졌어요.
19쪽	드디어 한밤중이 되었습니다. 요정들이 쪼르르 달려 들어오더니, 곧 일을 하려고 했습니다. 그런데 가죽은 온데간데없고, 작고 귀여운 옷가지만 눈에 띄었습니다. 요정들은 처음에는 어리둥절했습니다. 그러다가 곧 싱글벙글 아주 기뻐했지요. 요정들은 재빨리 옷을 입고, 여기저기 옷매무새를 다듬으며 노래했습니다. "이제는 근사한 사내라네. 더 이상 힘들여 구두를 만들 필요가 없네!" 요정들은 깡충깡충 뛰고 빙글빙글 춤을 추며, 이 의자 저 의자로 뛰어다녔습니다. 그러고는 빙그르르 춤을 추며 문 밖으로 사라졌지요.	드디어 한밤중이 되었어요. 어디선가 요정들이 쪼르르 달려 나오기 시작했어요. "어~" "아니! 이게 뭐지?" "우리 옷인가 봐." "구두도 있네." 요정들은 ⑥재빨리 옷을 입고, 여기저기 옷매무새를 다듬으며 노래했어요. "이제는 멋있는 신사라네. 예쁜 옷과 딱 맞는 신발. 랄랄랄라 즐겁다네." 요정들은 깡충깡충 뛰고 빙글빙글 춤을 추며, 문 밖으로 사라졌지요.
21쪽	그 뒤로 요정들은 두 번 다시 나타나지 않았습니다. 하지만 구두장이는 하는 일마다 잘 되어 행복하게 잘 살았답니다.	그 뒤로 요정들은 두 번 다시 나타나지 않았지만 구두장이는 하는 일마다 잘 되어 ⑦행복하게 잘 살았답니다.

주: 구연방법
① 같은 말이 반복될 경우 리듬감 있게 구연한다. '옛날 옛날' '높게 높게'에서 하나는 길게 하고 하나는 짧게, 하나는 높게 하고 하나는 낮게 한다.
② 깜짝 놀라는 감정 처리를 한다.
③ 어미 처리도 변화 있게 한다.
④ 반복되는 부분에는 운율을 넣어서 한다.
⑤ 의성어, 의태어는 실감나게 구연한다. 약간의 제스처를 더해도 좋다.
⑥ 어휘의 뜻을 담아 표현한다. '재빨리'는 빨리 한다.
⑦ 끝부분은 여유 있게 천천히 구연한다.

(2) 제시 방법

유아교사는 전문적인 구연가가 하는 것처럼 기교나 격식에 사로잡힐 필요는 없다. 다만 효과적인 전달을 위해서는 명쾌한 음성과 과장된 음성이나 억지 제스처가 없는 자연스러움, 친근감을 갖추어야 한다. 또한 작품에 동화하여 완전히 자기 것으로 익숙하게 만들어야 한다. 동화의 이야기를 완전히 이해하고, 동화 속 인물의 감정 등에 충분히 동화하여야 이야기를 듣는 유아도 쉽게 동화 속에 몰입한다.

동화 구연 시 유의할 점을 구체적으로 살펴보면 다음과 같다.

① 이야기의 도입은 자연스럽게 이루어져야 한다. 유아의 흥미와 호기심을 일으킬 수 있도록 도입을 시도한다. 즉, 구연할 동화와 관련한 손 유희나 노래 부르기, 주인공을 그린 그림이나 사진, 인형(퍼핏), 등장하는 주인공의 언어, 행동, 태도 등 특징적인 암시에 의한 수수께기 등의 방법을 사용한다. 이때 교사는 무엇보다도 유아에게 '재미있을 것 같다'는 기대감을 갖도록 하는 것이 중요하다. 교사는 다음과 같은 언어적 상호작용을 할 수 있다. "오늘은 선생님이 새로운 이야기를 준비했거든. 어떤 이야기인지 잘 들어 보자." "너희들은 마녀 이야기를 알고 있니? 그런데 웃기는 마녀가 있다는 이야기는 못 들었을 거야. 오늘의 이야기는……." "동물들 중에서 똥을 가장 크게 싸는 동물은 누구일까?"

② 목소리나 몸짓, 말의 빠르기, 표정 시선 등에 주의한다. 목소리는 명쾌해야 하며 뒤쪽에 있는 유아까지 잘 들을 수 있어야 한다. 또한 이야기의 등장인물에 대한 느낌을 묘사할 수 있을 만큼 표현이 풍부하면 좋다. 이때 이야기의 상황이나 전개, 등장인물의 특성이나 감정에 따라 적절한 몸짓이나 표정을 사용하며, 시선은 모든 유아에게 골고루 주도록 한다.

③ 화법은 직접화법을 쓰고, 필요없이 상투적인 미사여구를 사용하지 않는다. 글로 읽는 동화에는 간접화법이 많이 나오고, 글로 된 문장은 동적이기보다는 정적이다. 문장으로 표현된 경우는 소리가 없기 때문에, 가령 다정하게 말하는 것인지 또는 화를 내서 말하는 것인지 구별하기가 어려울 수 있다. 또한 아름다운 수식어를 늘어놓거나 지나치게 세밀히 묘사하는 것은 유아의 흥미를 떨어뜨린다. 즉, 구연동화는 대화체를 사용한 직접화법을 쓰고, 지나친 수식어나 세밀한 설명은 과감히 줄이도록 한다.

④ 유아를 구연에 참여시킬 수도 있다. 유아는 목소리와 몸짓으로 구연에 참여할 수 있다. 즉, 이야기 속에서 반복되는 구절을 유아에게 말하게 하거나 동작을 해 보게 할 수 있다. 그러나 지나친 참여는 구연의 본질을 흐리게 하므로 주의한다.

⑤ 불필요한 언어나 행동을 하지 않는다. 가령 실수를 저지르거나 쑥스러울 때 머리를 긁적거린다거나 웃는다거나 하는 것은 금물이다. 특히 '에~, 저~, 응~' 하는 언어 습관이나 코를 만지거나 하는 습관적 행동은 주의하고 자연스럽게 말하고 행동해야 한다.

⑥ 구연 도중에 이야기를 수정하거나 주의를 환기하는 행동을 해서는 안 된다. 이야기 도중에 "어머! 한 가지를 빼먹었어요." 또는 "선생님이 잘못 말했어요." 등과 같은 표현은 이야기의 전체적인 흐름을 방해한다. 이야기를 진행하면서 자연스럽게 수정하거나, 반드시 필요한 내용이 아니라면 그대로 구연을 계속하도록 한다. 또한 교사는 떠드는 유아를 지적하여 주위를 환기하기보다는 음성을 작게 하여 이야기에 집중하도록 유도한다.

⑦ 동기 부여나 흥미 유지를 위해 음악이나 소품을 활용할 수 있다. 음악과 함께 구연을 할 수도 있으며 이야기 속에 나오는 물건을 소개할 수도 있다.

필요한 경우 모자, 마스크, 옷 등의 소품을 준비할 수 있는데, 소품 활용에 대해서는 반대의 견해도 있지만 동기 부여나 흥미 유지의 한 방법으로 적절히 사용할 수 있다.

⑧ 추후 활동은 유아의 흥미, 연령, 주의집중 시간을 고려하여 결정한다. 이야기에 대해 흥미를 잃어버릴 때까지 활동을 연결 짓지 않도록 한다.

⑨ 구연 중이나 구연 후에 도덕적인 훈계나 평가를 하지 않는다. 예를 들어, 구연 중에 "지금 순이가 엄마에게 거짓말을 하고 있는데, 이렇게 하면 될까요?" 또는 구연 후에 "누가 착한 사람이지요?" "옳지, 맞아요? ○○처럼 하면 안 되는 거죠?"와 같은 평가는 유아의 자유로운 사고와 상상력을 방해한다. 따라서 도덕적인 훈계나 평가보다는 이야기를 재미있게 즐기는 것에 중점을 두는 것이 중요하다.

이상에서 살펴본 유의점은 그림동화나 융판 · 자석동화, 슬라이드 동화 등 다른 전달 방법을 이용한 경우에도 해당될 수 있는 기본 사항이므로 숙지하여야 한다.

2) 그림책 읽어 주기

어린 시절부터 책에 대한 경험을 많이 한 유아는 책에 대한 긍정적 태도나 가치관을 형성하게 되며, 평생 동안 책을 즐기게 된다.

부모나 교사가 유아에게 그림책을 읽어 주는 방법은 다음과 같다.

① 유아의 흥미나 연령, 주의집중 시간이나 이해 수준 등을 고려하여 적절한 그림책을 선정한다.

② 유아에게 책을 읽어 주기 전에 먼저 선정한 책을 소리 내어 읽어 보고 완전히 이해한 후, 수정해야 할 부분이나 좀 더 감정을 넣어야 할 부분 등을 표시해 놓는다.

③ 책을 처음 읽어 줄 때 책의 표지를 보여 주며 어떤 이야기가 담겨 있는지 예

측해 보도록 한다. 또한 책의 제목이나 저자, 출판사 등 책의 표지에 있는 정보에 대해 이야기를 나눈다.

④ 책을 읽어 줄 때는 등장인물과 분위기에 가장 적절한 언어로 읽어 준다. 이때 지나치게 언어적인 기교를 부린다거나 과장된 제스처, 몸짓 등은 사용하지 않도록 주의하며, 가장 자연스러운 목소리로 읽어 준다. 또한 이야기의 분위기에 가장 적절한 목소리를 사용하면 좋다. 예를 들어, "커다란 공룡이 나타났어요."라는 부분을 읽어 줄 때는 정말 커다란 공룡이 나타난 것처럼 커다란 목소리로 읽어 주어 유아의 감정을 고조하며, 긴장감이 감도는 부분을 읽어 줄 때는 속삭이는 듯한 목소리로 읽어 주어 이야기의 이해도를 높일 수 있다.

⑤ 너무 일방적으로 유아에게 책을 읽어 주기보다는 유아의 반응을 살피며 읽어 준다. 또한 반복되는 어휘 등이 나오는 경우 유아와 함께 읽어 보면 좋다. 예를 들어, 「커다란 순무」에서 무를 뽑기 위하여 '영차영차' 하는 부분이 계속 반복되는데, 이때 유아와 함께 '영차영차'를 해 보면 참여도를 높일 수 있다. 또한 책을 읽어 줄 때 간혹 다음 이야기를 예측해 보게 질문을 하는 것도 좋다. 책을 읽어 가면서 이야기를 전개하는 데 유아가 스스로 참여하고 자신의 견해와 비교해 볼 수 있는 기회가 되기 때문이다.

⑥ 한 명의 유아와 책을 읽는 경우는 유아를 성인의 무릎에 앉히고, 책을 유아 무릎에 놓고 읽어 주는 것이 좋다. 또한 두세 명의 유아와 책을 읽을 때는 유아를 교사 옆에 앉혀서 그림이나 글씨를 같은 방향에서 볼 수 있도록 하고, 따뜻하고 편안한 분위기에서 책에 대한 즐거운 경험을 하도록 한다. 소집단으로 책을 읽어 줄 때는 반원으로 둘러앉아 모든 유아에게 그림이 다 보이도록 어깨 높이로 든다거나 무릎에 올려놓고 읽어 준다. 또한 대집단으로 읽어 줄 경우라면 출판된 그림책 중에서 '큰 책' 등 크기가 큰 책을 이용하여 읽어 주는 것이 바람직하다.

⑦ 책을 읽어 주는 도중에 유아가 질문을 할 때는 간단한 질문일 경우에는 이야기의 맥이 끊기지 않는 범위에서 대답을 짧게 해 주고, 긴 설명이 필요한 경우에는 책을 다 읽고 난 후 대답을 해 주어 이야기의 맥이 끊기지 않도록

한다.

⑧ 책을 다 읽어 준 후에는 책의 내용이나 도덕성에 대한 일방적인 질문보다는 개방적인 질문을 통하여 책의 내용을 다시 한번 생각해 보도록 한다. 예를 들어, "누가 더 착한 어린이니?" "누가 더 나았지?" "잘했니?" "못했니?"보다는 "어떤 부분이 가장 즐거웠니?" "만약 네가 ○○라면 어떻게 할까?" "네가 만약 작가라면 어떻게 이야기를 고칠 수 있을까?" 등의 개방적인 질문을 통하여 책의 내용을 다시 한번 생각해 보도록 한다.

⑨ 책을 읽어 준 다음에는 반드시 그 책을 도서영역에 비치해 둔다. 또한 후속 활동을 제공하는 것이 효과적이다. 즉, 그 책의 내용과 관련한 인형이나 소품을 제공하여 이야기를 재구성해 보도록 한다. 또한 도서영역에 다양한 쓰기 도구를 준비해 두어 유아가 책을 읽고 난 후 자신의 느낌을 표현해 보도록 한다.

3) 그림동화

그림동화는 줄거리를 중심으로 장면을 선정하여 그린 후 유아에게 그림을 보여 주면서 동화를 들려주는 형태다. 대집단으로 동화를 들려주기에 적합한 방법으로, 번역되지 않은 외국 작품 중 좋은 작품이나 혹은 그림책의 크기가 작아 여러 명이 함께 보기에 어려운 경우 그림동화로 제작하면 좋다. 자석(융판)동화와는 달리 이야기의 구성이나 배경이 너무 단순하지 않으며, 등장인물의 수가 많은 작품이 그림동화에 적합하다. 그림동화에는 그림 자료를 한 장씩 넘겨 보여 주는 낱장식 그림동화와 차례로 연결되어 있어서 돌리면서 보여 주는 텔레비전 동화의 두 가지가 있다.

(1) 낱장식 그림동화

1 제작 방법

① 종이는 너무 얇거나 두껍지 않은 마닐라지가 적당하며, 코팅 처리가 되지

않은 것이 좋다. 코팅 처리가 된 경우에는 포스터컬러나 유화물감이 아닌 경우 채색이 되지 않는다. 얇은 종이는 이야기를 들려주는 도중에 날릴 수도 있고, 하드보드지와 같은 두꺼운 종이는 지나치게 무거워서 운반과 보관이 모두 어렵다. 그러나 움직임을 주어서 여러 장의 장면을 한 장에 모두 표현하는 경우에는 두꺼운 종이가 적당하다.

② 그림의 크기는 4절 크기가 적절하다. 단, 소집단을 대상으로 할 때에는 8절 크기도 가능하다.

③ 총 몇 장면으로 그릴 것인지를 정한다. 대개의 경우 표지를 포함하여 10~15장 정도가 적당하다. 그림동화로 제작할 그림동화의 페이지 수에 따라 장면을 늘리거나 축소한다. 축소할 경우 구성을 유지하도록 주의한다. 이때 배경이나 등장인물이 동일할 경우 2~3개 장면을 한 장면으로 그릴 수도 있고, 그림책을 펼쳤을 때 왼쪽 페이지와 오른쪽 페이지가 별도의 그림일 경우에는 분리해서 그려야 한다.

④ 그릴 내용이 정해지면 낱장 위에 대강의 장면을 스케치한다. 그림 속의 인물에 대해서는 표정과 행동이 분명히 드러나도록 제작하는 것이 필요하고, 그림 속의 등장인물은 가능한 한 잘리지 않도록 한다.

⑤ 채색은 작품의 내용이나 분위기에 따라 적절한 것을 선택한다. 파스텔, 그림물감, 포스터컬러, 색연필, 크레파스 등의 다양한 도구를 모두 사용할 수 있다. 필요한 경우에는 옷감, 노끈 등의 폐품을 활용할 수 있고, 한지, 부직포, 잡지, 색상지, 신문, 우레탄 등을 사용할 수 있다.

⑥ 동화 내용 중 입체적인 표현과 움직이는 장면을 연출하기 위해 낚싯줄, 할핀, 막대, 자석, 매직테이프, 도르래, 융판 등을 사용할 수도 있다. 첫째, 그림에 움직임을 주고자 하는 경우는 칼집을 내어 등장인물을 뒤에서 움직이는 경우나 자석을 통해 움직임을 조정하는 경우가 있다. 땅이나 하늘, 지평선, 수평선에 칼집을 내고 따로 그린 그림에 물체를 끼워서 뒤에서 조종한다. 둘째, 자석을 통해 움직임을 주고자 하는 경우는 움직이는 부분 뒤에 자석을 붙여 제작하고 뒷면에서 교사가 조금 큰 자석을 움직이면 된다. 일반적으로 교사가 움직이는 뒷면의 자석은 앞면의 자석보다 자력이나 크기

[그림 6-1] 낚싯줄을 이용하여 움직이는 장면을 연출한 예

[그림 6-2] 자석을 이용하여 움직이는 장면을 연출한 예

[그림 6-3] 매직테이프를 이용하여 덧붙일 수 있게 제작한 예

가 커야 한다. 두 개의 자석을 잇대어 만들면 좀 더 잘 움직이게 할 수 있다. 동물이 깡충깡충 뛰어가는 모습이나 나비가 날아가는 장면, 바닷속의 움직임 등을 묘사하는 경우에 적절하다. 이처럼 그림에 움직임을 주는 경우는 그림동화의 장면 수를 줄일 수 있어서 제작이 간편하고 유아도 생동감 있는 장면을 볼 수 있어서 좋다.

⑦ 그림을 다 그리면 가장자리를 천 테이프로 마무리하고(1cm 정도), 뒷면에 일련번호로 페이지를 표기한다. 페이지 번호를 매기지 않으면 재제시가 어려울 수 있다.

⑧ 그림의 내용에 대한 본문을 뒷면 위쪽에 기입하거나 입력하여 붙인다. 주의할 점은 낱장을 교사가 한꺼번에 들고 한 장씩 넘겨 가므로 맨 첫째 장의 내용이 맨 마지막 장에 적혀 있어야 한다는 것이다.

⑨ 그림의 내용이나 질감 표현에 방해를 주지 않는다면, 얇은 비닐이나 투명 시트지를 씌워 보관할 수도 있다.

다음은 동화(그림책)를 그림동화로 제작한 예를 제시한 것이다. 원본 그림책의 13개 장면이 그림동화로 제작되면서 11개 장면이 되었고, 내용도 구연체로 개작되었다. 원본 작품은「나비옷을 입은 아기여우」다.

[그림 6-4] 나비옷을 입은 아기여우(최영재 글, 이명선 그림, 1999)

◆제작한 그림동화 예시◆

① 나비옷을 입은 아기여우

[그림 6-5] 제작한 그림동화 1

② 아기여우가 엄마랑 아빠랑 숲속 언덕으로 소풍을 갔어요. 엄마여우는 맛있는 음식 바구니를 들고 아빠여우는 콧노래를 부르며 가고 있었지요. 아기여우는 꽃무늬 옷을 입고 춤을 추며 갔어요. 하늘에서 놀던 하얀 구름과 새도 여우 가족을 따라갔답니다.

[그림 6-6] 제작한 그림동화 2

③ "야, 꽃이다!" 호랑나비 네 마리가 날아와 아기여우의 옷에 앉았어요. "어? 진짜 꽃인 줄 아나 봐! 우리 아기가 호랑나비옷을 입었네. 하하하." 엄마, 아빠는 손뼉을 쳤습니다. 아기여우는 나비들이 놀라서 달아날까 봐 아주 천천히 걸어갔어요. 멀리서 엄마, 아빠가 외쳤어요. "아가, 어서 오너라!" 그러나 아기여우는 아주아주 작

[그림 6-7] 제작한 그림동화 3

은 소리로 대답했어요. 왜냐고요? 큰 소리로 말하면 나비들이 놀라니까 그렇죠. "원, 녀석도. 그렇게도 좋으니?" 엄마여우와 아빠여우는 숲속의 큰 느티나무 아래로 걸어갔어요.

[그림 6-8] 제작한 그림동화 4

④ 호랑나비가 아기여우의 옷에 앉아 가는 걸 보고 다른 나비들이 빙긋 웃었어요.
"어머, 날지도 않고 걷지도 않고 옮겨 갈 수가 있네?" "우리도 저렇게 가 볼까? 호호호." 노랗고 파랗고 빨간 나비들이 많이 날아와 아기여우의 옷에 가득 앉았어요. 아기여우는 자꾸 웃음이 나왔어요. 옷이 갑자기 알록달록한 나비옷으로 바뀌었으니 얼마나 좋았겠어요.
나비가 날아와 앉을 때마다 아기여우는 속으로 좋아서 어쩔 줄 몰랐어요. 정말 두 걸음만 뒤에서 보아도 아기여우는 아주 멋진 나비옷을 입은 것처럼 보였답니다.
살금살금, 조용조용. 아기여우는 나비들이 날아갈까 봐 숨도 크게 쉬지 못하고 걸었어요. 조용한 한낮, 나비들은 꼬박꼬박 졸기 시작했어요. 숲속 동물들이 아기여우의 신기한 옷을 구경하며 부러워했어요. "참 예쁜 옷을 입었구나." "어쩜 저렇게 고울까?"

⑤ 사자도 아기여우의 예쁜 옷을 보자 욕심이 났어요. "아기여우야, 네 옷이 참 예쁘구나. 너를 우리 집에 초대하고 싶어."

아기여우는 가슴이 철렁했지만 큰 목소리로 대답했어요. "고마워요, 사자님." 나비들이 놀라서 다 날아가라고 일부러 크게 말한 것입니다.

그러나 나비들은 너무너무 깊이 잠이 들었나 봐요. 꼼짝도 하지 않네요. 큰일났어요.

[그림 6-9] 제작한 그림동화 5

⑥ 사자가 사는 집이 점점 가까워지고 있었어요. 아기여우는 사자가 나쁜 짓을 할까 봐 무서웠어요. 그렇지만 아기여우는 정신을 바짝 차렸습니다. "으으으…… 으에치야!" 아기여우는 힘껏 재채기를 하였어요. 이를 어쩌면 좋아요. 그래도 나비들은 꿈나라에서 돌아올 생각을 하지 않았답니다.

아기여우의 얼굴에 식은땀이 송송 맺혔어요. '엄마 · 아빠 손을 꼭 잡고 따라갔으면 이런 일이 없었을 텐데. 내가 잘못했어. 엄마 · 아빠, 어서 저를 구해 주세요.' 하지만 지금 엄마 · 아

[그림 6-10] 제작한 그림동화 6

빠를 부르면 사자가 그냥 두지 않을 거예요.

[그림 6-11] 제작한 그림동화 7

⑦ 마침내 사자네 집 앞까지 왔어요. "얘들아, 아빠가 예쁜 옷을 가지고 왔단다. 어서 나와 보렴." 사자는 아기여우를 노려보며 집을 향해 소리쳤어요. 아기여우는 이를 꽉 물고 눈을 동그랗게 떴어요. 그리고 이리저리 둘러보았지요. 아, 그랬더니 바로 옆에 꽃밭이 보였어요. 아기여우는 너무나 기뻤어요.

[그림 6-12] 제작한 그림동화 8

⑧ "너무 걸었더니 다리가 아파요. 여기 잠깐 앉아도 될까요?" "아무렴, 흙이 옷에 묻지 않도록 조심하거라. 나는 이렇게 친절하단다."
아기여우는 잽싸게 꽃밭으로 가서 앉았어요. '아기여우가 너무 위험해.' 아까부터 아기여우 뒤를 따라온 바람은 급히 꽃밭으로 뛰어들어가 꽃향기를 마구 날렸어요. "아, 맛있는 꿀 냄새다." "아, 실컷 잤더니 배가 고파."
꽃의 꿀 향기를 맡은 나비들은 잠에서 깨어나 너도나도 꽃송이로 날아갔어요. 이제 아기여우의 나비옷은 어떻게 되었을까요? 맞았어요. 아기여우의 그 예쁜 나비옷은 금방 사라지고 말았지요.

⑨ 이때 아기사자들이 집에서 나왔어요. "어? 예쁜 옷이 어디 있지? 아빠는 거짓말쟁이야." 사자는 깜짝 놀랐어요. "이놈! 여우야, 나비옷을 내놓아라!" "나비옷은 저 꽃밭에 있어요." "어서 도로 가져오지 못해!" 사자는 화를 냈어요. "알았어요, 친절하신 사자님, 나비옷을 찾아올게요."

[그림 6-13] 제작한 그림동화 9

⑩ 아기여우는 천천히 꽃밭으로 들어가 나비를 잡는 척하다가, 힘껏 달렸어요. 사자는 아기여우가 나비옷을 찾으러 가는 줄 알고 바라보고만 있었지요.

[그림 6-14] 제작한 그림동화 10

⑪ 한참을 달려가니 엄마와 아빠가 땀을 흘리며 달려오고 있었어요. "엄마, 아빠!" 엄마, 아빠를 본 아기여우는 너무 기뻐서 큰 소리로 부르며 힘껏 뛰어갔어요. 그리고 집으로 무사히 돌아가 행복하게 살았답니다.

[그림 6-15] 제작한 그림동화 11

참고

1. 원본 그림책에서 삭제 가능한 부분은 제외하였다(그림책 pp. 6-7, 8-9).
2. 원본 그림책에서 하나로 합칠 수 있는 부분은 융판으로 덧붙여 제작하였다(그림책 pp. 14-15).
3. 구연동화로 개작하는 방법 모두 그림동화에서도 활용할 수 있다.

2 제시 방법

① 제시하기 전에 순서가 제대로 되어 있는지 번호를 확인한다.

② 동화의 크기, 유아와의 거리 등을 생각하여 모두가 잘 볼 수 있는 위치를 택한다.

③ 그림동화를 너무 높이 올리면 교사의 얼굴 부분이 가려 알아듣지 못하는 경우가 있으므로 주의한다(유아용 의자에 앉아 무릎 위에 올려놓고 제시한다).

④ 동화 내용을 유아에게 읽어 주기 전에 완전히 파악하여 유아의 반응을 살피면서 진행한다. 뒷면에 기입한 내용을 보고 읽을 경우 그림의 각도가 기울어질 수 있고, 그림이 교사의 얼굴을 가려 유아의 반응을 살필 수 없기 때문에 활동을 매끄럽게 진행하기가 어렵다.

⑤ 교사의 손에 그림이 가려지지 않도록 가장자리만 살짝 쥔다. 구연 도중 가장자리를 잡은 손의 위치가 바뀌지 않도록 주의한다.

[그림 6-16] 그림이 손에 가려지지 않도록 잡는 방법

⑥ 교사의 목소리는 분명하고도 또렷한 음성으로 누구나 알 수 있게 하며 속도, 간격 등은 유아의 반응에 따라 융통성 있게 조절한다. 한 문장을 읽은 다음 숨을 고르고 다음 문장을 읽는다.

⑦ 그림동화를 제시하는 경우는 그림책 읽어 주기와 마찬가지로 동기 부여나 전이 활동을 택할 수 있다.

⑧ 교사의 목소리는 구연동화의 방식을 따르도록 한다. 교사가 이야기의 내용에 익숙하지 못하여 낭독식이 되어 버리면 이야기 전달이 제대로 되지 않는다.

⑨ 이야기를 다 읽어 준 다음 다시 한번 유아가 감상할 수 있게 교사의 구연 없이 낱장으로 된 동화를 처음부터 끝까지 보여 준다. 또는 그림만 보여 주며 유아가 이야기를 해 보도록 할 수도 있다.

(2) 텔레비전 동화

1 제작 방법

① 종이는 두꺼우면 잘 감기지 않으므로 적절한 두께의 종이를 사용한다.

② 종이의 크기는 텔레비전 틀의 화면보다 6cm 정도 더 커야 하고, 틀의 내부면 크기보다는 3~4cm 작아야 한다. 종이가 너무 크면 틀 속에서 잘 감기지 않아서 불편하고, 너무 작으면 앞에서 보았을 때 교사의 옷이 보이거나 종이가 찢어지기 쉽다.

③ 그림의 크기는 화면의 크기보다 사방 1~2cm 더 크게 그려서, 반듯하게 감기지 않았을 때 흰 여백이 보이는 것을 방지한다.

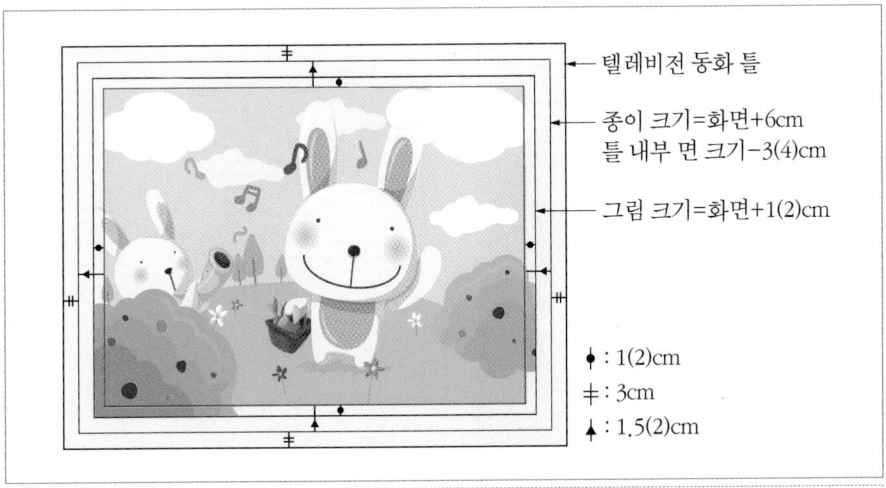

[그림 6-17] 텔레비전 동화 제작 시 그림 크기

④ 그릴 내용이 정해지면 낱장 위에 대강의 장면을 스케치한다.

⑤ 채색은 작품의 내용이나 분위기에 따라 적절한 것을 선택한다.

⑥ 얇은 종이에 그림의 내용을 적어 그림의 뒷면에 붙인다.

⑦ 틀의 뒤쪽에서 볼 때 시작 부분이 교사의 오른쪽에 위치하고, 끝부분은 왼쪽으로 향하게 한다. 즉, 앞쪽에서는 왼쪽부터 여분의 종이, 동화 제목, 첫째 장면 등의 순서가 되도록 붙인다. 그림의 각 장면을 붙일 때 뒤쪽에서 테이프를 이용하여 반듯하게 붙이고, 동화 자료의 양쪽 여분의 종이는 원기둥 막대에 자주 붙였다 떼게 되므로 종이가 손상되지 않도록 투명 테이프나 투명 시트지를 넓게 붙여 둔다.

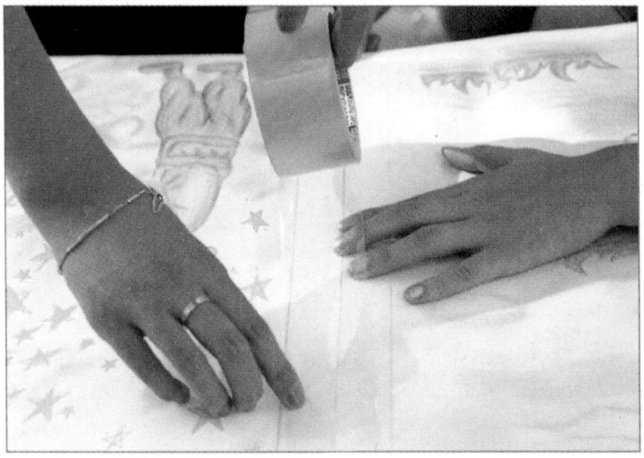

[그림 6-18] 그림의 장면을 테이프로 반듯이 붙이는 장면

⑧ 원기둥 막대에 동화 자료를 붙일 때 원기둥 막대 밑면에서 2~3cm 정도 위치에 붙여 화면에 바르게 보이도록 한다.

⑨ 그림 뒷면에 각 장의 분리선을 그어서 그림과 그림의 중심을 정확하게 맞출 수 있도록 한다.

2 제시 방법

① 유아와 적당한 거리를 유지하고 적당한 높이를 고려한다. 텔레비전 틀을 유아용 책상 위에 올려놓고 제시할 수 있다.

[그림 6-19] 텔레비전 동화 제시의 예

② 동화를 들려줄 때, 제목은 교사 쪽에서 오른쪽에 있어야 하고 유아 쪽에서는 왼쪽에 있어야 한다. 교사는 오른쪽으로 막대를 돌리면서 진행한다.

③ 교사는 동화 내용을 완전히 파악하고 외운 후, 유아에게 시선을 주면서 들려준다.

④ 그림의 화면이 중앙에 오게 되면 돌

리던 원기둥 막대(손잡이)를 멈추고 동화를 들려준다.

4) 융판 · 자석동화

배경은 거의 생략하고 등장인물의 그림 자료를 붙였다 떼었다 하면서 동화를 들려주는 형태다. 그림 자료의 뒷면에 자석을 붙이고 자석판을 이용하는 것을 자석동화, 그림 자료의 뒷면에 매직테이프(찍찍이)를 붙이고 융판을 이용하는 것을 융판동화라고 한다.

자석동화의 경우 자료를 겹쳐서 붙이기 쉽고 양면 자료(뒤집어서도 자료를 사용할 수 있는)로 제작할 수도 있다는 점에서 융판동화와 차이가 있다.

(1) 적합한 동화의 선택

융판 · 자석동화로 적합한 동화를 고를 때는 다음과 같은 측면을 고려하여야 한다.

- 이야기의 구성이 단순한 것, 특히 구나 문장이 하나씩 덧보태어지는 누적적인 이야기가 가장 적당하다. 「커다란 순무」 「배고픈 애벌레」 등이 좋은 예다. 이런 경우 등장인물을 하나씩 덧보태어 붙이면서 이야기를 진행하면 되므로 제시하기가 쉽다.
- 배경이 중요한 비중을 차지하는 동화는 적절하지 않다.
- 등장인물의 수가 적고 사건의 진행이 단순하고 분명한 동화가 적당하다.
- 유머가 있으면서 쉽게 기억할 수 있는 동화가 적당하다.

(2) 제작 방법

1 융판동화의 제작 방법

① 그림동화처럼 장면을 모두 자세히 그리는 것이 아니므로 꼭 필요한 배경과 등장인물을 선정한다. 자료의 수가 너무 많으면 이야기 전개가 산만하고

제시하기가 어렵다.

② 종이에 그려서 코팅을 하거나, 부직포를 이용하여 제작할 수 있는데, 융판의 색상과 비슷한 색은 되도록 피한다.

③ 자료의 크기를 고려한다. 자료를 제작하기 전에 융판의 크기를 고려하여 융판에 첨가되는 자료가 모두 붙을 수 있도록 각각의 등장인물 크기를 고려한다. 또한 등장하는 자료 간에 크기 비율이 맞도록 제작한다. 예를 들면, 코끼리는 크게 만들고 쥐는 작게 만든다.

④ 등장인물의 진행 방향을 고려해서 자료를 만든다. 대화하는 장면에서는 서로 마주 보고 대화하는 방향으로 만든다.

⑤ 자료 뒷면에 부분적으로 매직테이프(찍찍이)를 붙인다.

⑥ 자료 뒷면에 제시되는 순서대로 번호를 적는다.

⑦ 자료는 순서대로 정리하여 제목, 자료 수, 이야기 줄거리 등을 적은 후 상자나 비닐 지퍼팩에 넣어 보관한다.

[그림 6-20] 융판동화 제작 과정

2 자석동화의 제작 방법

자석동화는 융판동화와 동일하나 자료 뒤에 자석을 붙이고(무게중심을 잡아서 붙인다.) 자석판 위에서 제시되어 움직임 효과를 낼 수 있다는 특징이 있다. 자석 자료는 붙인 채 밀어서 옮길 수 있으며, 자석의 붙는 성질을 이용하여 자석 자료를 서로

겹쳐서 붙일 수 있는데, 이때 자석의 N극, S극을 고려해야 자료가 밀리지 않는다. 또한 자석동화는 전체 배경을 붙인 후 그 위에 자료를 붙이면서 제시할 수 있다.

[그림 6-21] 덧붙일 수 있도록 제작한 예

[그림 6-22] 무게중심을 잡아서 자석을 붙인 예

[그림 6-23] 모루를 이용하여 입체적으로 제작한 예

(3) 제시 방법

① 융판이나 자석판은 유아 모두가 볼 수 있는 위치에 둔다. 융판 대신 부직포 앞치마를 입고 제시할 수도 있다.

② 교사는 융판과 의자의 각도가 약 15도 정도가 되게 앉고, 머리모양을 단정히 하며, 제시되는 융판 쪽의 손을 이용하여 융판 자료를 떼었다 붙인다. 이때 반대편 손을 이용하여 몸으로 융판을 가리지 않도록 주의한다([그림 6-24] 참조).

③ 제시 전에 순서대로 정리해서 바구니나 상자에 담아 놓는다. 이야기를 시작하기 전에 자료를 미리 보거나 도중에 자료를 찾으면 이야기가 중단되고

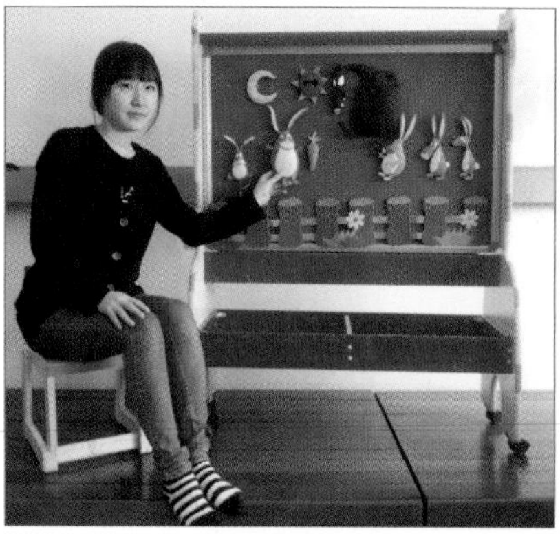

[그림 6-24] 융판동화 들려주기의 올바른 자세

[그림 6-25] 자석동화 제시의 예

분위기가 산만해지므로 주의한다.

④ 이야기 진행 중에 불필요한 자료는 먼저 떼어 낸 후에 다음 자료를 붙인다. 현재 진행 중인 이야기의 내용에 자료 제시가 일치하도록 한다.

⑤ 자료를 붙였다 떼었다 하는 동작은 명료하고 신속하게 하며, 자료를 붙인 후 이야기를 들려준다.

⑥ 교사는 동화를 충분히 파악하고 외워서 천천히 여유 있게 들려준다.

⑦ 동화 들려주기가 끝난 후에는 후속 활동을 택할 수 있다. 언어영역에 비치해 두어서 이야기 다시 해 보기 활동을 하게 할 수도 있다.

5) 인형극

인형을 이용해서 동화를 들려주면, 잘 갖추어진 공연 형식의 인형극이 아니더라도 유아의 흥미를 끌 수 있다. 인형극은 유아로 하여금 이야기 속의 인물과 더 쉽게 동일시하도록 하며 문학과 관련한 여러 활동에 대한 동기를 촉진하는 효과가 있다.

유아교육기관에서의 인형극은 전문적인 공연을 목적으로 한 것이 아니므로 너무 복잡하게 제작하지 않는다. 보편적으로 유아를 위해 많이 활용되는 인형의 종류와 제작 방법은 다음과 같다. 한편, 유아가 직접 인형을 이용해 극화해 볼 수 있도록 하는 것도 좋은 문학적 활동이 될 수 있다.

(1) 인형의 종류

1 그림자 인형

그림자 인형은 스크린 뒤의 조명을 이용해 인형의 그림자를 만들어서 유아에게 보여 주는 것으로 다른 인형보다 신비감이나 상상력을 불러일으킨다.

〈제작 방법〉

① 마닐라지에 원하는 모양의 기본 그림을 그린 후 오린다.
② 빛을 투과하고자 하는 부분을 오려 낸 후 색 셀로판지를 붙이거나 코팅을 한 후 그 부분만 유성펜으로 색칠하고 투명 아크릴 막대나 굵은 철사를 붙인다.
③ 움직임을 주고자 하는 부분은 별도로 제작하여 할핀으로 연결한다.
④ 배경은 생략해도 좋으나, 필요한 경우 간단히 제작하여 스크린 뒷면에 셀로판테이프로 고정한다. 내용에 따라서 꾸미거나 장면의 변화에 따라서 바꾸어 줄 수 있다.

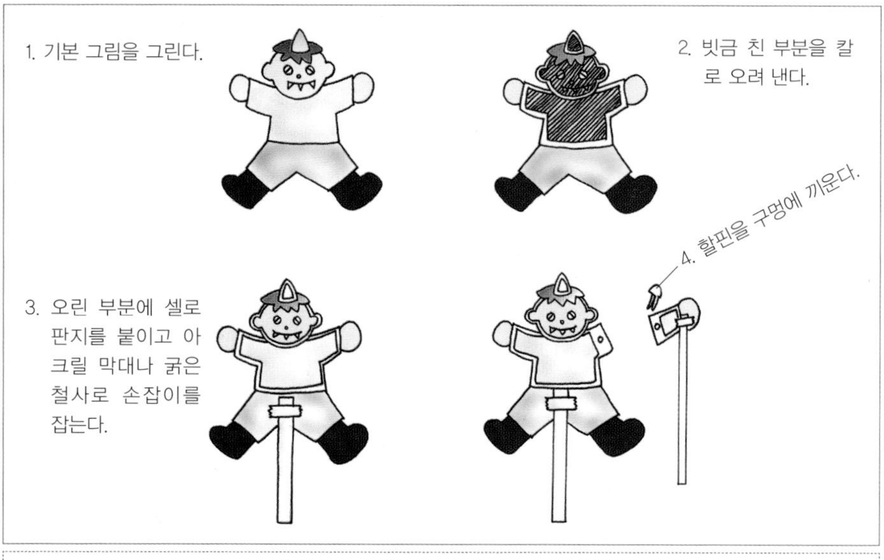

[그림 6-26] 그림자 인형 제작 과정

[그림 6-27] 완성된 그림자 인형

2 막대 인형

막대 인형은 평면과 입체로 나눌 수 있다. 막대 인형은 인형의 몸체에 막대를 달아 전체적으로 움직이게 하는 것과 인형의 손이나 발 등에도 따로 막대를 달아서 부분적인 움직임을 표현하는 것도 있다. 막대 인형을 제시할 때는 인형을 손에 들고 할 수도 있으며, 스티로폼 상자를 이용해 간단한 무대를 만들어서 인형을 무대에 꽂으며 제시하거나 무대 앞 또는 뒤에서 움직이며 제시할 수도 있다. 특히 막대 인형이 여러 개인 경우에는 교사나 유아가 손에 들고 조작하기 어렵기 때문에 무대를 만드는 것이 좋다.

〈평면막대 인형 제작 방법〉

① 그림 자료를 오린 뒤에 막대를 붙여서 만드는 방법이 가장 손쉽다.

② 양면으로 제작할 경우 인형의 앞면과 뒷면 사이에 막대를 끼우면 된다.

③ 인형의 팔, 다리, 목 등을 부분적으로 움직이게 하려면 우선 움직이려고 하는 부분을 몸체와 분리하여 오린 다음, 할핀을 꽂을 부분에 테이프를 붙인다. 그다음 송곳으로 움직이려고 하는 곳에 구멍을 낸 후에 할핀으로 고정하고 막대나 낚싯줄을 연결한다.

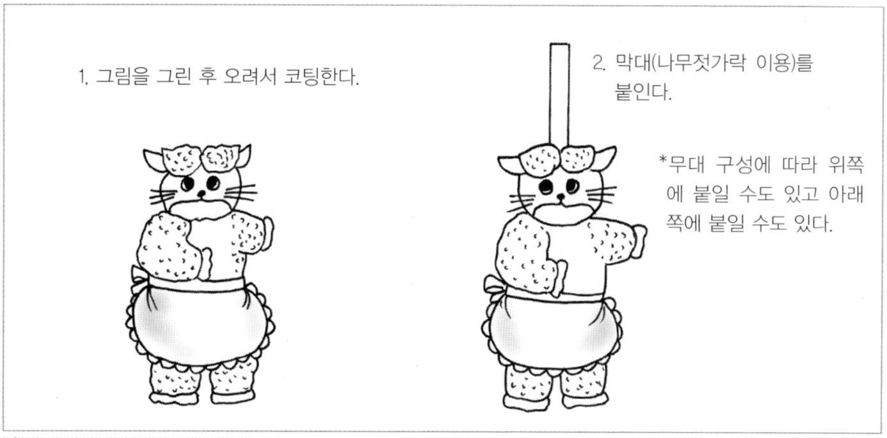

[그림 6-28] 평면막대 인형 제작 과정

[그림 6-29] 완성된 평면막대 인형

〈입체막대 인형 제작 방법〉

입체막대 인형은 인형을 입체적으로 제작하고, 막대나 철사를 연결하여 손, 다리 등의 몸을 움직이게 하는 방법이다. 한지, 스펀지, 헝겊 등을 이용하여 정교하게 제작할 수 있지만 다음에서는 교사가 쉽게 제작할 수 있는 헝겊을 이용한 제작 방법을 소개한다.

① 헝겊이나 부직포 등의 부드러운 소재를 이용하여 등장인물을 그리고 1cm 여유를 주어 자른다.

② 안에 솜을 넣어 가면서 바느질하여 인형의 각 부분을 만든다.

③ 인형의 키보다 30cm 정도 긴 막대를 인형의 머리에 끼운 후 몸통과 연결하여 꿰맨다.

④ 몸통과 팔다리를 연결한다.

⑤ 필요에 따라 손에 굵은 철사나 가는 막대를 달아서 움직일 수 있게 한다.

⑥ 인물에 어울리는 옷을 만들어서 입힌다.

[그림 6-30] 입체막대 인형 제작 과정

[그림 6-31] 완성된 입체막대 인형

3 테이블 인형

테이블 인형은 평면으로 제작해서 세울 수 있게 한 것과 입체로 제작한 것이 있다. 테이블 형태의 무대에 인형을 올려놓고 옮기면서 이야기를 들려주는 것이다. 인형극 무대는 이야기 내용에 따라서 조금씩 다르나 등장인물과 어울려야 한다. 대개는 유아가 사용하는 책상을 한지나 천으로 꾸미거나, 책상 면의 형태와 크기대로 우드락을 잘라서 책상에 고정한 다음 그 위에 필요한 배경을 만들어서 제작한다. 이때 책상 대신 상자를 이용할 수도 있다.

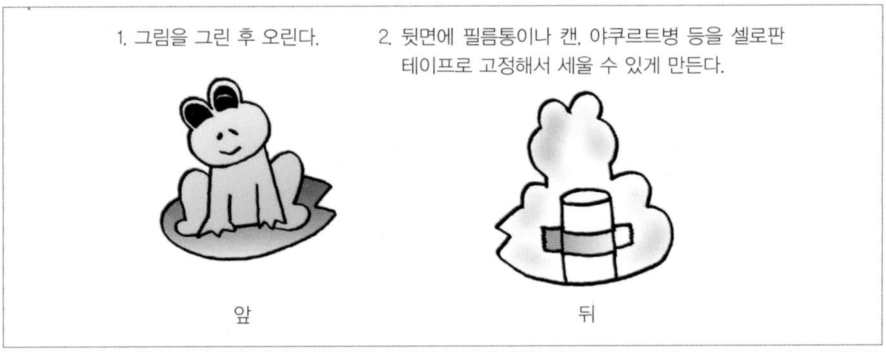

[그림 6-32] 테이블 인형 제작 과정

[그림 6-33] 완성된 테이블 인형

[그림 6-34] 등장인물과 어울리는 무대 제작 예

4 손 인형

손 인형은 손가락이나 손을 인형 안으로 집어넣어서 인형을 움직이는 것으로 인형의 몸, 머리, 팔, 입 등을 움직이도록 제작할 수 있다. 양말, 봉투, 종이접시, 상자를 이용한다.

〈양말을 이용한 제작 방법〉

① 양말의 어느 부분을 입과 얼굴로 할 것인지를 정한 후 입 부분을 절개한다.
② 부직포로 입 모양을 오린 후 양말의 절개된 부분에 맞추어 꿰맨다.
③ 부직포로 오려 만든 입과 같은 모양으로 하드보드지를 자른 후 반으로 접고 뒷부분에 본드를 바르고 약간 마를 때까지 기다린 다음 부직포에 붙인다.
④ 솜이나 스티로폼 공을 양말 안으로 넣어서 입체감이 나도록 한다.
⑤ 인형 눈알, 헝겊 등을 이용하여 장식을 한다.

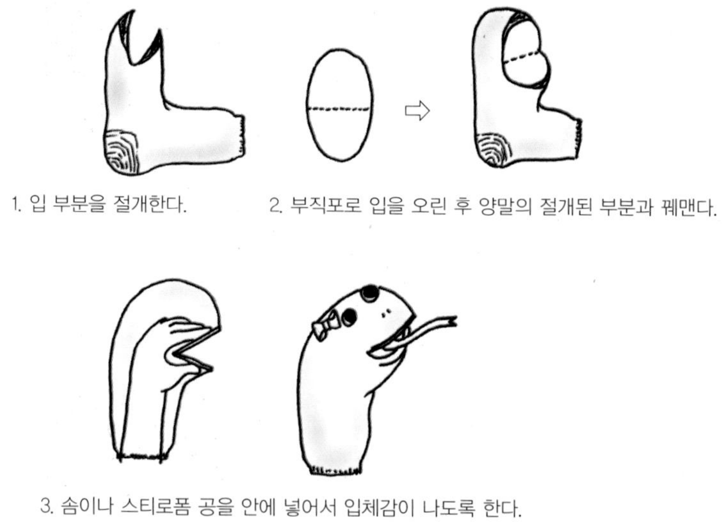

[그림 6-35] 양말을 이용한 손 인형 제작 과정

〈봉투나 쇼핑백을 이용한 제작 방법〉

① 봉투의 접힌 선이 입이 되도록 하면서 인물의 얼굴과 몸을 장식한다.

② 봉투를 벌렸을 때 보이는 부분이 입 안이 되므로 이곳도 장식을 하여 완성한다.

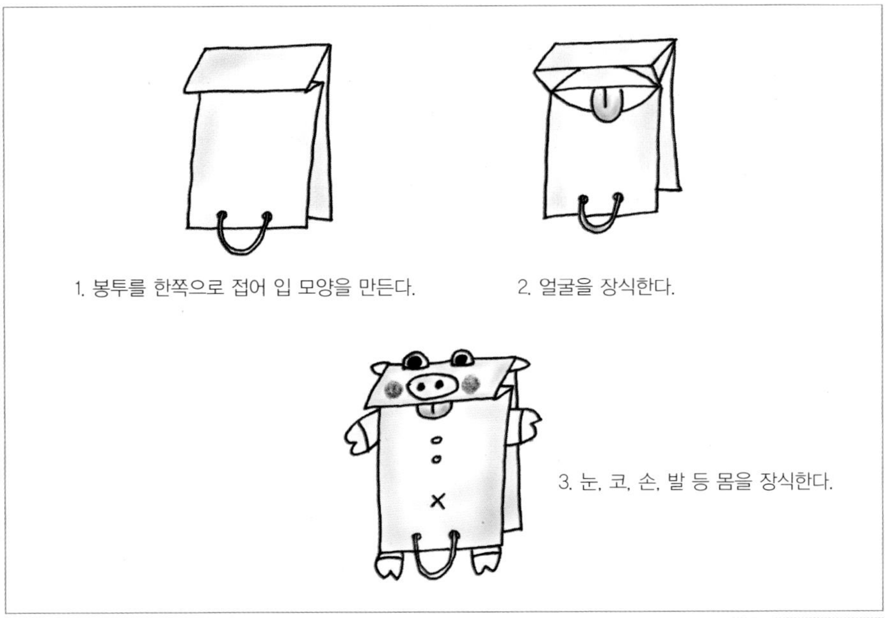

[그림 6-36] 봉투를 이용한 손 인형 제작 과정

〈종이접시를 이용한 제작 방법〉

① 2개의 종이접시 중 한 개는 반으로 자르고, 다른 한 개는 반으로 접는다.

② 반으로 접은 종이접시의 빗금 부분에 본드를 칠한 후 반원의 종이접시를 각각 연결하여 접어서 손이 들어갈 수 있도록 한다.

③ 다양한 재료를 이용하여 장식을 한다.

④ 헝겊을 봉투처럼 만든 후에 종이접시의 위와 밑면에 연결하여 팔이 보이지 않도록 한다.

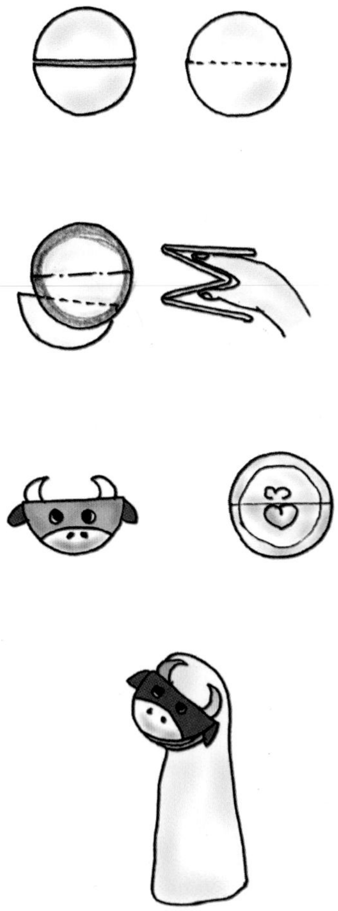

[그림 6-37] 종이접시를 이용한 손 인형 제작 과정

〈상자를 이용한 제작 방법〉

① 주로 우유팩이나 과자 상자를 이용하여 인형을 제작한다. 상자 중앙 부분의 세 면을 자른 후에 남아 있는 한 면 쪽으로 접은 다음, 손을 넣어서 움직일 수 있도록 한다.

② 종이에 그린 후 코팅하거나, 부직포로 얼굴 모양을 만들고 상자 앞에 붙인 후 장식한다.

1. 상자 중앙 부분의 삼면을 자른다.

2. 얼굴을 그린 후 코팅하거나, 부직포로 만들고 상자 앞에 붙인 후 장식한다.

[그림 6-38] 상자를 이용한 손 인형 제작 과정

5 손가락 인형

손 인형과 유사한 것으로 손가락 인형은 손가락에 끼워서 움직이는데, 손가락 골무인형, 손가락 고리인형으로 구분할 수 있다.

〈손가락 인형 제작 방법〉

① 부직포로 손가락 크기의 골무 또는 고리를 만든다.

② 종이로 만들어 코팅하여 사용할 수도 있고, 고리의 경우 고무줄을 사용할 수도 있다.

③ 등장인물을 만들어서 붙인다. 이때 얼굴 부분에 솜을 약간 넣으면 입체감 있게 만들 수 있다.

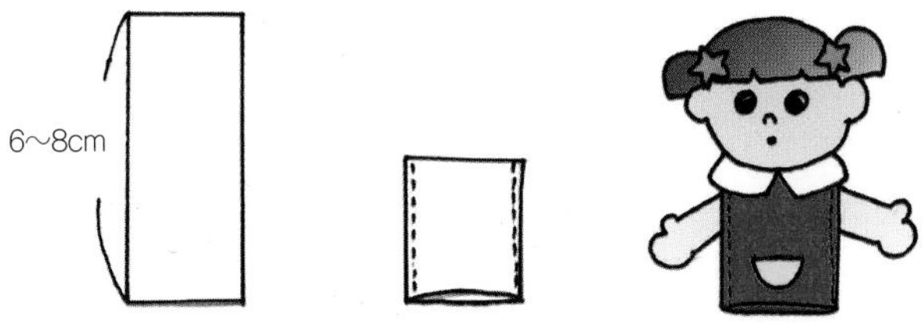

1. 부직포로 손가락 크기의 골무를 만든다.

2. 등장인물을 만들어 붙인다. 부직포로 만들 경우, 얼굴 부분에 솜을 약간 넣으면 입체감 있게 만들 수 있다.

[그림 6-39] 손가락 인형 제작 과정

[그림 6-40] 완성된 손가락 인형

6 줄인형

줄인형은 줄로 조정하는 인형으로 조작적인 인형 중에서 가장 발달된 형태다. 그러나 유아가 조작하고자 할 때에는 줄이 꼬이거나 조작이 어려워 좌절감을 느낄 수 있다. 따라서 유아용 줄인형은 간단하게 한 줄 또는 두 줄만 달기도 한다. 발 부분에는 둥근 자석이나 고무점토 덩어리를 매달아서 안정감 있게 움직이도록 한다.

[그림 6-41] 줄인형 제작 방법

[그림 6-42] 완성된 줄인형

(2) 인형극 틀

유아가 인형을 활용하여 극화 활동을 하기 위해서는 인형뿐 아니라 적절한 무대가 필요하다. 즉, 인형극 틀이 있는 경우 더 효과적일 수 있다. 기존의 인형극 틀을 사용하는 것도 좋으나, 책상, 의자, 블록 등 교실 내의 물품을 이용하여 꾸밀 수도 있다.

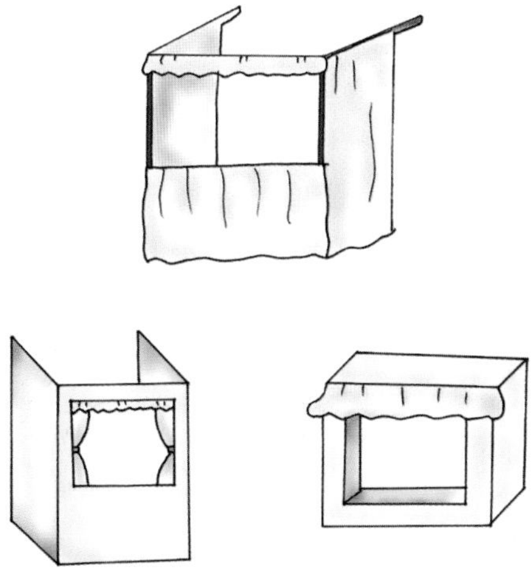

[그림 6-43] 나무와 합판 또는 조립식으로 만든 인형극 틀

(3) 시나리오 작성

인형극을 상연하기 위해서는 동화를 시나리오로 각색하는 과정을 거쳐야 한다. 대본에 쓰이는 용어는 여러 가지가 있으나, 여기에서는 간단히 지문, 대사, 독백, 방백, 해설로 나누어 설명하고자 한다.

① 지문이란 등장인물의 동작, 표정, 장면, 음악 효과, 음향 효과 등을 설명하는 글이다. 대개 (　) 안에 넣어 표시하며, 너무 긴 지문은 좋지 않다.
② 대사는 등장인물이 무대 위에서 하는 말을 뜻하며, 시나리오에서는 대사가 대부분을 차지하므로 시나리오를 잘 썼느냐 못 썼느냐는 대사에 달려 있다.
③ 독백은 무대 위에서 단 한 사람의 인물이 관객 앞에서 큰 소리로 혼자 말하는 것이다.
④ 방백은 진행 중에 한 배우가 관객의 눈앞에 다른 상대역이 있는데도 그 사람에게는 들리지 않는다는 가정하에 관객이 들을 수 있도록 혼자 하는 말이다.
⑤ 해설은 극적 상황이나 사건의 경과, 인물의 심리 상태 등 설명이 필요한 일을 간결하게 관객에게 설명하는 것이다.

인형극을 할 경우 먼저 어떤 시나리오를 선택하여 어떻게 연극을 꾸며 나갈 것인가를 결정해야 한다. 이때 주의할 것은 그 시나리오의 내용, 즉 인형극이 관객에게 무엇을 전하려고 하는지를 파악해야 한다는 것이다.

시나리오를 작성하거나 재구성할 때는 다음 사항을 반영하여야 한다.

① 사건의 전개를 기 · 승 · 전 · 결로 구성하여야 한다.
② 가능한 한 해설은 줄이고 장면의 변화나 행동의 변화는 등장인물의 대사 속에서 알 수 있도록 구성한다.
③ 한 사람의 대사가 너무 길지 않도록 한다.

다음은 문학작품을 인형극 시나리오로 작성한 예다. 원본 작품은 우리나라 전래동화인 「말 안 듣는 청개구리」다.

말 안 듣는 청개구리

등장인물: 엄마 청개구리, 아들 청개구리, 새, 까마귀, 거북이, 뱀

1막

조명: 무대 전체를 밝게 비춘다.

무대 배경: (연못) 엄마 청개구리 등장

해설: 어느 조그마한 연못에 엄마 청개구리와 엄마 말을 잘 듣지 않는 아기 청개구리 꺼꾸리가 살고 있었어요. 꺼꾸리는 엄마의 말을 잘 듣지 않는 말썽꾸러기였답니다. 얼마나 말을 잘 듣지 않는지 우리 한번 볼까요.

엄마 청개구리: (걱정되는 목소리로) 꺼꾸리야. 오늘은 아랫동네만 가서 놀아라. 윗동네에는 무서운 짐승들이 많이 온단다. 알겠니?

꺼꾸리: (심통 난 목소리로) 싫어요. 난 윗동네 가서 놀 거예요.

엄마 청개구리: (기운 없는 목소리로) 원 세상에…… 하나밖에 없는 아들 녀석이 저렇게 말을 안 들으니…… 속상해서 살 수가 없구나. 개굴, 개굴…….

조명: 서서히 어두워졌다가 약간 밝아진다.

무대 배경: 풀이 많고 어두 침침한 냇가. (효과음 삽입–어두침침한 노래)

해설: 시간이 흘러 날이 어두워지면서 어디선가 빨간 불빛이 반짝거리고 있었어요.

꺼꾸리: (신기한 듯) 저게 뭐지? 이상한 불빛이야.

새, 까마귀: (무서워 떨면서) 가자. 무서워…….

꺼꾸리: (화난 목소리로) 겁쟁이들!
(혼잣말로) 다음에 꼭 다시 와야지.

무대 배경: 연못

해설: 꺼꾸리가 집에 돌아오자 엄마 청개구리는 아들을 조용히 불러 타이르며 말했어요.

엄마 청개구리: 꺼꾸리야, 넌 아직 우는 소리가 서투르구나.

꺼꾸리: (화난 목소리로) 절 뭘로 보고 하시는 말씀이세요. 한번 보세요.
(장난이 섞인 큰 소리로) 굴개, 굴개, 굴개…… 잘하죠?

엄마 청개구리: (고개를 흔든다.) 음음. 아니야, 아니야. 엄마가 잘 가르쳐 줄 테니 그대

로 따라 해 보렴. 개굴, 개굴, 개굴…….

꺼꾸리: (장난하듯) 알았어요, 엄마. 굴개, 굴개, 굴개.

엄마 청개구리: 아니야, 얘야, 다시 한번 해 보렴…… 개굴, 개굴, 개굴.

꺼꾸리: 굴개, 굴개, 굴개.

엄마 청개구리: (답답해서 가슴을 치며) 어떻게 해야 좋을지……?

해설: 꺼꾸리는 속상해하는 엄마를 뒤로한 채 랄라랄라 콧노래를 부르며 잠이 들었답니다.

2막

조명: 무대 전체를 밝게 비춘다.

무대 배경: 냇가

해설: 다음 날 아침, 냇가에서 엄마 청개구리와 동네 아줌마들이 빨래를 하고 있었어요.

엄마 청개구리: (한숨을 쉬며) 너무 속상해요. 어떻게 하면 우리 아이의 나쁜 버릇을 고칠 수 있을까요?

거북이: 잘 타일러 봐. (고개를 갸우뚱하며) 아니! 그런 아이는 혼이 나야 하나! 나도 잘 모르겠네…….

까마귀: (날아오며 큰 소리로) 아줌마~ (숨이 차서 헉헉대며) 꺼꾸리가 위험해요. 큰 뱀이 나타나서는…… 흑흑흑. 저희가 말렸는데도 윗동네에 혼자 가 버렸어요.

엄마 청개구리: (놀라며) 정말이니? 꺼꾸리한테 그곳엔 절대 가지 말라고 했는데……. 큰일이다. 이를 어쩌면 좋니? 안 되겠다. 내가 가 봐야겠어.

거북이: 큰일이에요. 꺼꾸리 엄마가 혼자서 숲속에 갔어요.

해설: 동네 사람들은 손에 횃불을 들고 숲속으로 향했어요.

3막

조명: 무대 전체를 약간 어둡게 비춘다.

무대 배경: 숲속

엄마 청개구리: (큰 소리로) 꺼꾸리야~, 꺼꾸리야~ 어디 있니?

꺼꾸리: (다급한 목소리로) 엄마 여기예요. 살려 주세요. 엄마~.

엄마 청개구리: (큰 소리로) 이 못된 뱀아! 당장 내 아들을 내놓지 못해.

뱀: 아니! 감히 나에게 호통을 치다니 너부터 당장 잡아먹어야겠다.

엄마 청개구리: 그래, 올 테면 와 봐라.

(뱀과 엄마 청개구리가 온몸을 부딪히며 싸운다.)

꺼꾸리: (큰 소리로 울부짖으며) 살려 주세요! 도와주세요!

해설: 이때 어디선가 웅성웅성하는 소리가 들려왔어요.

거북이: 저기구나, 저기야. 빨리 가서 꺼꾸리 엄마를 구합시다.

새, 까마귀, 친구: 네, 아줌마.

꺼꾸리: (울부짖으며) 빨리요, 빨리! 우리 엄마 좀 살려 주세요.

뱀: 아이구!! 뱀 살려. 이 조그만 것들이 아이고……. (도망간다.)

4막

조명: 중앙만 비춘다.

무대 배경: 연못

해설: 엄마 청개구리는 자리에 누워 끙끙 앓았어요. 그다음 날, 엄마 청개구리는 꺼꾸리에게 말했어요.

엄마 청개구리: 끄응, 끙…… 얘야, 엄마가 곧 죽을 것 같구나.

꺼꾸리: (울먹이는 목소리로) 엄마!

엄마 청개구리: '항상 내가 하는 말이면 거꾸로만 하니, 내가 죽으면 냇가에 묻어 달라고 해야 산에 묻어 주겠지!' 얘야, 내가 죽거든 산에 묻지 말고 냇가에 묻어 다오.

꺼꾸리: 네? …… 알았어요……, 엄마.

음악: 조용하고 슬픈 음악

해설: 얼마 지나지 않아 엄마 청개구리는 하늘나라로 갔어요. 꺼꾸리는 너무 슬퍼 엉엉 울었어요.

꺼꾸리: 나 때문에 엄마가 돌아가셨구나. 용서해 주세요. 엄마~~ 엉엉엉!!!

개굴, 개굴, 개굴……. 지금까지 엄마 속만 썩였는데…… 엄마가 냇가에 묻어 달라고 했는데 비가 오면 어떻게 하지? 산에 묻어 드려야 하는데…… 하지만 엄마의 마지막 부탁만이라도 들어 드려야지.

꺼꾸리: (슬픈 목소리로) 엄마…….

해설: 엄마 청개구리를 냇가에 묻은 뒤에 큰비가 내렸어요.

음악(효과음): 우르릉 쾅쾅…… 좌아악.

꺼꾸리: 냇물이 넘쳐서 엄마 무덤이 떠내려가면 어쩌나…… 굴개, 굴개, 굴개, 아니!! 아니! 개굴, 개굴, 개굴. 비야!! 비야! 오지 말아라. 우리 엄마 떠내려간다. 개굴, 개굴, 개굴.

해설: 그때서야 청개구리는 엄마가 왜 냇가에 묻어 달라고 했는지 알 수 있었어요. 언제나 반대로만 하기 때문에 냇가에 묻어 달라고 하신 거지요. 꺼꾸리는 그제서야 잘못을 깨닫고 비가 오기만 하면 냇가에 나가 슬피 울면서 잘못을 뉘우쳤답니다.

음악(노래): 비야, 비야, 오지 마라. 우리 엄마 떠내려간다.

(4) 녹음 및 공연

간단한 인형극인 경우에 교사가 직접 인형을 조작하며 대사를 말할 수 있다. 그러나 등장인물이 많거나 조작이 복잡한 인형인 경우에는 인형 조작과 구연을 동시에 하기 힘들기 때문에 녹음 자료를 미리 준비해 두어야 한다. 이때 배경음악이나 효과음을 이용하면 더욱 효과적이며, 인형 자료와 녹음 자료를 제공하여 자유선택활동 시간 등에 유아가 직접 조작해 보도록 할 수도 있다.

녹음을 위해서는 다음과 같은 과정이 필요하며, 리허설을 하면 녹음하는 사람의 마이크 위치나 정확한 시간 등 여러 면을 점검할 수 있어 진행에 효과적이다.

① 녹음기와 마이크, 음향 도구, 대본 등의 자료가 빠짐없이 준비되었는지 확인한다. 여러 사람이 녹음할 때에는 두 개 이상의 마이크를 사용하는 것이 좋다.

② 녹음실은 방음이 잘되어 있는 곳이어야 한다. 그렇지 않은 곳이라면 잡음의 원인이 되는 요인을 제거해야 한다. 즉, 녹음하는 방은 좁고 바닥에 카펫이 깔려 있으며 커튼을 칠 수 있는 곳이 좋다.

③ 녹음기의 모든 채널은 중립으로 놓고 스위치가 녹음으로 되어 있는지 확인한다. 녹음기의 볼륨은 가장 낮게 설정한다. 이는 재생 시 소리의 볼륨이나 톤의 조절을 가능하게 하기 위해서다.

④ 녹음하기 전에 테이프를 미리 조금 감아 둔 뒤 녹음을 시작하고, 끝부분에 도 같은 양만큼의 테이프를 남겨 둔다.
⑤ 마이크와 녹음기 사이는 적어도 30~45cm는 떨어져 있어야 한다.
⑥ 배경음악은 꼭 필요한 부분에만 넣는다.
⑦ 공연을 할 때는 필요한 인형 및 녹음 자료, 조명 등을 확인하고 리허설을 철저히 하여 실수하지 않도록 한다.
⑧ 공연 시 주의집중 방법은 동화 들려주기와 동일하게 한 다음 교실 내 조명을 끈다.
⑨ 인형극 틀에 공연을 위한 조명을 켠 뒤 시작한다.
⑩ 관람석에서 공연하는 사람의 모습이 보이지 않도록 몸을 낮추고 대사 부분에서는 말을 하는 것처럼 인형을 과장하여 움직이도록 한다.

원내의 모든 유아를 대상으로 교실보다 넓은 공간에서 인형극을 공연하는 경우에는 인형이나 인형극 틀을 큰 것으로 사용하고, 무대 배경 등도 첨가하여야 한다.

2. 동화 짓기

동화 들려주기와 함께 유아에게 제시할 수 있는 또 다른 활동이 동화 짓기 활동이다. 동화 짓기는 유아가 경험한 이야기를 상상력과 창의력을 바탕으로 새롭게 꾸미거나 나름대로 이해하고 해석하여 재창조하는 활동이다(McGee & Richgels, 1990). 유아가 말하는 이야기를 교사가 받아 적어 주는 것은 유아가 하고 싶은 이야기를 충분히 표현할 수 있도록 도와주는 좋은 교수 방법이다(Paley, 1981). 유아가 자신의 생각을 혼자서 쓰기 어려울 경우에는 교사가 대신 적어 주도록 한다(Goodman, 1986). 유아가 문학 활동을 한 후 능동적으로 자신이 들은 이야기를 들려주거나 스스로 이야기를 꾸밀 수 있기 위해서는 인형 등의 문학소품(literature props)을 활용하는 것이 효과적이다.

동화 짓기 활동은 개별로 또는 집단으로 행할 수 있으며, 읽은 동화의 내용을 개작하거나 혹은 결말이 개방적일 경우 뒷부분의 이야기를 지어 보기도 하며, 글 없는 그림책 등을 이용하여 창작해 볼 수도 있다. 동화 짓기 활동이 개작이든 창작이든, 교사는 유아의 이야기를 커다란 종이에 받아 적어 주며, 이를 모든 유아가 볼 수 있도록 교실에 게시하여 준다. 또한 그림책으로 묶어 교실의 도서영역에 전시해 준다.

동화 짓기 활동을 전개하는 구체적인 방법은 다음과 같다.

① 동화 짓기 활동에 익숙하지 못한 유아는 처음에는 다른 동화의 일부분을 바꾸는 개작 활동으로 시작한다. 이때 교사는 유아에게 동화를 여러 번 반복하여 읽어 주어 동화에 익숙해지게 한다. 이때 등장인물이 점점 많아지거나 혹은 점점 없어지는 누적적 이야기나 예측 가능한 이야기를 사용하면 좋다. 예를 들어, 「사과가 쿵!」이라는 동화를 가지고 사과 대신 다른 과일을 넣어 유아와 이야기를 개작해 보거나, 등장 동물 대신에 다른 동물을 넣어 보거나, 또는 자신들의 학급 친구 이름 등을 넣어 동화를 개작해 볼 수 있다. 또 다른 예로, 「빨강 도깨비, 파랑 도깨비, 노랑 도깨비」라는 동화를 가지고 '빨강색 하면 생각나는 것 세 가지?'라는 질문에 대한 유아의 즉각적인 대답을 넣어 동화를 개작해 보거나, 또는 빨간색 대신 다른 색깔을 넣어 동화를 구성해 가면서 쉽게 개작을 할 수 있다.

② 유아가 개작에 좀 더 익숙해지면, 뒷부분이 개방적인 결말로 끝나는 동화 등을 소재로 하여 뒷부분의 후속 이야기를 지어 보는 활동도 좋다. 예를 들어, "두 친구가 놀이터에서 장난감을 가지고 놀고 있었는데, 한 친구가 자신이 놀던 장난감을 가지고 집으로 돌아가 버리면 어떻게 할까?"라고 질문하고 대답 내용을 가지고 후속 이야기를 지어 볼 수 있다. 또 다른 예로, 「우락부락 염소 세 형제 이야기」라는 동화를 읽고, 만약 자신이 염소라면 어떤 현명한 대답으로 다리 밑의 괴물을 물리치고 다리를 건널 수 있는지 이야기를 지어 보는 활동을 하는 것도 좋다.

③ 글 없는 그림책을 이용한 동화 짓기 활동의 경우 유아에게 글 없는 그림책

을 제공해 주고 자신들의 발달 수준이나 경험에 근거하여 주인공을 바꾸어 보거나 줄거리를 지어 보게 한다. 예를 들어, 「사과와 나비」나 「빨간 풍선의 모험」 등의 동화는 유아가 글 없는 그림책을 반복해서 자세히 읽고 자신의 생각대로 등장인물이나 배경, 대사 등을 넣어 이야기를 지어 보게 할 수 있다.

④ 생활 주제와 관련지어 유아와 함께 주인공을 정해서 이야기를 지어 볼 수도 있다.

⑤ 이러한 전 과정에서 교사는 유아와 지은 동화를 전지에 받아 적거나 또는 개별 이야기책에 반드시 받아 적어 주고, 함께 모이는 시간에 소개하여 다른 유아와 즐겁게 읽어 보고, 교실의 한구석에 붙여 놓아 다른 유아와 공유할 수 있어야 한다.

작품목록

그림 형제 글, 베르나데트 와츠 그림, 허은미 옮김(1995). **요정들과 구두장이**. 서울: 비룡소.

다다 히로시 글 · 그림, 정근 옮김(1996). **사과가 쿵!** 서울: 보림.

윤구병 기획, 김효순 그림(2011). **빨강 도깨비, 파랑 도깨비, 노랑 도깨비**. 서울: 휴먼어린이.

알릭세이 톨스토이 글, 헬린 옥슨버리 그림, 박향주 옮김(1996). **커다란 순무**. 서울: 시공사.

에릭 카를 글 · 그림, 이희재 옮김(2007). **배고픈 애벌레**. 서울: 더큰.

엘라 마리 그림(1995). **빨간 풍선의 모험**. 서울: 시공사.

이엘라 마리, 엔조 마리 글(2008). **사과와 나비**. 서울: 보림.

최영재 글, 이명선 그림(1999). **나비옷을 입은 아기여우**. 서울: 지경사.

페터 아스뷔욘센, 요엔 무 글, 마샤 브라운 그림, 신수진 옮김(1996). **우락부락 염소 세 형제 이야기**. 서울: 시공주니어.

참고문헌

교육부(1998). **유치원 교육과정 해설**. 서울: 교육부.

권정숙(1998). **유아 문학 활동 지도의 이론과 실제**. 서울: 삼광출판사.

김선익, 추대운(1994). **인형극 입문**. 서울: 바른글.

김성연(2010). 유아교육을 위한 인형극. 서울: 다음세대.

김애옥(1998). 인형극의 이론과 실제. 서울: 양서원.

김현희, 박상희(2016). 유아문학: 이론과 실제(2판). 서울: 학지사.

박선희, 이송은(1997). 유아를 위한 문학활동. 서울: 정민사.

석용원(1982). 동화구연의 이론과 실제. 서울: 백록출판사.

심성경, 이희자, 김경의, 최국남, 이용례, 이영희, 허은주(2002). 동화짓기 및 관련활동이 유아의 읽기 흥미와 언어표현력에 미치는 영향. 유아교육연구, 제22권, 제1호, 231-252.

이영자(2013). 유아언어발달과 지도(제3판). 경기: 양서원.

이영자, 박미라, 최경애(2009). 영유아교육 교수매체. 서울: 교문사.

장혜순(1997). 아동문학론. 서울: 창지사.

주영희(2001). 유아언어발달과 교육. 서울: 교문사.

진명희(2000). 멀티미디어 시대의 유아 언어교육. 서울: 창지사.

Goodman, Y. M. (1986). Children coming to know literacy. In W. H. Teale & Sulzby (Eds.), *Emergent literacy: Writing and reading*. Norwood, NJ: Ablex.

McGee, L. M., & Richgels, D. J. (1990). *Literacy's begining*. Boston: Allyn & Bacon.

Morrow, L. M. (1979). Exciting children about literature through creative, story telling technique. *Language Arts, 56*, 236-243.

Paley, V. G. (1981). *Wally's Stories*. Cambridge, MA: Harvard University Press.

제7장

동시와 동극 지도

1. 동시 지도

좋은 동시를 선택하고 적절한 방법으로 들려주는 것은 유아에게 즐거움과 기쁨을 제공하며, 나아가 모국어의 아름다움을 경험하게 하는 가치 있는 활동이다. 유아기의 동시 체험은 단순히 감상 차원에 그치지 않고 동시를 지어 보는 창작 활동까지도 포함한다. 반복적이며 운율적인 동시가 듣는 데 즐겁고, 기억하기 쉬우며, 감상 후의 동시 재구성에서도 활용이 쉽다(진명희, 2000).

앞서 살펴본 동화 들려주기의 전달 방법을 모두 동시 들려주기 방법으로 활용할 수 있다. 즉, 아무런 자료 없이 동시를 읽어 주기도 하지만 그림 자료나 그림책을 이용하여 동시를 들려줄 수도 있으며, 인형이나 OHP, 슬라이드 등을 이용할 수도 있다. 이에 다음에서는 동시 들려주기 활동과 동시 짓기 활동의 방법을 살펴보고자 한다.

1) 동시 들려주기

① 적합한 동시를 선택한다(5장의 '문학 장르별 선택 기준'에서 동시의 선택 기준 참조).

② 선택한 동시를 들려주기 전에 교사가 먼저 읽어 본다. 이때 큰 소리로 읽어 보아 음의 강약이나 고저, 적당히 쉬어야 할 곳 등을 표시한다. 교사가 자신이 읽어 보는 동시를 녹음하여 들어 보는 방법도 좋다.

③ 동시를 읽어 줄 때는 감정을 넣어 읽어 준다. 너무 인위적이거나 과장된 목소리보다는 선택된 동시에 가장 적절한 목소리로 여러 번 반복해서 읽어 준다. 또한 동시의 분위기를 살려 주는 음악을 함께 읽어 주면 시가 지니고 있는 느낌을 부각해 주므로 효과적이다.

④ 동시를 몇 차례 읽어 준 후, 다양한 방법으로 동시 읽기에 유아를 참여시킨다. 구체적인 방법은 다음과 같다.

- 대화식으로 된 부분을 교사와 유아가 나누어서 읽는다.
- 교사와 유아가 한 구절씩 번갈아 가면서 읽는다.
- 유아를 집단으로 나누어 읽어 보게 한다.
- 유아가 다 함께 읽어 보게 한다.

⑤ 동시를 들려줄 때는 다양한 자료, 즉 동시책, 그림 자료, 문장 카드, 테이프, 동시가 들어 있는 CD 등을 함께 제시하는 것이 효과적이다.

⑥ 유아에게 들려준 동시를 게시판에 게시해 두며, 이때 교사가 녹음해 준 동시 녹음테이프 등을 함께 제시하여 여러 가지 다양한 매체로 동시를 다시 들어 볼 수 있게 해 준다.

⑦ 동시는 동시 그 자체로, 즉 문학작품으로 제공하여야 한다. 동시를 글자 익히기나 읽기 연습의 도구로 사용해서는 안 되며, 유아에게 동시를 암기하도록 요구해서는 안 된다.

⑧ 동시를 다 들려준 후 대집단이나 소집단으로 그 느낌에 대하여 토의해 보는 활동을 실시하도록 한다.

다음은 동시 들려주기 활동의 예다. 작품은「가랑잎」(곽동경)이다.

① 교사는 의성어와 의태어, 음의 고저, 목소리 등을 생각하며 먼저 읽어 본다.
② 교사는 [그림 7-1]과 같은 그림 자료를 제작 · 제시하며 동시를 읽어 준다.
③ 교사가 먼저 한 연을 읽은 후 유아가 다음 연을 읽는 등 번갈아 가며 한 연씩 읽어 본다. 세 집단으로 나누어 각각 한 연씩 읽어 보기도 하며, 또는 교사가 읽고 유아는 '떽떼굴' '아장아장' '쫄랑쫄랑' 등의 의성어와 의태어가 나오는 부분만 읽어 본다.
④ 유아에게 반복해서 읽어 준 후, 익숙해지면 '떽떼굴' '아장아장' '쫄랑쫄랑' 부분에 다른 단어를 넣어 읽어 본다. 또한 '가랑잎' '아기' '강아지' 대신 다른 단어를 넣어 유아가 동시를 지어 보는 확장 활동으로 유도한다.
⑤ 다 읽고 난 후 어떤 느낌이 들었는지 이야기해 본다.

가랑잎

곽동경

가랑잎 하나 떽떼굴
굴러갑니다.
아기가 아장아장
쫓아갑니다.
강아지가 쫄랑쫄랑
따라갑니다.

[그림 7-1]「가랑잎」동시 자료

2) 동시 짓기

동시 들려주기와 함께 유아에게 제시할 수 있는 또 다른 활동이 동시 짓기다. 동시 짓기를 통해 유아는 생활 속에서 자신의 경험과 감정을 자유롭게 표현할 수 있다(교육과학기술부, 보건복지부, 2012). 동시 짓기는 유아가 어떤 제재, 즉 주제에 적합한 소재에 대하여 자신이 가지고 있는 감정이나 느낌을 개별 또는 집단으로 토의하고 그 내용을 적어 봄으로써 자신의 감정을 이야기하고 타인과 공유해 볼 수 있는 유익한 활동이다.

유아에게 동시 짓기의 의미가 제재를 선택하여 집단 또는 개인이 동시다운 요소가 있는 운문을 창작하는 것이라고 할 때, 전문가들은 유아에게 적절한 동시 짓기가 '느낌을 말로 표현하는 것'이라고 이야기한다(이영자, 2018; 주영희, 1995). 따라서 동시 짓기에 필요한 것은 유아가 느낄 수 있고 그 감흥을 표현할 수 있는 유연한 마음가짐과 동시에 대한 언어적 감각을 갖추는 것이며(심성경 외, 2002), 이를 통하여 자신의 생각을 말로 표현하고 대상과 상황에 맞는 언어를 사용하여 자신의 생각을 형상화하는 것에 대한 즐거움을 느끼는 것이다(이영자, 2018).

동시 짓기 활동을 전개하는 구체적인 방법은 다음과 같다.

① 동시 짓기에 익숙하지 못한 유아는 처음에는 동시의 일부분을 바꾸어 보는 활동으로 시작한다. 이때 교사는 유아에게 익숙한 동시를 들려주어 여러 번 감상하게 하고, 적당한 부분에 유아 자신의 생각을 기록하여 동시를 완성하게 한다([그림 7-2] 참조). 이때 글을 모르는 유아는 교사가 받아 적어 주거나 그림으로 표현하여 내용을 전달하는 등의 경험을 통해 교사가 도와줄 수 있다.

② 유아가 동시 짓기에 익숙해지면 제시한 주제에 맞추어 자신의 경험을 이야기해 보고 그것을 동시로 지어 보게 한다. 또 다른 방법으로 현장학습을 다녀온 다음 개별 혹은 집단으로 자신들의 느낌을 말해 본 후 그것을 기록하여 하나의 동시를 만들어 볼 수도 있다.

③ 동시가 완성되면 제목을 지어 보고, 벽에 전시하여 기회가 될 때마다 함께 낭송한다.

산골물	산골물
문삼석	______반 이름: ______
하도 맑아서	하도 맑아서
가재가 나와서	______________가
하늘 구경합니다.	______________합니다.
하도 맑아서	
햇빛도 들어가	
모래알을 헵니다.	

[그림 7-2] 「산골물」 동시 자료

2. 동극 지도

동극은 유아가 직접 등장인물의 역할을 해 봄으로써 이야기를 스스로 해석하고 표현하는 활동이다.

유아의 동극은 대사를 암기하고 소도구와 의상을 이용해 관객을 즐겁게 해 주는 일반 연극과는 다르다. 관객을 위해 원고를 암기하는 것이 아니라 자신들과 친숙한 상황과 주제를 만들어 자발적으로 표현하는 것이다. 동극을 통해 유아는 다른 사람의 느낌, 생각, 행동을 받아들이고 이해하는 능력을 키운다. 유아는 알고 있거나 읽어 본, 좋아하는 이야기를 선택하여 동극으로 표현할 수 있다. 유아교육기관의 교실에서 흔히 할 수 있는 동극 활동은 역할 정하기, 줄거리 기억해 보기, 반복적으로 되풀이되는 간단한 대사 정하기, 표현해 보기의 과정으로 진행된다.

동극에 적절한 이야기는 구성이 단순하며, 등장인물의 성격 묘사가 잘되어 있고, 대화가 풍부한 누적적인 이야기가 적당하다. 「커다란 순무」나 「모자장수 아저씨」와 같은 이야기가 적절한 예다.

동극을 지도할 때 교사는 두 가지 방법으로 유아를 지도할 수 있다. 첫째, 극에 참여하지 않고 소품, 배역에 맞는 행동, 느낌을 제안하고 인물의 등장 시점을 알려 주며 이야기 진행에 필요한 간단한 해설자 역할을 할 수 있다. 둘째, 극중의 특정 역할이나 인물을 맡아서 참가하는 방법으로 유아가 독자적으로 역할 수행을 할 수 있으면 즉시 빠져나온다.

구체적인 지도 방법은 다음과 같다.

① 동극에 적절한 이야기를 선정하여 들려준다.
② 이야기 속의 등장인물과 필요한 장면을 생각해 보게 한다. 이야기에 나오는 인물이나 순서를 일깨울 수 있는 관련 질문을 한다. 예를 들어, 「모자장수 아저씨」를 극화한다고 했을 때, 교사는 "모자장수 아저씨라는 동화에 누가누가 나왔지?" "그다음에 어떻게 되었지?" "원숭이가 모자를 가져갔을 때 모자장수 아저씨의 기분은 어땠을까?" "원숭이가 모자장수 아저씨의 행동을 따라 했을 때 기분이 어땠을까?" "아저씨가 어떻게 했니?" 등과 같은 질문을 던질 수 있다.
③ 배역을 정한다. 희망하는 유아를 중심으로 배역을 정하고 소극적인 유아는 나무나 바위 등의 역할을 주어 가능한 한 모든 유아가 참여하도록 한다. 배역이 정해지는 대로 차례로 앞으로 나오게 하여 적절한 분장(페이스 페인팅, 의상, 소품 활용 등)을 한다. 이때 모든 유아의 의견을 반영한다.
④ 등장인물을 위한 소품이나 무대 장치의 제작이 필요한 경우에는 시간을 준다. 미술활동 시간에 극화에 필요한 가면이나 소품, 배경 그림을 그려 볼 수 있고, 무대가 필요한 경우 블록이나 다른 소품 등을 이용하여 구성할 수 있다.
⑤ 반복되는 행동이나 대사를 모든 유아와 함께 해 볼 수 있다. 「모자장수 아저씨」에서 원숭이들이 아저씨를 따라 하는 행동이나 대사 부분을 극화에 들어가기 전에 모든 유아가 해 봄으로써 긴장을 풀 수 있고 자신감을 줄 수도 있다.
⑥ 각자 자신의 역할에 따라 연기한다. 유아가 해설자를 할 수도 있다.

⑦ 동극 활동을 마친 뒤 전체 유아와 함께 평가해 보도록 한다. "어떤 부분이 가장 재미있었니?" "어떻게 하면 정말 ~하는 것 같을까?" "앉아서 보는 친구들은 어떻게 하면 좋을까?" 등의 언어적 상호작용을 한다. 이때 비평보다는 유아의 표현에 대해 격려하도록 한다.

⑧ 유아끼리 역할을 바꾸어서 해 볼 수 있다.

이상의 과정은 동화에 따라 하루에 모두 이루어질 수도 있으나, 경우에 따라서는 2~3일 동안 이루어질 수도 있다. 즉, 등장인물을 위한 소품이나 무대 장치 등의 제작 시간이 오래 걸릴 경우 활동 전날 미리 제작하여 준비해 놓을 수 있다. 또한 전날 동화를 들려주고 다음 날에 동극 활동을 실시할 수도 있다.

참고문헌

교육과학기술부, 보건복지부(2012). 5세 누리과정 교사용 지침서.

심성경, 이희자, 김경의, 최국남, 이용례, 이영희, 허은주(2002). 동화짓기 및 관련활동이 유아의 읽기 흥미와 언어표현력에 미치는 영향. 유아교육연구, 제21권, 제4호, 497-517.

이영자(2018). 영유아 언어교육 이론과 실제. 경기: 양서원.

주영희(1995). 유아를 위한 언어교육. 서울: 교문사.

진명희(2000). 멀티미디어시대의 유아언어교육. 서울: 창지사.

제8장

환경구성

유아교육기관에서 반드시 제공해야 할 흥미영역 중의 하나는 도서영역이다. 도서영역은 언어영역의 일부로 배치하기도 하며, 별도로 분리해 배치하기도 한다. 잘 짜인(well-designed) 도서영역은 유아의 문식성을 촉진할 수 있다. 도서영역은 문식성에 대한 교사의 신념과 유아의 독특한 욕구에 대한 이해를 반영하며, 적절한 도서영역의 구성은 유아가 책과 상호작용하면서 책에 대한 즐거움을 경험해 보도록 한다. 유아가 책을 경험하는 기간이 길수록 점점 더 문학작품에 몰입하게 되고, 책과의 의미 있는 경험은 유아 스스로 책을 읽어 보도록 격려한다(Cullinan, 1989). 그러나 많은 경우 유아 도서영역의 구성에 대해 별다른 생각 없이 단지 그림책을 제공해 주기만 하면 된다고 생각하기가 쉽다. 이에 이 장에서는 도서영역의 구성 시 고려하여야 할 일반적인 원리와 적절한 구성 방법에 대하여 살펴보고자 한다.

1. 환경구성 원리

유아를 위한 도서영역을 구성할 때 교사는 다음과 같은 유아의 일반적인 특징을 고려하여 구성해야 한다(Raines & Isbell, 1994).

1) 유아의 활동성 고려

도서영역은 종종 주어진 책을 선택하여 읽는 조용하고 활동성이 없는 영역으로 간주된다(Stauffer, 1980). 이것은 로젠탈(Rosenthal, 1973)이나 모로(Morrow, 1983)의 연구 등에서 도서영역이 학급 내에서 가장 적게 선택되는 영역으로 밝혀진 이유의 하나일지도 모른다. 그러나 교실의 도서영역은 비활동적인 영역이라기보다는 책과의 흥미진진한 경험이 펼쳐지며 유아의 적극적인 참여가 고무되는 곳이라는 메시지를 유아에게 전해야 한다(Dodge, 1988). 다시 말하면, 도서영역에서 유아는 조용히 앉아서 책을 읽기도 하지만, 그 외에 책과 관련한 다양한 활동을 하기도 한다.

유아의 활동성을 고려한 도서영역을 구성하기 위해서 교사는 먼저 도서영역의 크기를 고려해야 한다. 도서영역의 충분한 공간 확보는 유아에게 교사가 도서영역을 매우 가치 있게 여기고 있다는 것을 보여 준다. 또한 넓은 공간은 유아에게 도서영역에서의 다양한 상호작용의 기회를 더 많이 제공해 준다. 어떤 책과 교구를 제공하는지뿐만 아니라 선반이나 좌석의 배치에서도 능동적인 학습을 유도할 수 있도록 신중히 고려해야 한다.

즉, 책과 교구를 좀 더 능동적으로 손쉽게 사용할 수 있도록 제시해 주며, 책을 읽고 난 후 스스로 책과 관련한 설명과 책의 이야기를 재구성하여 말해 볼 수 있는 작은 소품(예: 부직포 인형)을 제공하여 유아가 책과 연관한 좀 더 역동적이고 조작적인 활동에 참여하도록 한다.

2) 유아의 신체적 욕구 고려

도서영역은 유아가 편안하게 책을 읽을 수 있도록 자리를 배치하는 것이 바람직하다. 특히 활동적인 유아는 책을 보면서 수시로 자세를 바꾸기 때문에 책을 읽으면서 그 긴장감을 풀 수 있는 환경을 마련해 주는 것이 중요하다. 교사는 유아가 책을 읽는 자리를 선택할 수 있도록 여러 가지 다양한 도구, 즉 낮은 의자, 낮은 책상, 쿠션이나 카펫, 부드럽고 편안한 쿠션형 의자 등을 준비해 주어야 한다. 이 외에도 유아의 머리를 받칠 수 있는 작은 베개, 몸을 기댈 수 있는 커다란 쿠션, 매트 등을 준비하여 흥미롭고 편안하게 책을 읽어 볼 수 있는 장소로 만들어야 한다. 이처럼 이동 가능한 다양한 소품을 제공해 주어 유아가 도서영역 내의 원하는 장소에서 편안하게 책을 읽고 관련 소품을 탐색해 보도록 촉진한다(Raines & Isbell, 1994).

3) 유아의 사회성 고려

교실의 도서영역은 또래 친구나 때로는 교사와 함께 책을 보는 사회적 상호작용의 영역이 될 수 있다. 유아는 또래와 책에 대하여 이야기를 나누면서 긍정적인 책 읽기 태도를 형성하고 자신이 선택한 책에 대한 흥미를 지속할 수 있다(Raines & Isbell, 1991).

교사는 블라인드나 카펫 등을 이용하여 대여섯 명의 유아가 소집단으로 모여 상호작용할 수 있는 공간을 구성해 준다. 이곳에서 유아는 책에 대한 자신의 감정을 동작이나 역할놀이 등으로 표현할 수 있다. 또한 두세 명의 유아를 위한 작은 공간을 구성해 주어 그들 간의 협력적인 책 읽기 활동을 유도할 수도 있다.

한편, 도서영역은 또래와 함께 책과 관련한 다양한 활동이 이루어지는 사회적인 영역인 동시에 유아가 독립적으로 책을 즐기는 개인적인 공간이기도 하다. 교사는 커다란 냉장고 상자, 낡은 텐트 등을 제공하여 유아가 독립적으로 책을 읽을 수 있도록 한다. 이러한 공간에서 편안하게 책을 읽다 보면, 유아는 자신만의 속도로 책을 읽을 수 있게 되며, 책을 읽는 것에 대한 자신감을 키우고, 반복적인 책 읽기 활동의 즐거움을 깨닫게 된다.

4) 유아의 눈높이와 시각적 자극 고려

유아는 자신이 흥미 있어 하는 사물이나 책, 전시용품, 교재 · 교구 등을 탐색하고 이를 실험해 보는 과정을 통해서 배운다. 따라서 교사는 유아의 흥미를 유발할 수 있도록 도서영역의 내용이나 벽 색깔이나 바닥 깔개, 주변의 전시물 등을 고려하여 유아의 시각적 자극을 유도한다. 매력적인 색깔의 다양한 소품과 밝은색의 도서영역은 유아가 좀 더 활동에 몰입하도록 자극을 주며, 자연스러운 색의 도서영역은 게시한 전시물이 좀 더 눈에 잘 띄게 하는 데 효과적이다.

더불어 교사는 유아의 신체 크기나 눈높이 등을 고려하여 그림책이나 인형 등의 관련 교구를 배치해야 하며, 언제라도 손쉽게 찾아서 사용할 수 있게 해야 한다(Loughlin & Martin, 1987). 매력적이고 사용하기 쉽게 배치된 도서영역은 유아에게 도서영역에서의 즐거움을 경험하게 해 준다.

2. 환경구성 방법

유아교육기관의 도서영역은 소음 발생 빈도가 적으면서 조용하고 아늑한 곳에 배치하는 것이 바람직하다. 교실의 출입문에서 멀리 떨어져 있고, 쌓기놀이 영역이나 역할놀이 영역, 물놀이 영역처럼 소음 발생 빈도가 높은 영역과 분리해서 배치해야 한다. 영역의 위치로는 자연광이 들어오는 창문 옆이 좋으며, 어둡지 않게 인공조명 등을 준비해 준다. 가능하다면 벽이나 인위적인 칸막이 등을 이용하여 세 면을 막아 'ㄷ'자 형태로 구성하여 다른 영역에 비해 닫힌 느낌을 갖도록 해 준다. 또한 [그림 8-1]처럼 천장에는 천으로 만든 커튼을 달아 편안함과 안정된 분위기를 제공해 주는 것이 좋다(Raines & Isbell, 1991).

도서영역에서 책을 전시하는 방법은 도서영역 내에서 유아의 흥미도 및 지속시간에 영향을 미친다(Schickedanz, 1986). 책의 전시는 영유아가 손쉽게 사용할 수 있도록 낮은 탁자나 선반에 제시하여, 유아가 독립적으로 책을 선택하고 선택한 책에 대하여 흥미를 유지하도록 한다. 이때 책의 전면이 보이도록 배치하며, 책을 쌓아 놓아서는 안 된다. 또한 책과 관련한 다양한 포스터를 붙여 주어 도서영역에 대한 관심도를 증진해 주고, 게시판에 '금주의 책 코너' 등을 만들어 유아에게 소개하고 싶은 새로운 책, 예를 들면 단원에 맞는 새로운 책을 전시하거나 동일한 저자나 일러스트레이터가 그린 여러 종류의 다른 책 등을 전시하여, 유아가 다양한 책을 탐색해 보도록 한다.

[그림 8-1] 천장에 커튼을 매단 도서영역

더불어 영유아가 자유롭게 책을 탐색하고 상호작용할 수 있는 다양한 소품 등을 구비해 주어 자유롭고 편안한 분위기를 구성해 준다.

영아(0~2세) 학급과 유아(3~5세) 학급으로 나누어 도서영역의 구성 방법을 살펴보면 다음과 같다.

1) 영아(0~2세) 학급의 도서영역

영아를 위한 도서영역의 구성은 유아를 위한 도서영역의 구성과는 다르다. 0~2세는 피아제(Piaget)의 감각운동기에 해당하는 시기로서, 주로 감각적이고 신체운동적인 경험을 통하여 사물에 대한 지식을 습득한다. 따라서 영아를 위한 도서영역을 구성할 때는 다음의 발달적 특성을 고려한다.

[그림 8-2] 영아를 위한 도서영역

(1) 영아의 신체적 특징을 고려한 다양한 장소 마련

이 시기의 영아는 성인의 무릎에 앉거나 기어 다니면서 다양한 자세로 책을 보기 때문에 편안한 의자나 쿠션, 카펫, 푹신한 토끼 인형, 재미있는 탈것, 부드럽게 움직이는 안전의자 등을 마련하여 편안한 자세로 책을 보도록 해 준다. 더불어 영아가 좋아하는 아기 사진이나 그림, 안전거울을 영아의 눈높이에 맞게 제시해 주어 호기심을 자극한다.

(2) 영아의 감각적 경험을 고려한 다양한 책 비치

영아의 감각적인 경험을 고려하여 책을 선택하는데, 주로 헝겊으로 만들어진 따뜻함이 느껴지는 책이나 물에 젖지 않는 비닐 목욕책, 관련 그림 조각을 떼어 붙일 수 있는 퍼즐책, 전래동요나 반복적인 어휘 등이 담긴 책, 모빌로 만든 책, 주제가 되는 사물이나 동물 형태의 모양책, 누르면 소리가 나는 책, 물체가 튀어 오르는 책 등 다양한 형태와 질감을 통해 감각적 경험을 제공하는 책이 좋다. 이와 함께 책의 내용과 관련한 인형이나 소품을 함께 제시하여 활동을 더욱 확장할 수 있다.

2) 유아(3~5세) 학급의 도서영역

유아를 위한 도서영역은 읽기를 위한 다양한 기회를 제공하여야 한다. 이 시기는 피아제의 전조작기에 해당하는 시기로서, 자신 및 또래에 대한 관심이 증가한다. 또한 주변 사물이나 사건에 대한 관심이 많아지며 호기심이 증가하는 시기다. 특히 언어 발달이 급속히 이루어지는 시기로, 다음과 같은 유아의 발달적 특징을 고려하여 도서영역을 구성해야 한다.

(1) 활동 주제와의 기능적 연결

유아를 위한 도서영역에서 제공되는 책은 학급에서 진행되고 있는 활동의 주제와 기능적으로 연결되어야 한다. 만약 '개미'와 관련한 주제 접근법을 진행하는 경우, 교사는 「땅위의 사람들, 땅속의 개미들」 또는 「개미 큰 책」 등을 비치해 주고 개미 인형을 제공한다.

(2) 다양한 의자와 책 제공

유아가 편안한 분위기에서 책을 볼 수 있도록 다양한 의자와 다양한 책을 제공한다. 영아와 마찬가지로 유아 역시 도서영역 안의 다양한 장소에서 다양한 방법으로 책 읽기를 즐긴다. 교사는 도서영역에 흔들의자, 사용하지 않는 아기용 욕조, 카펫 등을 활용해서 유아가 자신이 원하는 위치에서 책을 볼 수 있도록 세심하게 배려한다.

(3) 발달적 특징을 고려한 책 비치

유아의 발달적 특징을 고려한 다양한 종류의 책을 비치한다. 그림책, 동시, 전래동화, 지식정보책, 쉬운 책 등 여러 유형의 책을 제시하는 것이 좋다. 또한 글을 읽지 못하는 유아를 위해 그림만 있는 책, 추측하기 책, 예측 가능한 반복적인 문장이 나오는 책 등을 구비해 둔다.

(4) 다양한 읽기 자료 비치

책 이외에 다양한 읽기 자료를 비치한다. 단순히 책만을 제공하는 것이 아니라, 교사나 유아가 제작한 그림사전, 그림동화, 단어 카드, 학급 친구들의 사진과 이름이 적힌 카드, 그림 자료(동물 그림, 채소 그림, 과일 그림, 꽃 그림, 여러 가지 물건과 장소 그림), 글자 자료(나무, 모래종이, 쇠모루, 플라스틱, 하드보드지로 된 글자 모형) 등 읽기 자료를 제공해 준다.

(5) 다양한 소품 제공

책 읽기 활동을 확장할 수 있는 다양한 소품을 제공한다. 유아의 책과 함께 녹음기와 테이프, 자석판이나 융판, 관련 인형, 이야기 상자 등 책 읽기 활동을 확장하는 다양한 소품을 비치해 둔다. 교사가 도서영역에 그림책과 책의 내용을 녹음한 테이프, 녹음기, 헤드폰을 제공하면, 유아는 좀 더 자주 도서영역을 이용하게 된다(Morrow & Weinstein, 1982). 그림책과 내용이 녹음된 테이프는 유아가 성인의 도움 없이 스스로 책을 읽고, 문어와 구어의 관련성을 습득하게 한다.

자석판이나 융판 역시 도서영역에 비치할 수 있다. 교사가 대집단의 유아에게 자석 · 융판 동화를 들려주고 그것을 도서영역에 비치해 둔다면, 유아는 개별 또는 소집단으로 자석 · 융판동화의 내용을 재구성해 볼 수 있다. 특히 등장인물의 특징을 나타낸 인형은 유아의 혼잣말을 촉진해 준다.

이 외에도 도서영역 내에 이야기 상자를 비치할 수 있다. 헌 신발 상자에 이야기와 관련한 흥미 있는 소품을 넣고, 상자 앞에 이야기의 제목을 붙여 도서영역에 제공하면 유아는 이를 이용하여 이야기를 재구성해 볼 수 있다. 예를 들어, 동화 「도깨비를 빨아버린 우리 엄마」와 관련하여 조그만 신발 상자에 엄마의 앞치마와 엄마 가발 등을 준비해 주고 상자 겉면에 '도깨비를 빨아버린 우리 엄마'라고 제목을 붙여 넣어 준다면, 관심 있는 유아는 소품을 이용하여 동화를 재구성해 볼 수 있을 것이다.

참고문헌

Cullinan, B. E. (1989). *Literature and the child.* New York: Harcourt Brace & Jovanovich.

Dodge, D. T. (1988). *The creative curriculum for early childhood.* Washington, DC: Teaching Strategies.

Loughlin, C. E., & Martin, M. D. (1987). *Supporting literacy: Developing effective learning environments.* New York: Teachers College Press.

Morrow, L. M. (1983). Relationship between literature programs, library corner designs, and children's use of literature. *Journal of Education Research, 75*(6), 339-344.

Morrow, L. M., & Weinstein, C. S. (1982). Increasing children's use of literature through program and physical design changes. *The Elementary School Journal, 83*(2), 131-137.

Raines, S. C., & Isbell, R. T. (1991). Book interest and interaction behaviors of young children in the classroom library. Proposal for the Annual Conference of the Association for the Childhood Education International, San Diego, CA.

Raines, S. C., & Isbell, R. T. (1994). Stories: Children's literature in early education. New York: Delmar Publisher.

Rosenthal, B. A. L. (1973). *An ecological study of free play in the nursery school.* Unpublished doctoral dissertation, Wayne State University.

Schickedanz, J. A. (1986). *More than ABC's: The early stage of reading and writing.* Washington, DC: National Association for the Education of Young Children.

Stauffer, R. G. (1980). *The language experience approach to the teaching of reading.* New York: Harper & Row.

제9장

문학을 이용한 교수-학습 활동의 예

유아문학은 언어 발달을 위한 강력한 교수 매체다(Williams & Fromberg, 1992). 우리나라의 많은 연구에서도 문학을 이용한 다양한 교수-학습 활동을 고안·실시하여 그 효과를 보고하고 있다.

이에 이 장에서는 동시 짓기 활동, 동화 짓기 및 관련 활동, 도서 대여 프로그램, 그리고 큰 책 접근법의 문학을 이용한 네 가지 교수-학습 활동에 대해 구체적 지도 방법을 소개하고자 한다.

1. 동시 짓기 활동

심성경 등(2001)은 총체적 언어 접근법의 입장에서 루트먼(Routman, 1991), 거닝(Guning, 2000), 강문희와 이혜상(2008)의 연구를 근거로 우리나라 유아교육 현장의 실정에 맞는 동시 짓기 활동을 고안·실시하였는데, 그 지도 방법은 다음과 같다.

동시 짓기 활동은 동시 소개, 동시 짓기, 동시 관련 저널 쓰기, 동시 발표의 4단계로 구성된다.

1) 동시 소개

매주 월요일 오전 자유선택 활동 시간 직후에 생활 주제에 맞는 동시를 한 편 선정하여 대집단으로 소개한다. 이는 동시 짓기 활동을 위한 흥미를 유도하기 위한 것으로, 학기 초에는 그리 길지 않고 간단한 것으로 소개한다. 이 단계를 마치면서 다음 날 어떤 것에 대해 동시를 지어 볼지 구체적인 소재를 유아와 함께 결정한다.

교육과정의 생활 주제에 따라 소개할 수 있는 동시와 동시 소재의 예는 〈표 9-1〉과 같다.

표 9-1 교육과정의 생활 주제에 따른 동시와 동시 소재 목록의 예

시기	생활 주제	동시	동시의 소재	시기	생활 주제	동시	동시의 소재
4월	봄	「누가 봄을 가져왔나요?」	봄	6월	교통기관 (기차)	「기차는 바보」	기차
	나	「나는 나는」	나		산속의 나무	「나무가 무슨 생각을 하는지」	나무
	가족	「엄마는 나를」	아기		여러 가지 꽃	「하얀꽃 빨간꽃」	꽃
	친구	「친구」	내 친구		선생님	「마음」	선생님
5월	동물	「동물원 동물들」	강아지	7월	여름	「원두막」	수박
	과자	「핫케이크」	초콜릿		여름	「포도나무」	포도
	운동	「멈춰요」	달리기		건강한 생활	「예방주사」	이 닦기
	교통기관 (자동차)	「산골버스」	자동차		물	「비」	땀

2) 동시 짓기

매주 화요일 오전의 자유선택 활동 시간을 이용하여 10명 내외의 소집단으로 동시 짓기 활동을 전개한다. 이때 교사는 표현되는 동시의 내용을 유아가 볼 수

있게 큰 종이에 기록하며, 자유롭고 허용적인 분위기에서 충분히 생각하고 자유롭게 표현해 볼 기회를 갖도록 유도한다. "어떤 소리가 날까?" "어떤 모양일까?" "어떤 느낌이 들까?" "무엇처럼 보일까?" "왜 그럴까?" 등의 질문을 통해 다양한 표현을 격려하며, 유아 간의 상호작용도 존중한다.

3) 동시 관련 저널 쓰기

수요일에서 금요일까지 오전의 자유선택 활동 시간을 이용해 유아가 개별적으로 또는 소집단으로 지은 동시를 읽어 보고, 그림으로 꾸며 보거나 써 보는 활동에 참여한다. 언어영역의 일부를 확장하여 마련한 동시영역에서 교사가 소개한 동시와 동시 짓기 활동을 할 때 큰 종이에 쓴 동시를 게시해 주며, 동시를 낭송한 녹음 자료를 제공한다. 유아는 자기가 지은 동시를 읽어 보고, 여백에 그림을 그리거나 하여 꾸며 볼 수 있다. 다양한 쓰기 자료(색깔펜, 모양 종이 등)를 비치해 주고, 원한다면 각자의 종이에 개별적으로 활동할 수도 있으며, 각자 다시 동시를 지어 꾸미거나 써 보는 등의 활동도 가능하다. 활동의 결과물은 게시판과 줄을 이용해 자유롭게 전시할 수 있다.

4) 동시 발표

매주 금요일에는 다 함께 모여 각 집단의 유아가 꾸민 동시를 서로 발표한다. 이때 교사가 먼저 큰 소리로 읽어 주고 유아도 큰 소리로 함께 따라 읽도록 한다. 개인별 작품이 있는 경우 역시 돌아가면서 발표할 기회를 준다. 이 단계를 마치면서 다음 주에 소개하거나 지어 볼 동시의 소재가 무엇인지 알려 준다.

한편, 매주 금요일 가정통신문과 함께 다음 주 동시의 소재를 부모에게 미리 알려 주어, 가정에서 소재 관련 경험을 제공하는 등의 도움을 줄 수 있도록 유도한다.

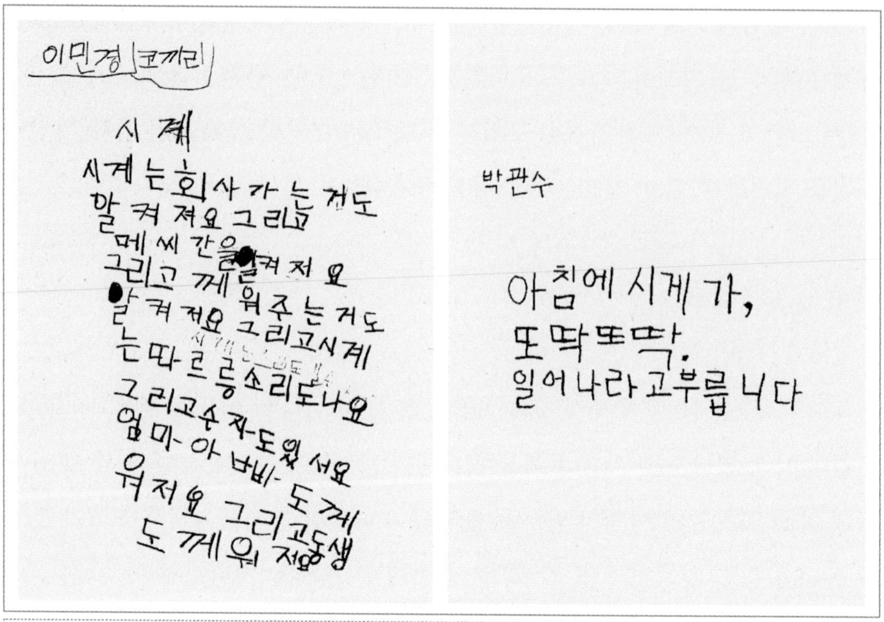

[그림 9-1] 유아가 지은 동시 「시계」

2. 동화 짓기 및 관련 활동

심성경 등(2002)은 총체적 언어 접근법에 따라 이문정(1999)과 이영희(2000)의 연구를 기초로 우리나라 유아교육 현장의 실정에 맞게 동화 짓기 및 관련 활동을 고안·제시하였는데, 그 지도 방법은 다음과 같다.

동화 짓기 활동은 동화 소개, 동화 짓기, 그림책 만들기, 동극의 4단계로 구성된다.

1) 동화 소개

매주 월요일 오전에 자유선택 활동 시간을 이용하여 담임교사가 한 학급을 두 집단으로 나누어 생활 주제에 맞는 동화를 한 권 선정하여 그림책으로 들려준다. 이는 동화 짓기 활동을 위한 흥미 유도를 위한 것으로, 학기 초에는 그리 길지 않고 간단한 것으로 소개한다. 이 단계를 마치면서 다음 날 어떤 것에 대해 동화를 지어 볼지 구체적인 소재를 유아와 함께 결정한다.

교육과정의 생활 주제에 따라 소개할 수 있는 동화의 예는 〈표 9-2〉와 같다.

표 9-2 교육과정의 생활 주제에 따른 동화의 예

시기	생활 주제	동시	시기	생활 주제	동시
4월	봄이 왔어요	「봄을 찾으러 간 토끼」	6월	교통기관(자동차)	「바쁜 바퀴들」
	식물의 세계	「꼬마 벌레의 나들이」		교통생활	「여행을 떠나서」
	나를 소개합니다	「손도장」		나와 우리 가족	「철이와 아버지」
	생각하고 느껴요	「목욕은 즐거워」		우리 가족의 집	「집을 팝니다」
5월	여자와 남자	「내 동생이 태어났어요」	7월	우리동네에 있어요	「우리동네」
	동물 1	「주머니 없는 캥거루」		지구가 아프대요	「등이 굽은 물고기」
	동물 2	「올챙이 형제들」		여름을 시원하게	「빨강부채 파랑부채」
	동물 3	「사막의 공룡」		여름을 건강하게	「철수의 여름 이야기」

2) 동화 짓기

매주 화요일에 오전 자유선택 활동 시간을 이용하여 한 학급의 유아를 두 집단으로 나누어 한 번에 10명 내외의 소집단으로 동화 짓기 활동을 전개한다. 이때 교사는 표현되는 동화의 내용을 유아가 볼 수 있게 큰 종이에 기록하며, 허용적인 분위기에서 충분히 생각하고 자유롭게 표현해 볼 기회를 갖도록 유도한다. "주인공의 이름은 무엇으로 할까?" "누구를 만났다고 할까?" "그래서 어떻게 되었을까?" "동화의 제목은 무엇으로 할까?" 등의 질문을 통해 다양한 표현을 격려하며, 유아 간의 상호작용도 존중한다. 마무리 활동으로 교사가 기록한 동화를 큰 소리로 읽어 주고, 유아와 함께 큰 소리로 읽는다.

3) 그림책 만들기

교실 내의 언어영역 일부를 확장하여 동화영역을 마련해 주어 수요일에서 금요일까지 오전의 자유선택 활동 시간을 이용해 유아가 개별적으로 또는 소집단으로 지은 동화를 읽어 보고, 그림으로 꾸며 보거나 써서 그림책을 만든다. 이 영역에는 교사가 소개한 동화와 동화 짓기 활동 시 지은 동화를 큰 종이에 써서 게시해 주며, 지은 동화를 녹음하여 테이프나 음성 파일로 제공한다. 유아는 자기가 지은 동화를 읽어 보고, 여백에 그림을 그리거나 꾸며 볼 수 있다. 다양한 쓰기 자료(색깔펜, 모양 종이 등)를 비치해 주며, 원한다면 각자의 종이에 개별적으로 활동할 수도 있고, 각자 다시 동화를 지어 꾸미거나 써 보는 등의 활동도 가능하다.

활동의 결과물은 자유롭게 전시한다. 교사는 유아의 능력에 따라 적절한 도움을 제공하고, 모든 유아의 참여를 유도한다. 동화영역에서는 4~5명이 동시에 활동할 수 있다.

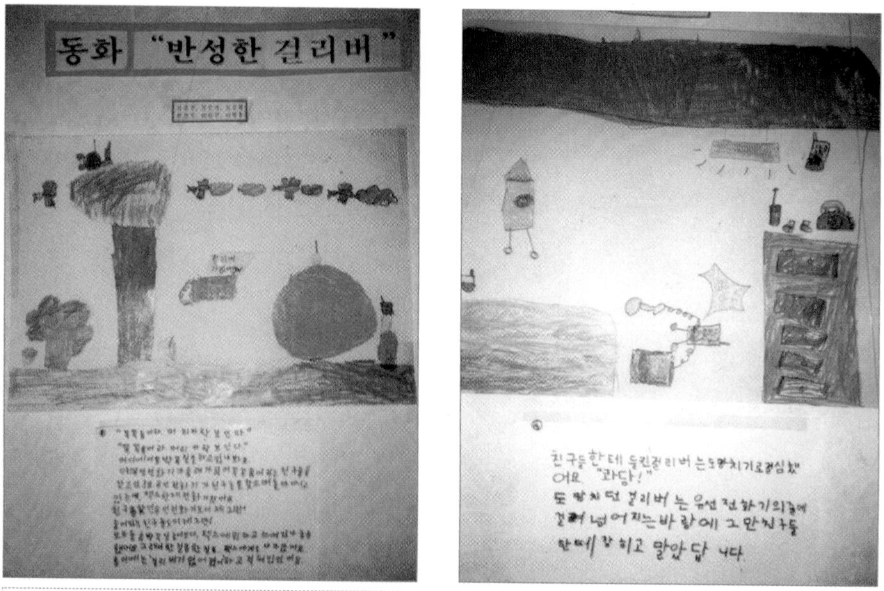

[그림 9-2] 그림책 만들기 활동

4) 동극

매주 금요일 오후 대집단으로 동극 활동을 실시한다. 두 집단이 차례로 지은 동화를 동극으로 표현한다. 동극에 필요한 소품은 기본적으로 교사가 미리 제작 · 준비해 주며, 일반적인 동극 활동과 마찬가지로 다음과 같이 진행한다.

① 교사가 동화의 내용을 요약해 주고 배역을 정한다.
② 등장인물을 한 사람씩 앞에 나오게 하여 분장하고 소품 등을 준비한다. 이때 모든 유아가 아이디어를 제공하여 돕는다.
③ 동극을 공연한다. 이때 교사는 해설자의 역할을 한다.
④ 평가 시간을 가진다.

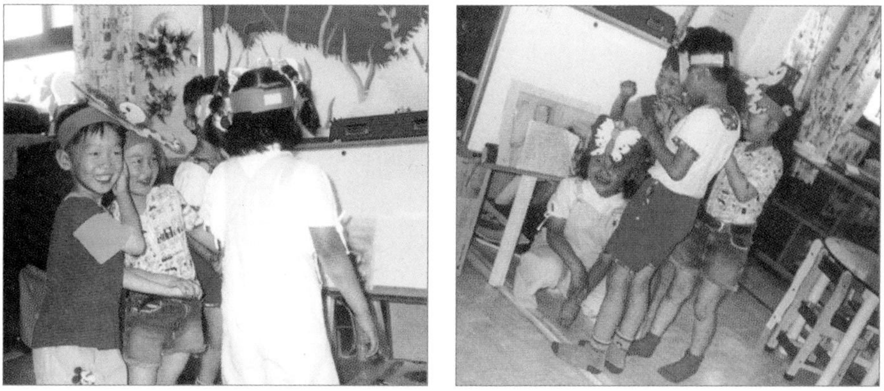

[그림 9-3] 유아가 참여한 동극

3. 도서 대여 프로그램

코언(Cohen, 1997)은 총체적 언어 접근법의 입장에서 유치원에서의 도서 대여 프로그램인 '북 백팩 프로그램(Book Backpack Program)'(등에 메는 가방을 이용해 도서를 대여해 주는 프로그램)의 실시를 제안한 바 있다. 이에 심성경, 김경의, 김나림(2000)은 코언(1997)을 기초로 우리나라 유아교육 현장의 실정에 맞게 유아교육기관에서의 도서 대여 프로그램을 고안 · 제시하였는데, 그 지도 방법은 다음과 같다.

1) 도서 대여 프로그램의 기본 구조

도서 대여 프로그램은 도서 대여, 가정에서의 책 읽기, 도서 반납, 정리의 4단계로 구성된다.

(1) 도서 대여

① 도서 전시: 책 제목과 표지가 잘 보이도록 전면 책꽂이를 이용하여 전시한다.

② 도서 대여

- 대여 기간: 매주 월요일에 대출하고 목요일로 반납하여 대여 기간은 3박 4일이다.
- 대여 시간: 도서의 대출과 반납은 자유선택 활동 시간에 실시한다.
- 대여 장소: 교실의 도서영역에 책 대출 영역을 준비하여 이용한다. 대여 장소는 동시에 3~4명이 들어갈 수 있는 크기로 책상과 의자 등으로 분위기를 조성한다.

③ 대여 절차: 책 대출 영역에 대출 방법을 그림과 글자로 표시하여 게시한다.

- 유아가 표지와 제목을 보고 책을 고른 후 대출 카드에 책명, 지은이, 대출일, 대출자인 자신의 이름을 기록하여 게시판에 붙인다.

책 명	
지은이	
대출일	
대출자	

[그림 9-4] 도서 대출 카드

- 교사는 도서 대여 기록부에 유아가 대여한 도서의 경우 각 날짜별로 유아 이름과 제목을 따로 기록해 둔다. 유아가 다양한 도서를 접할 수 있도록 이 기록을 기초로 하여 유아가 같은 책을 두 번 대여하지 않도록 조절한다.

(2) 가정에서의 책 읽기

부모통신을 통하여 도서 대여 프로그램을 소개하고, 프로그램을 위해 부모가 도와주어야 할 일, 즉 책 읽기 지도 방법을 알린다.

(3) 도서 반납

① 유아가 등원하여 반납하고 게시판에서 자신의 도서 대출 카드를 떼게 한다.
② 반납 요일에 책을 가져오지 않은 유아는 다음 날까지 가져오도록 하며, 책을 반납하지 않은 유아는 대여하지 않는 것을 원칙으로 한다.
③ 교사는 유아가 도서 반납 시 기록부에 ○표를 하여 도서의 반납 여부를 쉽게 알 수 있게 한다.

(4) 정리

① 대출하여 읽은 도서에 대해 유아가 개별적으로 기록 활동을 하도록 한다.
② 책을 읽고 난 후 재미있었던 부분이나 느낌을 그림 또는 글로 묘사하게 한다. 교사는 유아가 느낌을 그림 또는 글로 묘사하는 활동을 도와주고 일대일로 상호작용을 한다. 교사는 결과물을 유아의 개인 파일에 모아 놓는다.

2) 도서 대여 프로그램의 도서 선정 근거

도서 대여 프로그램에서 활용할 수 있는 그림책은 현재 유아교육기관에서 진행되는 생활 주제와 유아의 흥미를 고려하여 장르별로 고루 포함될 수 있도록 고려한다.

3) 도서 대여 프로그램의 부모통신

부모통신을 통하여 도서 대여 프로그램의 안내, 프로그램을 위해 부모가 도와주어야 할 일, 즉 책 읽기 지도 방법 등에 대한 정보를 제공한다. 또한 유아 발달에 관한 내용이나 유아교육기관에서 가르치는 내용, 교육철학 등이 포함된 책을 부모를 위한 책으로 선정하여 책의 제목과 출처를 제시하고 간단하게 내용을 소개한다.

[그림 9–5] 도서의 전면이 보이도록 전시한 대출 코너

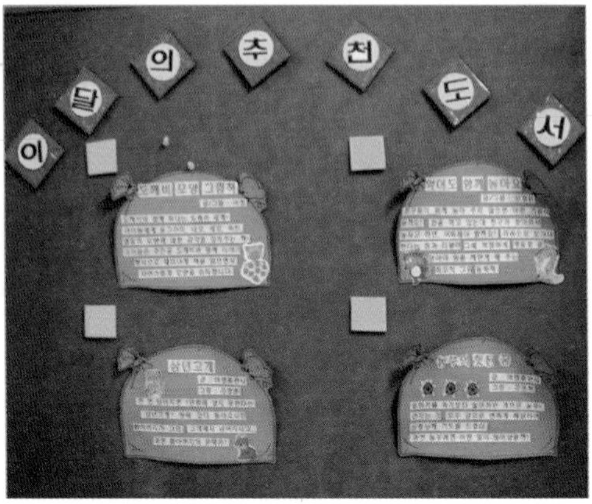

[그림 9–6] 게시판에 게시한 추천도서

4. 큰 책 접근법

유아의 문식성 학습을 위한 가장 적절한 교수 방법은 이야기책을 읽어 주는 것임이 밝혀지면서(Morrow, 1993; Routman, 1991), '큰 책 접근법'이 적절하고 효과적인 방법으로 인식되고 있다. 큰 책 접근법은 학급에서 큰 책을 사용해서 유아와 읽기 경험을 함께 하는 것으로, 유아의 능동적 참여를 유도하고 이야기책이 주는 즐거움 속에서 유아가 자연스럽게 문식성을 학습하도록 도움을 준다. 교사가 큰 책을 활용할 때, 유아는 인쇄글자의 규칙이나 글자의 진행 방향에 대한 원리를 깨닫게 되며, 책에 대한 예측 활동과 이해를 도울 수 있는 다양한 추후 활동을 통해 읽기 능력을 키울 수 있다.

이경화(1998)는 홀더웨이(Holdaway, 1979) 등의 큰 책 접근법의 원리 및 전략을 참고로 우리나라 유아교육 현장의 실정에 맞는 큰 책 접근법을 고안 · 실시한 바 있다.

1) 큰 책의 특성

'큰 책 접근법'에서 사용되는 큰 책의 특성으로는 우선 그림과 글이 확대된 형태라는 점과 그다음 반복, 리듬, 운율이 있는 예측 가능성을 들 수 있다. 즉, 큰 책은 대략 18인치×20인치(45×50cm) 크기로 확대된 이야기책으로, 글자는 2.5cm^2 정도이고, 글자와 그림의 크기가 크기 때문에 대략 4~5m 거리에서도 쉽게 볼 수 있다(Nambiar, 1991). 큰 책의 크고 적절한 공간 구성은 유아로 하여금 인쇄물과 그림의 구별을 쉽게 한다(Combs, 1987).

2) 큰 책의 제작 방법

우리나라의 경우 교육용으로 제작된 큰 책이 따로 출판된 경우가 드물기 때문에 교사가 직접 제작해야 하는 경우가 있다. 큰 책을 제작하는 방법을 살펴보면 다음과 같다.

(1) 그림 그리기

'큰 책'은 주로 하드보드지나 마닐라지와 같은 두꺼운 재질의 종이를 사용하여 제작한다. 하드보드지는 약간 무거우나 오랫동안 흐트러짐이 없고, 마닐라지는 가벼워서 사용하기는 좋으나 시간이 지나면 약간 휘어지는 성질이 있다. 종이의 크기는 4절지가 적당하다.

교사가 그림을 그릴 때는 주로 그림동화를 그리는 방법을 참조하면 되고, 유아와 함께 그림을 그릴 때는 개별 혹은 소집단으로 그리는 방법이 적합하다. 주로 짝을 짓거나 또는 집단별로 나누어 낱장의 그림을 그린 후 하나의 동화로 완성한다. 활동에 적극적으로 참여하지 않는 유아에게는 겉표지를 그리게 하거나 또는 배경에 나오는 소품 등을 그리게 하여 모든 유아가 공동으로 참여하도록 한다.

(2) 글 내용 적기

그림을 다 그린 후에는 유아와 함께 글의 내용을 적어 보는 과정이 필요하다.

교사가 워드로 글의 내용을 작성하여 프린트한 것을 붙이거나 혹은 직접 적어 넣는다. 만약 동일한 글자가 여러 번 반복된다면 그 글자만 다른 색깔로 적어 넣어 유아가 쉽게 구별할 수 있도록 한다.

3) 큰 책 접근법의 활동 방법

큰 책은 교사가 직접 읽어 주거나 이젤이나 융판 등에 제시해 주어 모든 유아가 볼 수 있도록 제시한다. 큰 책 접근법의 활동은 다음 6단계로 이루어진다.

1단계
- 책을 소개한다. 이때 책과 관련된 여러 가지 사물을 소개하여 책에 대한 흥미를 유도한다.
- 책 표지를 보여 주면서 제목을 읽는다.
- 책 표지의 그림이나 제목을 보고 내용을 예측해 본다.
- 지은이를 소개한다.

2단계
- 교사는 즐겁게, 열정적으로 책을 읽는다.
- 교사는 정확한 구어 모델과 책 다루는 모델을 제시한다.
- 유아가 인쇄물 및 인쇄물의 관습에 집중하도록 유도한다.
- 함께 읽으면서 의미를 구성한다.

3단계
- 책을 반복해서 읽어 준다. 이때 자주 나오는 단어나 어휘는 책을 제작할 때 찍찍이를 붙여 쉽게 떼었다 붙여다 하면서 읽어 주면 좋다.
- 읽기에 적극적으로 참여하도록 유도한다.

4단계
- 유아의 생활과 경험을 연결하여 이야기를 나눈다.
- 지은이가 되어 보는 경험을 갖는다.

5단계
- 유아 혼자 또는 또래와 같이 읽어 보도록 격려한다.
- 지은이가 되어 이야기를 개작해 보는 경험을 갖는다.

6단계
- 창의적으로 이야기를 개작하여 책을 만든다.
- 자기가 만든 책을 읽고 제시할 기회를 준다.

[그림 9-7] 큰 책 활용의 예

책을 여러 번 읽어 유아가 책에 대하여 익숙해지면, 큰 책과 같은 그림으로 퍼즐판([그림 9-8] 참조)을 만들어 게임으로 행해 볼 수 있다.

예쁜 드레스
얀 고싸에르트
(1478년경~1536년)
런던 국립 화랑

예쁜 드레스
화가가 그녀의 예쁜 초상화를 그릴 수 있도록,
이 매력적인 소녀는 가장 예쁜 옷을 입었어요.
목걸이에는 진주가 몇 개 있나요?
이 그림에 또 다른 진주가 어디 있는지 보이나요?
소녀의 옷의 가슴 부분은 무슨 색깔인가요?
소녀의 머리 모양이 마음에 드나요?

[그림 9-8] 퍼즐로 만든 큰 책의 예

참고문헌

강문희, 이혜상(2008). **아동 문학 교육(2판)**. 서울: 학지사.

김현희, 박상희(2016). **유아문학: 이론과 적용(2판)**. 서울: 학지사.

심성경, 김경의, 김나림(2000). 도서대여 프로그램이 유아의 읽기 능력 및 읽기에 대한 인식에 미치는 영향. **유아교육연구, 제20권**, 제1호, 203-224.

심성경, 이희자, 이선경, 최국남, 이용례, 임선옥, 김나림(2001). 동시짓기 활동이 유아의 읽기 능력과 읽기에 대한 인식에 미치는 영향. **유아교육연구, 제21권**, 제4호, 497-517.

심성경, 이희자, 김경의, 최국남, 이용례, 이영희, 허은주(2002). 동화짓기 및 관련활동이 유아의 읽기 흥미와 언어표현력에 미치는 영향. **유아교육연구, 제22권**, 제1호, 231-252.

이경화(1998). 유아의 문해 학습에 있어서 「큰 책 접근법」의 효과. 이화여자대학교 대학원 박사학위논문.

이문정(1999). 유아의 이야기 짓기와 극화활동의 연계가 유아의 이야기 구조 및 탈상황적 언어발달에 미치는 영향. 이화여자대학교 대학원 박사학위논문.

이영희(2000). 동화짓기 및 극화활동이 유아의 이야기 이해력 및 구성 능력에 미치는 영향. 원광대학교 교육대학원 석사학위논문.

주영희(2010). **유아 언어 발달과 교육**. 서울: 교문사.

Cohen, L. E. (1997). How I developed my kindergarten book backpack program. *Young Children, 52*(2), 69-71.

Combs, M. (1987). Modeling the reading process with enlarged test. *The Reading Teacher, 47*(3), 14-17.

Guning, T. G. (2000). *Creating literacy instruction for all children*. Boston: Allyn & Bacon.

Holdaway, D. (1979). *The foundations of literacy*. Auckland: Ashton Edcation, Sydney: Scholastic.

Morrow, L. M. (1993). *Literacy development in the early years: Helping children read and write*. Boston: Allyn & Bacon.

Nambiar, M. K. (1991). *Big book for little readers: Works in the ESL classroom too*. (ERIC Document Reproduction Service No. ED 333 736.)

Routman, R. (1991). *Invitations: Changing as teachers and learners K-12*. Portsmouth, NH: Heinemann.

Williams, L. R., & Fromberg, D. P. (1992). *Encylopedia of early childhood education*. New York: Garland.

부록

활동 참고자료

◆ 전래동요

1) 한국의 전래동요

(1) 자장가를 주제로 한 전래동요

새는 새는 *낭게 자고 *낭게 자고: 나무에 자고
쥐는 쥐는 *궁게 자고 *궁게: 마굿간
소는 소는 마구 자고
우리 같은 애기들은
엄마 품에 잠을 잔다 〈경기도 지방〉

자장자장 우리 애기
선녀같이 예쁜 애기
곱게 곱게 자는 방에
*괴도 개도 아니 온다 *괴: 고양이
자장자장 우리 애기
샛별같이 맑은 눈에
조랑조랑 맺히어라 〈경남 고성 지방〉

(2) 자연을 주제로 한 전래동요

해야 해야 나오너라
김칫국에 밥 말아 먹고
장고 치고 나오너라 〈함북 성진 지방〉

참깨 *주께 볕나라 *주께: 줄 터이니
들깨 주께 볕나라 〈충남 부여 지방〉

별 하나 따서
*올구럭에 옇고 *올구럭: 종다래끼
맺구 끊구
졸졸 끌어다
뎅뎅 넉굽에
맺구 끊구
별 따러 가세 〈황해도 신천 지방〉

(3) 가족애를 주제로 한 전래동요

우물가에 나무 형제
하늘에는 별이 형제
우리집엔 나와 언니
나무형젠 열매 맺고
별 형제는 빛을 내니
우리 형제 무얼 할꼬 〈평남 평원 지방〉

뒷집영감 심술쟁이 앞집영감 욕보쟁이
울아버지 골통쟁이 울어머니 카트랑쟁이
우리오빠 욕심쟁이 우리누나 헛말쟁이
우리동생 귀염쟁이 〈대전 지방〉

(4) 놀이를 주제로 한 전래동요

꼬마야 꼬마야 뒤를 돌아라
돌아서 돌아서 땅을 짚어라
짚어서 짚어서 만세를 불러라
불러라 불러라 잘가거라 〈거의 전국적으로 불림〉

한고개 넘어갔다 두고개 넘어갔다
여우야 여우야 뭐하니? 잠잔다, 잠꾸러기
여우야 여우야 뭐하니? 세수한다, 멋쟁이
여우야 여우야 뭐하니? 밥먹는다
무슨 반찬 개구리 반찬
죽었니? 살았니? 〈서울 지방〉

(5) 동물을 주제로 한 전래동요

두꺼아–뭐?
어디 가니? 저 건너
뭣하러? 씨름하러
이겼니? 졌다 〈충북 제천 지방〉

다람 다람 손 비벼라
찬가 잡물에 이팝 주마
다람 다람 손 비벼라
*찬가 잡물에 이팝 주마 *찬가 잡물: 반찬과 이것저것 〈함남 함흥 지방〉

(6) 식물을 주제로 한 전래동요

찔레 먹고
찔레 먹고 찔찔
고추 먹고 골골
달래 먹고 달달
삐비 먹고 삐삐
*나승개 먹고 나섰다. *나승개: 냉이 〈전북 정읍 지방〉

(7) 글 배우기에 활용한 전래동요

가갸 가다가	거겨 거렁에
고교 고기 잡아	구규 국을 끓여
나냐 나도 먹고	너녀 너도 먹고
노뇨 노놔 먹자	누뉴 누가 먼저
다댜 다 먹었나	더뎌 더 다고
도됴 돗다 먹자	두듀 두지 말고
라랴 소리 하며	러려 너럼 너럼
로료 료리 하여	루류 루룽지 까지
마먀 마자 먹자	

〈충남 예산 지방〉

(8) 놀림과 익살을 주제로 한 전래동요

앞니 빠진 노장군　　윗니 빠진 갈강새
뒷냇가에 가지 마라　　가재 새끼 놀랜다
앞니 빠진 노장군　　뒷니 빠진 갈강새
앞냇가에 가지 마라　　붕어 새끼 놀랜다　　〈충남 예산 지방〉

원숭이 엉덩이는 빨개
빨가면 사과
사과는 맛있어
맛있으면 바나나
바나나는 길어
길으면 기차
기차는 빨라
빠르면 비행기
비행기는 높아
높으면 백두산　　〈전국적으로 불림〉

(9) 음식을 주제로 한 전래동요

인절미 떡은
팥고물에 콩고물에
화장을 하고
빨간쟁반 우에
가마를 타고
어서 가자 목구멍으로
헤이 꼴딱꿍　　〈경북 경주 지방〉

(10) 일을 주제로 한 전래동요

방아방아 물방아야	쿵쿵찧는 물방아야
너의힘이 장하고나	폭포같이 쏟는물에
떨어지는 공이소리	쉴새없이 울리면서
일석이석 깨어내니	백오같은 흰쌀일세
이쌀찧여 무얼할까	연자매 갈아내여
곱게곱게 가루내여	쩔쩔끓는 기름속에
맛이있게 지져내여	색시상에 고여놓자

〈평북 강계 지방〉

2) 외국의 전래동요

(1) 일본

郵便さん	**배달 아저씨**
ゆうびんさん おはいり	배달 아저씨 들어오세요,
ごんにじは ジセン ケン ポン	안녕하세요? 가위 바위 보!
まけた おかたは でてちょうだい	진 사람 어서어서 나가주세요!

*여러 사람이 줄넘기를 할 때 부르는 노래다.

かごめ かごめ	**대나무 새 바구니**
かごめ かごめ	바구니 새 바구니
かごのな かのとりは	새장 속의 새는
いついつ でかる	언제 언제 나오나?
よあけの ばんに	깜깜한 새벽에
つると かめと すべつた	거북이와 학이 미끄러졌다

うしろのしょうめん だれ	뒤에 있는 사람 누구니?

* 전국적으로 보급된 전래동요로 대표적인 유희 노래다. 일본어의 '가고메'는 대나무를 엮은 과일 바구니 같은 것을 말한다. 술래가 원의 한가운데에 눈을 가리고 쪼그리고 앉고 여러 어린이는 손을 잡고 노래 부르며 술래 곁을 돌다가 노랫말이 끝날 때 제자리에 앉는다. 술래는 자신의 등 뒤에 있는 어린이의 이름을 댄다. 맞추면 지명된 어린이가 술래가 되고, 못 맞추면 계속해서 술래가 되어야 한다.

(2) 미국

There was an Old Woman

There was an old woman and who lived in a shoe.
She had so many children that she didn't know what to do.
She gave them some broth without any bread.
She whipped them all soundly and sent them to bed.

구두 안에 할머니

옛날에 구두 안에 살던 할머니가 있었다네
할머니는 아이들이 많아 어쩔 줄을 몰랐다네
할머니는 아이들에게 빵과 스프를 주고
다정하게 키스하고 잠자리에 보냈다네

* 원 동요에는 '…할머니는 아이들에게 스프만 주고 볼기를 때려 잠자리에 보냈다네'로 되어 있으나 최근에는 긍정적인 문장으로 바꾸어 '…할머니는 아이들에게 다정하게 키스하고 잠자리에 보냈다네'로 들려준다.

London Bridge Is Falling Down	**런던 다리 무너져**
1. London Bridge is falling down,	1. 런던 다리 무너져
falling down, falling down,	무너져 무너져
London Bridge is falling down,	런던 다리 무너져
My fair lady.	나의 작은 숙녀

2. Build it up with iron bars.	2. 런던 다리 다시 지어
iron bars, iron bars.	강철로 강철로
Build it up with iron bars,	런던 다리 다시 지어
My fair lady.	나의 작은 숙녀

* 두 사람이 손을 높게 들어 문을 만든다. 술래는 다른 사람이 문을 통과할 때 노래를 부른다. 끝 소절 '숙녀'에서 손을 내려 미처 통과하지 못한 사람을 잡아 새로운 술래로 삼는다.

(3) 프랑스

Lundi matin

Lundi matin L'emp'reur. sa femme et le p'tit prince
Sont venus chez moi Pour me serrer.
la pince Comm' j'etais parti
Le p'tit prince adit: Puisque c'est ainsi nous reviendrons mardi.

월요일 아침

월요일 아침, 임금님 왕비님 어린 왕자는
우리 집에 오셨네, 악수하기 위해서.
내가 없어서 어린 왕자 말했네.
이래서 우리는 화요일에 다시 올 거야.

* 이 노래는 행진곡의 리듬으로 부른다. 월요일에 시작하여 계속해서 요일을 바꿔 부르는 노래다. 일요일에 도착하면 다시 월요일로 계속된다. 어린이들에게 요일을 알게 하기 위해 유치원에서 잘 불리는 노래다.

Frere Jacques	**자크 신부님**
Frere Jacques, Frere Jacques	자크 신부님, 자크 신부님
Dormez vous, Dormez vous	주무십니까? 주무십니까?
Sonnez les matines, Sonnez les matines	새벽 종을 치세요, 새벽 종을 치세요

Ding, ding, Dong! Ding, ding, Dong! 딩 댕 동 딩 댕 동

* 4성으로 부를 수 있는 윤창곡이다. 17세기에 작곡된 것으로 추정하고 있다. 영어로 번역되어 불릴 만큼 유명한 곡이다.

(4) 독일

Pumpernickels Hanschen	뚱보 한스
Pumpernickels Hanschen	뚱보 한스가
saßhinterm Ofen und schlief,	난로 뒤에서 졸다가
da brannten seine Hoschen an,	바지가 탔어요.
potztausend, wie er lief!	어마, 뜨거라. 잘도 뛰네.

* 한국의 '엉덩이가 뜨거워'와 같은 유형의 노래로 게으름뱅이 한스를 놀려 준다.

O Tannenbaum

O Tannenbaum, O Tan-nen baum, wie treu sind dei-ne Blat-ter!
Du grunst nicht nur zur Sommer-zeit, nein auch im Win-ter wenn es schneit.
O Tannenbaum, O Tan-nen-baum, wie treu sind dei-ne Blat-ter.

소나무

1. 소나무여, 소나무여, 언제나 푸른 네 잎(빛).
   비바람 부는 날이나 눈보라 치는 날에도
   소나무여, 소나무여, 변하지 않는 네 잎(빛).
2. 소나무여, 소나무여, 나는 너를 좋아해.
   크리스마스 때에도 또 다른 모든 날에도
   소나무여, 소나무여, 나는 너를 좋아해.

3. 소나무여, 소나무여, 네 모습 날 가르쳐.
희망과 굳건함으로 늘 힘과 위로를 주네.
소나무여, 소나무여, 네 모습 날 가르쳐.

* 이 노래는 1800년 이전부터 베스트팔렌 지방에 전래하는 선율에 1820년 베를린의 요아힘 A. 차르낙(Joachim August Zarnack)이 가사를 붙인 것이다. 에른스트 안슈츠(Ernst Ansch tz)가 마지막 3절을 제외하고 1절에 새로 2절과 3절을 개작한 후에 독일에서는 어린이부터 노인까지 즐겨 부르는 가장 유명한 크리스마스 노래가 되었다.

◆ 동시

식물에 관한 동시로는 「감자꽃」(권태웅), 동물에 관한 동시로는 「캥거루」(오순택), 자연에 관한 동시로는 「가을에는」(엄기원), 가족에 관한 동시로는 「우리 아기」(서정숙), 놀이에 관한 동시로는 「비누 방울」(목일신), 「흙장난」(임석재) 등이 있다. (이 동시의 자세한 내용은 인터넷 자료 검색 등으로 확인할 수 있다.)

찾아보기

인명

내용

작품

저자 소개

심성경(Sim Seong Kyung)

이화여자대학교 사범대학 교육학과(유아교육 전공) 졸업

이화여자대학교 일반대학원 교육학과(유아교육 전공) 석사 · 박사

현 원광대학교 사범대학 유아교육학과 교수

이선경(Lee Seon Kyung)

원광대학교 사범대학 유아교육학과 졸업

이화여자대학교 일반대학원(유아교육 전공) 석사

원광대학교 일반대학원(유아교육 전공) 박사

현 송원대학교 유아교육과 교수

김경의(Kim Kyung Eui)

원광대학교 사범대학 유아교육학과 졸업

원광대학교 일반대학원(유아교육 전공) 석사

이화여자대학교 일반대학원 유아교육학과 박사과정 수료

현 군장대학교 유아교육과 교수

허은주(Heo Eun Ju)

원광대학교 사범대학 유아교육학과 졸업

성신여자대학교 교육대학원(유아교육 전공) 석사

원광대학교 일반대학원(유아교육 전공) 박사

현 원광대학교 유아교육학과 강사

유아문학교육의 이론과 실제 2판

Theory and Practice of Early Childhood Literature Education (2nd ed.)

2013년 11월 25일 1판 1쇄 발행
2020년 9월 10일 1판 6쇄 발행
2021년 3월 25일 2판 1쇄 발행

지은이 • 심성경 · 이선경 · 김경의 · 허은주
펴낸이 • 김진환
펴낸곳 • ㈜학지사
04031 서울특별시 마포구 양화로 15길 20 마인드월드빌딩
대표전화 • 02-330-5114 팩스 • 02-324-2345
등록번호 • 제313-2006-000265호

홈페이지 • http://www.hakjisa.co.kr
페이스북 • https://www.facebook.com/hakjisa

ISBN 978-89-997-2342-1 93370

정가 19,000원

저자와의 협약으로 인지는 생략합니다.
파본은 구입처에서 교환해 드립니다.